Anthology of
Medieval Spanish Prose

Cervantes & Co. Spanish Classics Nº 17

General Editor: Tom Lathrop

Anthology of
Medieval Spanish Prose

Edited and with Notes by
DAVID G. BURTON
The Ohio University

Cervantes & Co.

SOURCES OF THE TEXTS AND THEIR EDITORS:

Calila e Digna–John Keller and Robert Linker (Madrid: CSIC, 1967).
El libro de los engaños–John Keller (Chapel Hill: University of North Carolina Studies in Romance Languages and Literatures, 1953).
Libro de Barlaam y Josaphat–John Keller and Robert Linker (Madrid: CSIC,1979).
Primera Crónica General–Ramón Menéndez Pidal (Madrid: 1906).
Las Siete Partidas–(Madrid: Real Academia de la Historia, 1807)
El libro del caballero Çifar–Charles Wagner (Ann Arbor: University of Michigan Press, 1929).
El conde Lucanor–Alfonso I. Sotelo (Madrid: Cátedra,1987).
El Caballero del Cisne–from Louis Cooper's edition of *La gran conquista de Ultramar* (Bogotá: Instituto Caro y Cuervo, 1979).
El libro de los gatos–John Keller (Madrid: CSIC, 1958).
El libro de los exenplos, por a. b. c.–John Keller (Madrid: CSIC, 1961).
Esopete historiado–Harriet Goldberg and Victoria Burrus (Madison: Hispanic Seminary of Medieval Studies, 1990).
Amadís de Gaula–Edwin Place (Madrid : CSIC, 1959-1969).

FIRST EDITION

MANUFACTURED IN THE UNITED STATES OF AMERICA

ISBN 1-58977-022-6

Table of Contents

Acknowledgments

I am deeply indebted to John Keller for his constant encouragement since graduate school days at Kentucky. It was in his classes that I first read these stories in Spanish. I am also indebted to Tom Lathrop for his friendship, his time, comments, and support of this anthology. Thanks to Annette Cash for her help with vocabulary and difficult phrases; to Chrysty Rusch for her help in checking vocabulary items; and to Tracie Masek who served as reader and editor during the last stage of preparing the text.

For my mother LOUISE, who constantly read to me as a child,
and in memory of my uncle JIM,
who taught me so very much about the written word

Introduction to Students

THIS ANTHOLOGY OF MEDIEVAL Spanish prose represents a range of works, mostly anonymous, produced in Spain between the 13th and the 15th centuries. While excellent critical and scholarly editions of all of these works exist, few advanced undergraduates possess the experience of reading texts in Old Spanish. Forms and vocabulary no longer in use become a barrier to understanding and enjoying these wonderful texts. There do exist, however, anthologies in modern Spanish. We, on the other hand, have retained as much of the language and syntax as possible, thereby maintaining the flavor of the Old Spanish.

John E. Keller, respected and honored Spanish medievalist, emeritus Professor of Spanish at the University of Kentucky, chose the texts. They represent his abiding interest in and appreciation of the narrative genre of the Spanish 13th, 14th, and 15th centuries. The collection also reflects his high standards of good storytelling. Countless generations of graduate students, first at North Carolina and later at Kentucky, will recognize familiar texts that we studied with Dr. Keller. He published critical editions of five of the texts used here. His dedication to the work of Alfonso X, el Sabio, and to Berceo led to books in the Twayne World Authors series on these two giants of the Spanish Middle Ages.

Our selections belong to a long tradition of brief and longer narrative that goes back to stories from India several centuries before the present era. In these oriental narrations, the narrator inserted entertaining tales into the main story. This kind of narrative is called a frame. Within one story line, multiple stories are either interwoven or sequenced to arrive at a moral or some sort of lesson. Within the frame-story tradition, some stories may have no link to the frame, while in others the two are intrinsically linked. Frame narratives that offer advice for living a moral life fall into the categories of wisdom and didactic literature. Here, the tale exemplifies the moral lesson. The protagonists of both the frame and its stories can be human beings, or animals with human characteristics (the sly fox, the deceitful crow, the industrious ant, etc.). The *Arabian Nights*, also known as *The Thousand and One Nights*, fits this pattern. There, Scheherazade tells interweaving stories (e.g., Sinbad the Sailor or Ali Baba and the Forty Thieves) every night for a thousand and one nights in order to postpone her death.

The earliest Spanish collection of moral tales, called *exempla*, is the *Disciplina clericalis*, made by Pedro Alfonso in the 11th century. The frame for the thirty-four stories allows a father to give advice to his son. *Disciplina*, written in Latin, contains stories that are oriental in origin. While in other European countries writers used Latin, in Spain, thanks to the efforts of the royal family of Castile, Spanish became the *lingua franca*.

Alfonso, who later became Alfonso X of Castile, and his brother Prince Fadrique, commissioned the first translations of Arabic collections of stories into Spanish. These narratives had begun as oral stories in India many centuries before they reached Western Europe. They entered the realm of written literature when they first appeared in Sanskrit, then passed into Persian, with versions in Hebrew and Greek, before being rendered into Arabic. In the royal scriptoria of 13th-century Castile, they now appeared in Spanish. We begin this anthology with the stories from these translations: *Calila e Digna* and *El libro de los engaños*. The translation of *Barlaam e Josaphat* probably comes from this same period, although perhaps not as a royal commission.

Alfonso's influence not only included imaginative fiction, but also under his aegis, scholars translated scientific works from Arabic and produced historical and legal treatises, all in Spanish. The *Estoria de España* (*Primera Crónica General*) incorporates epic and legendary narrative along with factual information. The laws in the *Siete Partidas* that govern the establishment of centers of learning show us that not much has changed in university life.

In the 14th century, the novel emerges in Spain in the *Caballero Zifar*. We enter the world of knights in this chivalric romance that often includes doses of religious moralizing. King Sancho IV, Alfonso's son and heir, wrote, or had written the *Castigos e documentos* for his son as a means of teaching the importance of being a good ruler. The best known of the selections from the 14th century is the *Conde Lucanor*, the work of Alfonso's nephew, Don Juan Manuel, a prolific writer as well as ardent politician. At about this same time appeared the *Gran conquista de Ultramar*, a long narrative (over 1,300 chapters), mostly fictitious, that deals with the crusades.

From the 15th century come three books of *exempla* and fables. *El libro de los gatos* is a collection of moral stories and fables deriving from an earlier text by an English monk. Clemente Sánchez de Vercial compiled his *El libro de los enxemplos por a.b.c.*, the largest collection of medieval Spanish stories. The life of Aesop and his fables by Aesop come from *Esopete ystoriado*, the text being illustrated with fascinating woodcuts. *Amadís de Gaula*, though probably first written in the 14th century, remained unpublished until early in the 16th century (1508), and closes the anthology.

This collection, then, represents the gamut of the best of medieval Spanish prose narrative: moral and didactic stories, history, law, and the chivalric. Some are quite serious, others less so, and others border on the risqué. They give us a rich and provocative look into the mind of the Spanish Middle Ages.

In order to understand much of what you are going to read, you must first be aware of the language that Spaniards spoke and wrote in the years 1200-1500.

PRONUNCIATION

Pronunciation is key in understanding some forms. Among the most essential sounds were the sibilants, those fricatives that make a hissing sound in the dental, alveolar, and palatal regions of the mouth. Each of these sounds had a voiced and an unvoiced equivalent. Beginning in the 16th and going into the early 17th century these sounds became confused. To avoid that confusion, the sounds underwent changes. The voiced sibilants devoiced with the result that two sounds melded into one. In addition, the dental and alveolar sibilants became alveolar (along with the

creation of the interdental [θ] in Castile) while the palatal sibilants moved
to the velar region. A chart will illustrate this.

GRAPHEME	PHONETIC REPRESENTATION	DESCRIPTION
ç	[ts]	voiceless dental affricate
z	[dz]	voiced dental affricate
ss	[s]	voiceless alveolar fricative
s	[z]	voiced alveolar fricative
x	[š]	voiceless palatal fricative
g, j	[ž]	voiced palatal fricative
changes		
c, s, z	[s]	voiceless alveolar fricative
c, z	[θ]	voiceless interdental fricative (in Castile)
g, j	[x]	voiceless velar fricative

In Old Spanish, we can consider two major categories of language:
those that deal with forms, and those that deal with vocabulary.

FORMS

Spelling, or orthography, was not standardized. Several distinct forms
continued to be used well into the 16th -and 17th centuries in Spain.

Originally, there were no written accent marks; these were added a few
centuries later. We have added accent marks. In order to differentiate the
preterit and the imperfect subjunctive forms of **ir**, the preterit carries a
written accent, thus *fuése* or *fuésse* (Preterit) and *fuese* or *fuesse* (Imperfect
Subjunctive).

>   **fuése** para la villa (*Zifar*)
>   **he went** toward the town

que **se fuese** con él (*Conde Lucanor*)
    that **he go** with him

The letters **v, u, b** all represented the same sound: the voiced bilabial [b].

boluió la **cabeça** la dueña e **vio** commo la leona **leuaua** el **vn**
    fijuelo. (*Zifar*)
        the lady turned her head and saw that the lioness was taking
        one of her sons.
El perro teniendo **vn** pedaço de carne **passaua** por **vn** rrío (*Ysopete*)
    The dog, holding a piece of meat, was passing along a river

Words that began with **f-** reflect their Latin or Arabic roots. Today those
words begin with **h-**.

faziendo así **fasta** que amanesçió. (*Engaños*)
    doing like that until it dawned.
falló un omne muy viejo (*Barlaam*)
    he found a very old man
e ante desto fuera ya **fablado** (*PCG*)
    and before this had been spoken already
assí como **fazía** en el tiempo de **fasta** allí. (*Cisne*)
    as she did up until that time.

The initial **rr-** reflects its pronunciation (trilled r in initial position). In
some of the selections, this spelling has been simplified according to the
edition we used.

rrogó al áuilla que lo sobiesse al alto (*Gatos*)
    he begged the eagle to take him up high
Rrespondió el lobo (*Gatos*)
    The wolf answered

> contó estas cosas al fijo del **rrey**. (*Barlaam*)
>> he told these things to the king's son.
> cuidó el papagayo que era **rrelánpago**; (*Engaños*)
>> the parrot thought that it was lightning;

Words that began with **qua-** also reflect their Latin roots. Today we spell them **cua-**.

quando	qual	quanto	quatro	qualquier

Words that ended in **-t**, today end in **-d**.

bondat	maldat	abbat	çibdat	piedat
vezindat	hedat	verdat	vanidat	grant

The **ç**, called the *cedilla* (small 'z'), represented the voiceless alveolar stop [ts]. Its voiced equivalent was [dz], written z.

preçiar	açúcar	entonçe	caçar	carçel
fazer	fizieron	dezir	razón	tredze

The medial **-ss-** represented the voiceless alveolar fricative [s]. The **-s-** was its voiced equivalent [z].

> el su mal **desseo** (*Amadís*)
>> his evil desire
> **espantosas** de oír (*Amadís*)
>> frightful to hear
> que non solamientre non **passasse** a Espanna (*PCG*)
>> that he only not go through Spain
> era muy **fremosa** (*PCG*)
>> she was very lovely

In some cases the initial **l-** of the verb **levar (llevar)** has not yet been palatalized by the yod created in the diphthongization of the stressed **-e-**.

This also happens with some other words such as **luvia**

> **Liéva**lo a tu palaçio (*Engaños*)
> > Take him to your palace\   vio que lo **levava** a su casa

(*Engaños*)
> > he saw that she was taking him to his house
> **leuando** los clavos en los pies (*Castigos*)
> > carrying the nails in his feet
> E desque las **levaron** a sus casas (*ABC*)
> > And then they took them to their houses
> **leuáron**los ante los alcalles (*Zifar*)
> > they took them before the judges

Often the medial **–n-** has not changed to **–m-**.

sienpre	lunbre	tronpa	conprar	tienpo
nonbre	sonbra	linpia	canpos	costunbre

The medial sequence **–sc-** sometimes had not simplified to **–c-**.

> **conosçió** aquellas cosas (*Barlaam*)
> > he knew those things
> Quiérote **conosçer** (*Barlaam*)
> > I want you to know
> man a mano **nasçieron** (*Barlaam*)
> > immediately they sprouted
> nin **paresçeré** tierra pedregosa (*Barlaam*)
> > nor will I appear to be like rocky soil

The vowels **o** and **i** very often had not changed to **u** and **e**, respectively. Likewise, these two vowels had not yet become the diphthongs as we know them today. It is also likely that within the same selection you will notice that in one word these vowels have changed and in others they have not.

veniendo / viniendo   mesmo / mismo

quesiese / quisiese   poseste / pusiste
quesiere / quisiere   feziese / fiziese
dezía / dizía   deligentemente / diligentemente

Verb forms could be more varied in Old Spanish than they are today. The Present Tense was basically the same as today. One exception is the verb **seer** (*ser*), whose **yo** form was **so**.

The Imperfect Tense for **–er** and **–ir** verbs had two different, yet interchangeable forms: one in **–ía** and another in **–íe** or **-ié**. It is very common to see both forms used in the same selection.

> el marido con su maldad de enojo y crueza **fazía** a los christianos (*Amadís*)
>> the husband with his evil anger and cruelty did unto the Christians
> con aquellas buenas nuevas que Gandalín **dezía** (*Amadís*)
>> with that good news that Gandalín was telling
> E la dueña, auiendo grant piedat de su marido que **veníe** de pie (*Zifar*)
>> The lady, pitying her husband who was on foot
> la saya, que **teníe** vntada de la sangre del çieruo (*Zifar*)
>> the tunic, that was covered with the stag's blood
> dallí **fazíe** él a los bárbaros de Africa grand guerra (*PCG*)
>> from there he made war on the barbarians of Africa

Both the Future and the Conditional Tenses were in a state of flux. The forms that we know today existed alongside another, older form. The Latin Future was replaced early on with a periphrastic construction formed by the Infinitive plus the Present Indicative of **aver** (**haber**). Since Latin had no Conditional Tense, it was formed by the Infinitive plus the Imperfect of **aver**. This periphrastic construction occurred when object pronouns - whether direct, indirect, or both- were involved. The pronoun was attached (called a 'clitic' in linguistic terminology) to the Infinitive with the ending, derived from **aver**, written apart.

> e yo **fazerme he** dormido (*Calila*)

and I will pretend to be asleep

mas **mostrarte e** quien es más fuerte que yo (*Calila*)

but I will show you who is stronger than I

toma aquel bezerro que tienes aquí en la casa e **degollarlo has.** (*Castigos*)

take that calf that you have in the house and you will cut its head off.

plazerme ía que sopiesedes lo que contesçió a un cuervo (*Conde Lucanor*)

it would please me that you know what happened to a crow

Until the 17th Century, there was only one form of the Imperfect Subjunctive, reflecting Latin. This form ended in –sse- or –se-.

mandando deligentemente a los ministros que non **dexasen** venir ninguna cosa fediente delante él; mas que le **demostrasen** todo bien e alegría e **fuesen** delante él (*Barlaam*)

commanding the ministers diligently that they not permit any foul smelling thing before him; but that they show him everything that is good and happy and that they go before him

e asseguróla que no **se temiesse** de fuerça ni de desonrra ninguna (*Cisne*)

and he begged her not to fear force or any dishonor

El gigante mandó que lo **hiziessen** assí como los sus ídolos ge lo dixeron (*Amadís*)

The giant ordered that they do it as their idols told them to

fue puesto en guarda vn cauallero porque non lo **quistassen** sus parientes dende. (*Ysopete*)

a knight was placed on guard so that his relatives would not take him.

What we know today as the –ra form of the Imperfect Subjunctive was, until the 17th Century, the Pluperfect Indicative (*had gone, had written*, etc.)

se olvidó de lo que le **castigara** su maestro e todo lo quel **mandara**

(*Engaños*)

he forgot what his teacher **had advised** him and all that he had
  ordered him

et **prometiera** les él que les faríe cobrar quanto **fuera** de su padre.
  (*PCG*)

and **he had promised** them that he would let them collect
  whatever had been their father's.

E él le preguntó cómmo **se perdiera** (*Zifar*)

And he asked her how **he had gotten lost**

e cuidaron que se le **quebrantara**, o que algund loco lo **feziera** en él
  por mal fazer. (*Castigos*)

and they thought that it had broken, or that some crazy man had
  done it to him just to do something evil.

There was also a Future Subjunctive that disappeared in the 17th Century.
It was formed like the Pluperfect with the final –a replaced with an –e.

e si lo ante **fizieres**, errallo as mal, (*Engaños*)

if you do it before, you will have done wrong,

después que **veniere** aguisaré de comer (*Zifar*)

after I return I will prepare something to eat

Mientre te bien **fuere** e la tu fazienda **fuere** adelante (*Castigos*)

While **it will go** well for you and your business **will go** forward

et los escolares que y **vinieren** a leer et aprender (*Partidas*)

and the students that **will come** there to read and learn

Seven verbs (**veer, seer, estar, dezir, fazer, aver,** and **tener**) had forms
very different from today.

Veer, derived from the Latin verb **vidēre,** has the following irregularities:

Present:	tú vees vos veedes
Preterit:	él vido
Present Participle:	veyendo

Seer, derived from the Latin **sedēre,** has these irregular forms:

Present:	yo so	vos sodes
Imperfect:	yo seye	
Present Participle:	seyendo	

Estar was rather regular, except for

Preterit:	él estudo/ él estido
	ellos estudieron / ellos estidieron
Pluperfect:	estidiera

The verb **andar** had similar forms in the preterit: **[él] andudo/ [él] andido, [ellos] andudieron.**

Fazer, from the Latin **facere,** was highly irregular:

Present:	fago	él faze	[vos] fazedes
Imperfect:	fazía *or* fazie		
Preterit :	fize él fizo	fizides	fizieron
Pluperfect:	fiziera		
Imperfect Subj.:	fiziese *or* fiziesse		
Future Subj.:	fiziere		

Dezir (Latin **dicere**):

Present:	dizes	dize	dezides
Imperefect:	dezía,	dezie or dizía	
Preterit:	dixe	dixo	dixieron
Pluperfect:	dixiera		
Imperfect Subj.:	dixiese *or* dixiesse		
Future Subj.:	dixiere		

Notice that **dixieron** and the forms derived from it often contain an **-I** that has not been absorbed by the **x**. The same holds true for **traer** in the preterit and its derivative forms: **traxieron, traxiese, traxiere.**

Aver (Latin **habēre**):

Present:	e	as	a	avemos	avedes	an
Imperfect:	avíe *or* auía				
Preterit:	ove ovo	ovieron			
Pluperfect:	oviera				
Present Subj.:	aya				
Imperfect Subj.:	oviese *or* oviesse				
Future Subj.:	oviere				

Tener (Latin **tenēre**) was interchangeable with **aver** as an auxiliary.

Imperfect:	teníe *or* tenía		
Preterit:	tove	tovo	tovieron
Pluperfect:	toviera		
Imperfect Subj.:	toviese or toviesse		
Future Subj.:	toviere		

Aver and **tener** were used interchangeably, as were **ser** and **estar**. To form a compound tense **ser** could be used with some past participles, **aver** with others. In this case, the past participle always agrees in number and gender with the subject.

Plazer had the following irregular forms:

Present:	plasco *or* plazo, plaze
Imprefect:	plazía *or* plazíe
Preterit:	él plugo
Pluperfect:	pluguiera
Imperfect Subj.:	pluguiese *or* pluguiesse
Future Sub.:	pluguiere

Two other verbs deserve comment on forms.

Vivir
>
> Imperfect Subj.:   yo visquiese
> Future Subj.:   yo visquiere

Prender
>
> Preterit: yo prise ellos prisieron /presieron

There were more contractions with **de** than Spanish has today.

>
> dello   deste   della   dallí   daquel

Certain pronouns require clarification.
Nos could be either subject or object pronoun.

>
> a **nos** todos (*Engaños*)
>> to all of us
>
> delante de **nos** *(ABC)*
>> before us

Vos was either singular or plural of respect. It used the second person plural form, ending in **–ades** or **–edes**. Context is the only way to determine the number.

>
> Esto que **dezides** (*Enganos*) (sing.)
>> What you are saying
>
> ¿**viestes** llorar así a otras perras? (*Enganos*) (sing.)
>> did you ever **see** other bitches like this one?
>
> ¿qué **fazedes**? ¿Cómmo **osades** llegar a la puerta nin fablar? (*Conde Lucanor*) (pl.)
>> what are you doing? How dare you come to the door or talk?
>
> **sois** diferentes (*Ysopete*) (pl.)
>> you have different opinions

Quien could be either singular or plural.

sus falsos ídolos, en **quien** él adorava (*Amadís*)
　　his false idols, whom he worshiped
Quien te conseja encobrir de tus amigos (*Conde Lucanor*)
　　He who advises you to keep from your friends

Object pronouns were often attached to conjugated verb forms. The Indirect Object Pronoun **le** and the Reflexive **se** were attached and dropped the final **–e**. The double objects could be written **ge lo**, **gelo**, or **selo**.

guisáua**lo** muy bien de cauallos e de armas　(*Zifar*)
　　he provided him well with horses and arms
e ellos fiziéron**lo**. (*Cisne*)
　　and they did **it**.
començó**la** a fablar (*Cisne*)
　　he began to speak to her
pesó**l** mucho por que el palacio fiziera abrir　(*PCG*)
　　it bothered him a great deal that the palace had been opened
ella metió**l** un gran bocado de pan en la boca　(*Engaños*)
　　she put a big piece of bread in his mouth
pidió**l** la fija　(*PCG*)
　　he asked him for his daughter
leuó**gelo** el rrío (*Ysopete*)
　　the river carried him away
E amostró**gelo** dezir　(*Calila*)
　　And he taught them to say it
que **ge los** guardasse bien　(*Calila*)
　　that she take good care of them for him

In a prepositional phrase that included an infinitive, the object pronouns often come between the preposition and the infinitive:

de te lo acaloñar (*Castigos*)	to condemn it for you
para le degollar (*Zifar*)	to behead him
de lo prouar (*Zifar*)	to prove it

por le prender (*Zifar*)	to catch him
por la matar (*Calila*)	to kill her
de os ver (*Amadís*)	to see you

Word order can be confusing at times. In those cases, we have provided a footnote to clarify the order.

The gender of some words is not what it is today. Nouns beginning with **a-** were considered masculine, as were some beginning with **e-**. Likewise, footnotes point this out.

VOCABULARY

Like forms, vocabulary in the Spanish Middle Ages can be an obstacle to understanding a text. Some words no longer have the same meaning; some have merely gone through a spelling change; others no longer exist. You will quickly learn words and phrases that appear repeatedly. Since the list is rather long, we will include only a few of the most common here.

agora *adv.*, now
aína *adv.*, quickly, rapidly
al *n.*, other, another thing
asmar, cuedar, cuidar to think
ca *conj.*, because
catar to look
castigar to advise
conbrir to eat
defender to prohibit
do, o, onde *adv.*, where
e, et *conj.*, and
estonçe *adv.*, then

fallar to find
fasta *prep.*, until
fija *n.*, daughter
guisa *n.*, manner
maguer *conj.*, although
muger, mugier *n.*, woman
non no
ome, omne, ombre *n.*, man
pagarse de to be pleased with
poridat *n.*, secret
y *adv.*, there

Calila e Digna

THE OLDEST COLLECTION OF folkloric stories in Spanish is the thirteenth century *Calila e Digna. Calila* is one in a long series of translations of the *Panchatantra*, a collection of stories and fables written in Sanskrit that date from the late third century A.D. In the sixth century, a certain Berzoe translated it into Persian, adding his autobiography to the stories. Around 750, 'Abdallah ben al-Muqaffa translated the work into Arabic. It was this version that Prince Alfonso, who became Alfonso X in 1252, ordered translated into Spanish in 1251. With each translation, new tales were added to the *Panchatantra*. The tales functioned not only as recreational reading, but also as a source to the reader with valuable lessons for living virtuous, practical lives. Often these stories fit into a larger frame, that is, a narrative into which other tales are inserted either to entertain or to illustrate a moral lesson.

Calila consists of eighteen chapters plus an introduction, all of varying lengths. In Chapter One, a king sends his physician, Berzoe to India in search of plants to revive the dead. In his travels, Berzoe realizes that the plants are really books that teach the ignorant. In Chapter Two, he narrates his trip to India and the decisions that he must make in life. The physician becomes confused when many different people offer him advice. One of the stories that he tells to illustrate that dilemma is about the "Thief and the moonbeam," Berzoe returns home to write down his autobiography.

The tale of Calila and Digna begins in Chapter Three. The king asks for advice from his counselor. He then begins the story of the two jackals, Calila and Digna, who advise the lion about his affairs.

In Chapter Four, Digna is on trial for causing the ox to be killed. The tale of the "papagayos acusadores" comes from this section.

In Chapter Five, the king asks his advisor to give him examples and stories of what it means to be true friends.

In Chapter Six, the king now wants to have examples of a person deceived by an enemy. In reply, the advisor details the enmity between the owls and the crows. The story of the mouse turned into a young woman comes from this section.

Chapters Seven through Eighteen continue with the king. asking his counselor for advice.

El ladrón y 'el rayo de luna°

'Así fue° que una noche andava un ladrón sobre una casa de un ome° rrico,
e 'fazía luna,° e andavan algunos conpañeros con él. E en aquella casa avía°
una finiestra° 'por do° entrava la luz de la luna; e a las pisadas° dellos despertóse
5 el dueño de la casa, e sentiólos, e pensó que non andava sobre su casa a tal
ora sinon algún malfechor.[1] E despertó a su muger, e díxole: "Fabla quedo,°
ca° yo he sentido ladrones que andan sobre nuestra casa, e yo <u>fazerme he</u>
<u>adormido</u>, e tú despiértame a grandes bozes, 'de guisa que° lo oyan° los que
están sobre la casa; e dime quando fuere despertado: '¡Ay fulano°! ¿Non me
10 dirás estas 'tamañas rriquezas° que as dónde las ayuntaste,[2] e cómmo las
ganaste?' E quando te lo yo non quisiere dezir,[3] sígueme tú preguntándome
'fasta que° te diga alguna cosa." E fízolo así commo le mandó el marido. E
oyó el ladrón lo que ella dixo, e entonçe rrecudió° el ome a su muger: "Tú,
¿por qué lo demandas?° Ca la ventura te traxo grande algo. Come, e bebe,
15 e alégrate, e non me demandes tal cosa, ca si te lo yo dixere,[4] non so° seguro
que lo non oya alguno, e podría acaeçer° cosa por ello que pesara° a mí e a
ti." E dixo la muger: "Por la fe que me deves que me lo digas, ca non oirá
ninguno lo que dizeremos a tal ora." Dixo el marido: "Pues atanto° lo quieres,
quiero te lo dezir: sepas que yo non ayunté todas estas rriquezas sinon de
20 ladroniçio.°" Dixo la muger: "¿Cómmo ayuntaste esto de ladroniçio, teniéndote
las gentes por onbre bueno?"[5]

Dixo él: "Esto fue por una sabiduría° que yo fallo en furtar,° e esto era
cosa mucho encobierta e muy sotil, de guisa que non sospechava alguno de
mí, nin me tenían por malfechor.°" Dixo la muger: "¿Cómmo era eso?" Dixo
25 él: "Andava la noche que fazía luna e mis conpañeros comigo,° fasta que sobía°
'en somo de° la casa do quería entrar, e llegava a alguna finiestra por do entrase
la luna, e dezía siete vezes: '*xulan, xulan.*' Desí° abráçavame con la luz, e deçendía
por ella a la casa, e non me sentía ninguno quando caía; e iva de aquella casa
a todas las otras casas. E desí tornávame a la casa donde era la luz, e dezía
30 otras siete vezes '*xulan, xulan*', e abráçavame con la luz, e sobía a la finiestra,
e en este estado gané lo que tú vees.°"

moonbeam

it happened, man
it was moonlit, =hab
window, through
which, footsteps

softly, because
future
I will be sleeping
so that, = oigan
husband
great wealth

until
said
ask
soy = estoy
happen, it would
grieve
so much

robbery

knowledge, stealing

evil-doer
= conmigo, subía
on top of
thus

= ves

---

[1] **non andava...** *it could only be an evil person walking on his roof at such an hour*
[2] order: *¿No me dirás dónde juntaste estas grandes riquezas que tienes?*
[3] order: *Y cuando yo no te lo quisiere dezir*
[4] order: *si yo te lo dijere*
[5] **teniéndote las gentes...** *since everyone considers you a good man*

E desque° oyeron esto los ladrones, alegráronse e dixeron: "Más avemos   when
ganado desta casa que nos non queríamos,[6] e deste saber que nos dende°   now
avemos, nos devemos más preçiar° que 'de todo quanto° ende° ganaremos."   to appreciate, every-
Desí estodieron grande hora[7] quedos fasta que cuidaron° que el dueño de   thing, from now; they
5 la casa era adormeçido e su muger, e después que cuidaron ser çiertos desto,   thought
levantóse el cabdillo° dellos e fuése para la finiestra que estava en somo de   boss
casa, por do entrava la luz de la luna, e dixo siete vezes, "*xulan, xulan*." E
abraçóse con la luz por deçender por ella a la casa, e cayó 'cabeça ayuso.° E   head first
entonçe levantóse el dueño de casa e diole tantos de golpes fasta que le quedó
10 deziendo el ladrón: "Yo merezco 'quanto mal° me as fecho, porque creí lo
que me dexiste° e me engañé con vanidat."   all that = dijiste

Los papagayos° acusadores   parrots

15 Dixo Dina: —Dizen que avía un rrico ome en una çibdat° e tenía una muger   = ciudad
muy 'fermosa e entendida.° E este rrico ome avía un çetrero° que amava a   smart and beautiful,
su muger 'de mala parte° e avíale demandado su amor muchas vezes, e ella   trusted man; wrongly
non curava dél e dexávale por baldío.[8] E con despecho° que avía della, andava   contempt
pensando en su coraçón commo la feziese pesar,[9] e un día andando 'a caça,°   hunting
20 tomó dos papagayos nuevos e fízolos un nido e mostró° al uno dellos dezir: he taught
"Yo vi a mi señora dormir con el portero.°" E enseñó al otro dezir: "Yo non   porter
digo cosa.[10]" E amostrógelo dezir[11] en lenguaje de Belaque,[12] que era lenguaje
que non entendían en aquella tierra.

E acaeçió un día que seyendo° su señor con su muger que ge los traxo   siendo = estando
25 delante, e él pagóse° dellos e de commo cantavan pero non sabían que se   the husband was
dezían e mandó a su muger que ge los guardase bien, e ella fízolo así e pensava   pleased
bien dellos. E tóvolos así 'un tienpo° e acaeçió que unos omes de Belaque   a while
'ovieron de llegar° aquella casa de aquel rrico ome e él conbidólos° a   came, he invited them
comer. E después que ovieron comido por los fazer más honrra, fízoles traer
30 aquellos páxaros delante para que cantasen. E ellos commo los vieron

---

[6] **desta casa…** *at this house than we expected*
[7] **estuvieron mucho tiempo**
[8] **ella non curava …** *she paid no attention to him and considered him a vain person*
[9] **commo la …** *how he could vex her*
[10] **Yo non …** *I have nothing to say*
[11] order: **se *lo amostró [enseñó] dezir***
[12] a country near India

cantar, catáronse unos a otros e abaxaron° sus cabeças con vergüença que   *lowered*
ovieron e dixeron al señor de la casa si él entendía lo que dezían los páxaros.
Dixo él: "Non más págome de sus cantos."[13] Díxole: "Pues non 'te ensañes°   *get angry*
si te lo dezimos, que dize el uno en nuestro lenguaje que el portero 'faze enemi-
5 ga con° vuestra muger e el otro dize "Yo non digo nada." E nos avemos por   *is sinning*
ley de[14] non comer en casa de onbre° que su muger le 'faga tuerto.°" Entonçe   *man, does wrong*
llamó el çetrero: "Yo so testigo que los páxaros dizen verdat que yo lo vi 'asaz
vezes.°" E estonçes el rrico ome firió° malamente a su muger e acusóla por   *several times, wound-*
la matar.[15]   *ed*
10   E ella dixo al marido que rogase aquellos huéspedes que peguntasen a
los páxaros si sabían más fablar de aquel lenguaje de aquello que dezían. E
el marido ge lo rrogó, e ellos preguntaron a los páxaros si sabían de aquello
que dezían, e nunca dellos sopieron[16] que sabían más de aquellas dos palabras.
E entonçe entendieron todos que el çetrero avía fecho aquello 'con mala arte,°   *with evil intentions*
15 e el señor enbió por él, e él entró a donde ellos estavan e traía un açor° en   *hawk*
la mano. E díxole la muger: "¡Mal sea de ti! ¿E tú me viste fazer lo que 'me
apones?°" Dixo él: "Sí." E estonçe dixo la muger: "Dios muestre ende la verdat   *you accuse me*
por tan gran traición commo levantas." E luego saltóle el açor a los ojos e
sacógelos con las uñas e dixo la muger: "¡Bendito sea el nonbre de Dios que
20 'tan aína° fizo su miraglo° sobre este falso traidor que tan gran falsedat me   *so quickly, = milagro*
aposiera!"
      —E yo non vos di este enxenplo salvo por que el que anda con falsedat
e artería° Dios le justiçia en este mundo e en el otro. —E fue escrito quanto   *wickedness*
dixo Dina[17] e todo quanto le rrespondieran e enbiaron a Dina a la carçel.
25 E fuéronse todos los de la mesnada° de la posada del rrey e non le valieron   *followers*
a Dina sus escusaçiones° nin le quisieron rreçebir salva° ninguna de su pecado.   *excuses, freedom*
E quando fueron mostrados los escritos de todo ello a la madre del león, dixo
a su fijo: —Si éste dexas a vida, aviéndote fecho tan gran pecado, atreverse
an a ti tus mesnadas e non averán° miedo de tu justiçia por gran pecado que   **habrán** *= tendrán*
30 te fagan, e ensancharse° a tu fazienda por guisa que non lo podrás enmendar   *increase*
nin mejorar quando querrás.
      E estonçe mandó llamar al 'león pardo,° e él vino e fízole testimonio de   *leopard*
todo cuanto oyera dezir a Dina e a Calila, e después que el león oyó todo

---

[13] **Non más...** *I only enjoy their singing*
[14] **E nos...** *And it is our custom*
[15] **e acusóla ...** *and he tried to kill her*
[16] **E nunca ...** *for they had never learned from them*
[17] In the frame story, Dina (Digna) and Calila are jackals who give advice to the lion. Dina is, in this section, placed on trial for having killed Sençeba, an ox.

aquello entendió verdaderamente que Dina avía fecho matar a Sençeba e mandó luego matar.

El ratón cambiado en niña

Dixo el buho°: —Dizen que un rreligioso, cuya boz Dios oía, estando asentado° [owl, seated]

5   rribera de un rrío, pasó por aí un milano°; e traía en las uñas un mur,° e [kite, mouse]
soltósele de las uñas, e cayó al rreligioso en las faldas. E 'ovo piadat° dél, e [had pity]
falagólo° e enbolviólo en una foja,° e queriéndolo levar a su hermita. E temióse [fawned over, cloth]
que le sería fuerte° cosa de criar, e rrogó a Dios que le mudase en niña. E [difficult]
Dios oyóle e tornóle en niña muy fermosa; e levóla el rreligioso a su posada,

10 e criávala bien, e non le dezía cosa de su fazienda. E ella bien pensava que
era fija del rreligioso. E desque ovo doze años conplidos,[18] díxole el rreligioso:
"Tú eres de 'hedat conplida,° e non estás bien sin marido que te mantenga [old enough]
e te govierne e 'me desenbargue° de ti." Dixo ella: "Plázeme,° mas quiero yo [relieve myself, it plea-]
tal marido que non aya° par° en valentía nin en fuerça nin en nobleza nin [ses me; **haya** = tenga,]

15 en poder." Dixo el rreligioso: "Non conosco que sea otro tal commo tú dizes [equal]
salvo° el sol." [except]
E él echóse 'en rrogaria° a Dios 'por que°el sol quisiese casar con aquella [in prayer, =para que]
donzella,° e el sol dixo al rreligioso: "A mí plazería de açetar° tu rruego por [maiden accept]
el bien que Dios te quiere salvo por que te amostraré° otro que me sobrepuja° [show, exceeds]

20 en fuerça e en valentía. Dixo el rreligioso: "¿Quál es ese?" Dixo el sol: "Es
el ángel que mueve las nuves, el qual con su fuerça abre mi luz e tuelle° mi [takes away]
claridat que la non dexa rresplandeçer por la tierra." E luego el rreligioso
fizo rrogaria al ángel por que casase con su fija, el qual le rrespondió que él
lo feziere° salvo porque él le mostraría otro que era más fuerte que él. Dixo [= haría]

25 el rreligioso que ge lo amostrase. E él le dixo que era el viento que era más
fuerte, que el traía a las nuves de una parte a otra por todas las partes del
mundo que non se podía anparar° dél. [protect]
E él fizo oración a Dios commo solía por que el viento casase con su fija.
E luego el viento apareçióle e díxole: "Verdat es commo me dizes, que Dios

30 me dio gran fuerça e poder sobre las criaturas, mas mostrarte he quien es
más fuerte que yo." Dixo el rreligioso: "¿Quién es éste?" Dixo: "El monte
que es açerca de ti." E él llamó al monte commo llamara a los otros para que
casasen con su fija, e dixo el monte: "En verdat tal so commo tú dizes, mas
mostrarte e quien es más fuerte que yo, que me rroye° con su fuerça e non [= roe *gnaws*]

35 me puedo dél anparar." "¿Quién es?" dixo el rreligioso. Dixo el monte: "Es
el mur."

---

[18] **E desque ...** *And when she turned twelve years old*

E fuése el rreligioso al mur, e rrogóle commo a los otros, e dixo el mur:
"Tal so commo tú dizes mas ¿cómmo podrá ser de me casar yo con muger
seyendo yo mur e morando en cubilla° e en forado?°" E dixo el rreligioso   *pail, nest*
a la moça: "¿Quieres ser muger del mur, pues que ya sabes que todas las otras
5   cosas nos han dicho que es el más fuerte? E bien sabes que non dexamos cosa
que sopimos que era fuerte e valiente a quien non fuimos,[19] e todos nos
mostraron a este mur. ¿E quieres que rruegue a Dios que te torne mur, e casarás
con él e morarás con él en su cueva? E yo que soy çerca de aquí 'rrequerirte
he° e non te dexaré del todo." E ella dixo: "Padre, fazeldo así que contenta   *I'll examine you*
10   soy de tornarme mur por casar con él." E luego el rreligioso rrogó a Dios que
la bolviese° en mur; e Dios oyóle, e bolvióse en mur, e 'fue pagada° porque   *turn back into, she w*
tornava a su rraíz e a su natura. E tú, engañador e mentiroso, tal serás en   *happy*
te tornar a tu rraíz.

E por todo esto non tornava cabeça el rrey de los buhos nin los otros
15   sus consejeros a este enxemplo.° E el cuervo° andava sienpre manso° e blando,   *moral tale, crow, gen-*
e díxole el rrey de los buhos: —Amigo, non es menester° que te quemes el   *tle; necessary*
fuego por te vengar, que nos te daremos vengança de los cuervos a tu plazer.
—E al cuervo plogo° mucho aquello que oyó e honrrávanle todos fasta que   *it pleased*
engordó e le creçieron sus plumas, e miró e aprendió toda su fazienda° con   *affairs*
20   los buhos; e sopo dellos lo que querían fazer. E un día salióse a furto, e fuése
adonde estavan los cuervos, e apartó al rrey e díxole: —Señor, dígote buenas
nuevas, que rrecabdé° lo que queríamos para matar los buhos e tomar dellos   *I found out*
vengança. E 'para mientes° en lo que yo vos diré, que si fueredes[20] agudos   *pay attention*
e envisos° e sabidores en nuestro fecho, muertos son los buhos. —Dixo el rrey   *prudent*
25   de los cuervos: —Nos fáremos quanto tú mandares. —Dixo el cuervo: —Los
buhos son en tal lugar, e ayúntanse° de día en una cueva del monte, e yo sé   *they gather*
aí çerca mucha leña°; e nos levemos° quanta podiéremos en los picos e   *firewood, = llevamos*
pongámosla en la boca de la cueva do° ellos yacen° de día. E aí çerca ay cavañas   *where, rest*
de ganados, e yo arrebataré dende fuego e ponerlo he debaxo de la leña; e
30   aventaremos° todos con nuestras alas fasta que lo ençendamos el fuego; e   *we will fan*
se aprenda la leña e con el fuego e con el fumo morirán todos quantos buhos
aí están. E estonçes seremos vengados dellos. —E fue fecho así commo el cuervo
dixo, en tal manera que fueron muertos todos los buhos; e tornáronse todos
los cuervos 'salvos e seguros° a su lugar.   *safe and sound*

---

[19] **non dexamos ...** *we didn't leave out visiting anybody who we knew was strong and brave*
[20] Here **vos** is plural.

El libro de los engaños

IN 1253, PRINCE FADRIQUE, brother of Alfonso X, ordered the translation from Arabic into Spanish of the book we know today as *El libro de los engaños*. While the text itself has no specific title, a Spanish literary critic in the 19th C., Amador de los Ríos, took a phrase from the prologue which calls the book *El libro de los engaños e los asayamientos de las mugeres* (*The Book of the Deceits and Wiles of Women*).

El libro de los engaños belongs to a frame story known as Sindibad, which contains interpolated *exempla*, or moral tales. The Sindibad story originated in ancient India and dates back to the 6th Century B.C. The story arrived in Western Europe through two different ways: through the East via Arabic and through the West via Greek.

In the frame, King Alcos of Judea has no son to inherit his kingdom. He and the wife he loves best pray for a child. When the son is born, wise men cast a horoscope that says that the boy will live a long life if he can avoid a dangerous situation that will occur when he is twenty years old. In order to prevent that danger, the king sends his son to live with a wise man, Çendubete (Sindibad in Old Spanish), who will teach the prince to be wise. Just before the boy returns to the palace, Çendubete casts the horoscope again. In this second reading, the signs tell that the danger predicted twenty years before will kill the prince if he speaks before the end of seven days. In the palace, everyone wonders why the boy will not talk. One of the king's wives, not the boy's mother, decides that she can discover why the prince is mute. The king gives his permission and the wife is at last alone with the prince, she tells the young man that together they can kill his father and then reign as husband and wife. This so enrages the prince that he talks, threatening to kill her. When she realizes that she could be killed for treason, she accuses the boy of rape. She calls for the boy's death, but the king's seven principal advisors caution against killing him. Thus, after each counselor tells a story that demonstrates the craftiness of women and gives a reason not to kill the prince, the wife counters with a story about a bad son who deserves death. King Alcos cannot make up his mind until finally on the eighth day his son tells what has happened and demonstrates the wisdom learned under the tutelage of Çendubete. The king believes the prince and orders the accusing wife burned to death in a dry cauldron.

Enxenplo° de la muger en commo apartó° al infante en el palacio e commo,   moral tale, took aside
*   por lo que ella le dixo, olvidó lo que le castigara° su maestro*   had advised

El rrey avía una muger, la qual más amava, e onrrávala° más que a todas las   = la honraba

otras mugeres quél avía; e quando le dixieran commo° le acaesçiera al niño,   what

5   fuése para el rrey e dixo: —Señor, dixiéronme lo que avía acaesçido a tu fijo.

Por aventura, con gran verguença que de 'ti ovo,° non te osa fablar; mas° si   he had for you, but

quesieses dexarme con él aparte, quiça él me dirá su fazienda,° que solía fablar   affairs

sus poridades° comigo, lo que non fazía con ninguna de las tus mugeres.   secrets

    E el rrey le dixo: —Liévalo° a tu palaçio e fabla con él.   **llévalo**

10   E ella fízolo así, mas el infante non le respondíe ninguna cosa quel dixiese;

e ella siguiólo más e dixol: —"Non te fagas neçio,° ca° yo bien sé que non saldrás   don't be stupid, for

de mi mandado.° Matemos a tu padre, e serás tú rrey e seré yo tu muger, ca   clutches

tu padre es ya de muy gran hedat e flaco,[1] e tú eres mançebo° e comiénçase   young man

el tu bien, e tú deves aver esperança 'en todos bienes° más que él."   in everything

15   E quando ella ovo dicho, tomó el moço gran saña;[2] e estonçes se olvidó

de lo que le castigara su maestro e todo lo quel mandara, e dixo: —¡Ay, enemiga

de Dios! ¡Si fuesen pasados los siete días yo te rresponderría a esto que tú

dizes!

    Después que esto ovo dicho, entendió ella que sería° en peligro de muerte,   = estaría

20   e dio bozes e garpios,[3] e començó de mesar° sus cabellos; e el rrey, quando   to pull out

esto oyó, mandóla llamar e preguntóle que qué oviera.[4] E ella dixo: —Este

que dezides que non fabla me quiso forçar 'de todo en todo,° e yo non lo   completely

tenía a él por tal.[5]

    E el rrey, quando esto oyó, creçiól gran saña por matar su fijo, e fue muy

25   bravo e mandólo matar; e este rrey avía siete privados mucho sus consejeros,[6]

'de guisa que° ninguna cosa non fazía menos de se consejar[7] con ellos. Después   so that

que vieron quel rrey mandava matar su fijo a menos de su consejo, entendieron

que lo fazía con saña porque creyera su muger.

---

[1] **ya de ...** already old and weak
[2] **tomó el ...** the boy became very angry
[3] **e dio ...** and she screamed and cursed
[4] **que qué oviera:** what was the matter
[5] **e yo ...** and I didn't believe he was like that
[6] **avía siete ...** had seven favorites who advised him a great deal
[7] **menos de ...** unless he took counsel with them

E dixieron los unos a los otros: —Si a su fijo mata, mucho le pesará,° e
después non se tornará sinon a nos todos,[8] pues que tenemos laguna rrazón
atal por que[9] este infante non muera.

E estonçe rrespondió uno de los quatro maestros, e dixo: —'Yo vos
escusaré,° si Dios quisiere, de fablar con el rrey.

Este privado primero fuése para el rrey, e 'fincó los inojos° ante él, e dixo:
—Señor, non deve fazer ninguna cosa el omne° fasta que sea çierto della°;
e si lo ante fizieres,[10] errallo as mal,[11] e dezirte he un enxenplo de un rrey
e de 'una su muger.°

E el rrey dixo: —Pues di agora e oírtelo he.

El privado dixo: —Oí dezir que un rrey que amava mucho a las mugeres
e non avía otra mala manera° sinon° ésta; e seye° el rrey un día ençima de
un soberado° muy alto; e miró ayuso° e vido° un muger muy fermosa, e 'pagóse
mucho° della, e enbió a demandar su amor;[12] e ella dixo que non lo podría
fazer, seyendo° su marido en la villa; e quando el rrey oyó esto, enbió a su
marido a una hueste°; e la muger era muy casta e muy buena e muy entendida.°

E dixo: —Señor, tú eres mi señor e yo so tu sierva,° e lo que tú quesieres,
quiérolo yo; mas irme he a los vaños afeytar.[13] —E quando tornó, diol un libro
de su marido en que avía leyes e juizios° de los rreyes de commo
escarmentavan° a las mugeres que fazían° adulterio, e dixo: —Señor, lee por
ese libro fasta que me afeynte.°

E el rrey abrió el libro e falló en el primer capítulo commo devía el
adulterio ser defendido,° e ovo gran vergüença, e pesól mucho de lo quel
quisiera fazer; e puso el libro en tierra e sallóse° por la puerta de la cámera,
e dexó los arcorcoles° so° el lecho en que estava asentado; e en esto llegó su
marido de la hueste, e quando se asentó él en su casa, sospechó que y°
durmiera el rrey con su muger, e ovo miedo e non oso dezir nada por miedo
del rrey e non osó entrar do° ella estava; e duró esto gran sazón,[14] e la muger
dixolo a sus parientes que su marido que la avía dexado e non sabía 'por quál
rrazón.°

E ellos dixiéronlo a su marido: —¿Por qué non llegas a tu muger?

E él dixo: —Yo fallé los arcorcoles del rrey en mi casa e he miedo, e por
eso non me oso llegar a ella.

E ellos dixieron: —Vayamos al rrey, e agora démosle enxenplo de

---

[8] **non se ...** *he will only turn to all of us*
[9] **pues que ...** *for it is to our benefit that*
[10] order: *y si antes lo hicieres*
[11] **errarlo...** *you have made a bad mistake*
[12] **demandar su amor:** *to make love to him*
[13] **irme he ...** *I must go to the baths to make myself beautiful*
[14] **duró esto ...** *this lasted a long time*

aqueste fecho de la muger, e non le declaremos el fecho° de la muger; e si   deed
él entendido fuere, luego lo entenderá.—Estonçes entraron al rrey e dixiéronle:
—Señor, nos avíemos una tierra e diémosla[15] a este omne bueno a labrar que
la labrase e la desfrutase del fruto della; e él fízolo así una gran sazón e dexóla
5   una gran pieça por labrar.[16]

     E el rrey dixo: —¿Qué dizes tú a esto?

     E el omne bueno rrespondió e dixo: —Verdat dizen que me dieron una
tierra así commo ellos dizen; e quando fui un día por la tierra, fallé rastro°   trail
del león e ove miedo que me conbríe°; por ende° dexé la tierra por labrar.   = comería, for that

10   E dixo el rrey: —Verdat es que entró el león en ella, mas non te fizo cosa   reason
que non te oviese de fazer,[17] nin te tornó mal dello; por ende toma tu tierra
e lábrala.

     E el omne bueno tornó a su muger e preguntóle por qué 'fecho fuera°   she had done
aquello, e ella contógelo° todo e díxole la verdat commo le conteçiera con   = se lo contó
15   él; e él creyóla por las señales quel dixiera el rrey, e después 'se fiava° en ella   he trusted her
más que non dante.[18]

Enxenplo del omne, e de la muger, e del papagayo, e de su moça°   maid
20   —Señor, oí dezir que un omne que era çeloso° de su muger; e conpró un   jealous
papagayo e metiólo en una jabla° e púsolo en su casa, e mandóle que le dixiese   cage
'todo quanto° viese fazer a su muger, e que non le encubriese° ende° nada;   all that, keep from,
e después fue 'su vía° a rrecabdar° su mandado; e entró su amigo della en   therefore; on his wa
su casa do estava. El papagayo vio quanto ellos fizieron, e quando el omne   to look after
25   bueno vino de su mandado, asentóse en su casa en guisa que non lo viese
la muger; e mandó traer el papagayo, e preguntóle todo lo que viera; e el
papagayo contógelo todo lo que viera fazer a la muger con su amigo°; e el   lover
omne bueno fue muy 'sañudo contra° su muger e non entró más do ella estava;   angry with
e la muger cuidó° verdaderamente que la moça 'la descubriera,° e llamóla   thought, had told on
30   estonçes.   her

     E dixo: —Tú dexiste a mi marido todo quanto yo fize.

     E la moça juró que non lo dixiera: —Mas sabed que lo dixo el papagayo.

     E quando vino la noche, fue la muger al papagayo e desçendiólo° a tierra   put it
e començóle a echar agua 'de suso° commo que era luvia;° e tomó un espejo°   above, = lluvia, mirro
35   en la mano e parógelo° sobre la gabla,° e en otra mano una candela,   put it, cage

---

[15] **nos avíemos ...** *we had a field and we gave it*
[16] **dexóla...** *he left it a long time without working it*
[17] **mas non ...** *but it did not do what it could have done to you*
[18] **más que ...** *more than ever*

e parávagelo de suso; e cuidó el papagayo que era rrelánpago°; e la muger   lightning

començó a mover una muela,° e el papagayo cuidó que eran truenos°; e ella   grinding stone, thun-

estuvo así toda la noche faziendo así fasta que amanesçió.°   der; it dawned

      E después que fue la mañana, vino el marido e preguntó al papagayo:

5 —¿Viste esta noche alguna cosa?

      E el papagayo dixo: —Non pud ver ninguna cosa con la gran luvia e truenos

e rrelánpagos que esta noche fizo.

      E el omne dixo: —En quanto me as dicho es verdat de mi muger commo

esto, non a cosa más mintrosa° que tú, e mandarte e matar. —E enbió por   lying

10 su muger, e perdonóla, e 'fizieron paz.°   they made up

      —E yo, señor, non te di este enxenplo sinon porque[19] sepas el engaño

de las mugeres, que son muy fuertes sus artes e son muchos, que non an cabo   *moraleja*

nin fin.[20]

      E mandó el rrey que non matasen su fijo.

15

Enxenplo del omne, e de la muger, e de la vieja e de la perrilla°   bitch

      —Señor, oí dezir que un omne e su muger fizieron pleito e omenaje que

se toviesen fieldat;[21] e el marido puso plazo a que viniese,[22] e non vino él;

20 e estonçes salió[23] a la carrera, e estando así, vino un omne de su carrera e

viola; e pagóse della e demandóle su amor; e ella dixo que en ninguna guisa

que lo non faría. Estonçes fue a una vieja que morava° çerca della, e contógelo   dwelt

todo commo le contesçiera con aquella muger, e rrogóle que ge la fiziese aver[24]

e que le daría quanto quisiese; la vieja dixo que le plazíe e que ge la faría

25 aver; e la vieja fuése a su casa, e tomó miel e masa° e pimienta, e amasóla°   dough, kneaded it

toda en uno, e fizo della panes. Estonçes fuése para su casa de aquella muger,

e llamó una perrilla que tenie, e 'echóle de° aquel pan en guisa que non lo   gave it some

viese la muger; e después que la perrilla lo comió, empeçó de ir tras la vieja

falagándosele° que le diese más, e llorándole° los oios con la pimienta que   begging her, crying

30 avíe en el pan.

      E quando la muger la vio así, maravillóse° e dixo a la vieja: —Amiga,   she was amazed

¿viestes° llorar así a otras perras así commo a ésta?[25]   = viste

      Dixo la vieja: —Faze derecho,° que esta perra fue muger e muy fermosa,   beware

e morava aquí cabo° mí; e enamoróse un omne della, e ella non 'se pagó dél°;   near, paid attention to

    him

otro cuento

---

[19] **non te ...** *I only told you this tale so that*

[20] **que non ...** *that are endless*

[21] **fizieron pleito...** *they made a contract and took an oath of fidelity*

[22] **puso plazo ...** *he put a term in the contract that he would come to her*

[23] The subject is **ella.**

[24] **que ge ...** *that she would give it to her*

[25] **¿viestes llorar ...** *have you ever seen other dogs like this one cry?*

e estonçes maldíxola° aquel omne que la amava, e tornóse luego perra; e agora   cursed her

quando me vio, 'menbrósele della° e començóse de llorar.   she was reminded of

     E estonçes dixo la muger: —¡Ay mezquina! ¿Qué faré yo?, que el otro

día me vio un omne en la carrera e demandóme mi amor, e yo non quis; e

5   agora he miedo que me tornaré perra si me maldixo; e agora ve e rruégal por

mí que le daré quanto él quesiere.

     Estonçes dixo la vieja: —Yo te lo traeré.

     E estonçes se levantó la vieja e fue por el omne; e levantóse la muger

e afeytóse; e estonçes 'se asomó° a casa de la vieja 'a si° avía fallado aquel omne   she went, to see if

10   que fuera a buscar.

     E la vieja dixo: —Non lo puedo fallar.

     E estonçes dixo la muger: —Pues, ¿qué faré yo?

     Estonçes fue la vieja e falló al omne e dixo: —Anda acá, que ya fará la

muger todo, todo quanto yo quisiere.

15   E era el omne su marido, e non lo conosçía la vieja que venía estonçes

de su camino.

     E la vieja dixo: —¿Qué darás que buena posada te diere, e muger fermosa,

e buen comer e buen bever, si quieres tú?

     E él dixo: —¡Por Dios, si querría!

20   E fuése ella delante e él 'en pos della,° e vio que lo levava° a su casa, e   behind her, = llevaba

sospechó que lo levava a su casa e para su muger mesma, e sospechó que lo

fazía así todavía quando él saliera de su casa.

     E la vieja mala entró en su casa e dixo: —Entrad.—Después quel omne

entró, dixo: —Asentadvos aquí.

25   E católe° al rrostro, e quando vio que su marido era, non sopo al que   she looked at his

fazer sinon 'dar salto en sus cabellos,° e dixo: —¡Ay, don putero mala! ¡Esto   to fly at him

es lo que yo e vos pusiemos e el pleyto e omenaje que fiziemos? Agora veo

que guardades° las malas mugeres e las malas alcauetas.°   you keep company / with, go-betweens;

     E él dixo: —¡Guay de ti°! ¿Qué oviste comigo?   woe to you!; = vini-

30   E dixo su muger: —Dixiéronme agora que vinies;° e afeytéme, e dixe a   ses

esta vieja que saliese a ti, por tal que te provase si usava las malas mugeres,

e veo que aína° seguiste la alcauetería. ¡Mas jamás nunca 'nos ayuntaremos,°   rapidly, we will live as

nin llegares más a mí!   husband and wife

     E dixo él: —Así me dé Dios su graçia e aya la tuya commo non cuidé que

35   me traía a otra casa sinon la tuya e mía, sinon fueras con ella, e aún pesóme

mucho quando me metió en tu casa, que cuidé que esto mesmo farás con

los otros.

     E quando ovo dicho, rrascós en su rrostro e rronpiólo todo con sus manos,

e dixo: —¡Bien sé que esto cuidaríes tú de mí!°   I knew very well you

40   E ensañóse contra él, e quando vio que era sañosa, començóla de   think about me

falagar° e de rrogar quel perdonase; e ella non lo quiso perdonar fasta quel   *to flatter*
diese gran algo;[26] e él mandóle 'en arras° un aldea que avía.   *as security*

    E señor, non te di este enxenplo sinon que non mates tu fijo por aquel
engaño de las mugeres que non an cabo nin fin.

5

Enxenplo de la muger e del alcaueta, del omne e del mercador,° e de la muger   *merchant*
    que vendió el paño°   *cloth*

—Señor, oí dezir que avía un omne que quando oía fablar de mugeres, que
se perdía por ellas con cueyta de las aver;[27] e oyó dezir de una muger fermosa,
10 e fuéla buscar, e falló el logar donde era; e estonçe fue a un alcaueta e díxole
que moría por aquella muger.

    E dixo la vieja alcaueta: —Non fiziestes nada en venir acá,[28] que es buena
muger; e non ayas fiuza ninguna[29] en ella, si te vala Dios.[30]

    E él le dixo: —Faz en guisa que la aya, e yo te daré quanto tú quisieres.

15   E la vieja dixo que lo faría, si pudiese: —Mas,—dixo,— ve a su marido
que es mercador, si le puedes conprar de un paño que trae cubierto.°   *covered*

    E él fue al mercador e rrogógelo que ge lo vendiese; e él óvogelo mucho
a duro de vender;[31] e aduxólo° a la vieja, e tomó el paño e quemólo en tres   *he took it*
lugares.

20   E dixo: —Estáte aquí agora en esta mi casa, que non te vea aquí ninguno.

    E ella tomó el paño, e doblólo e metiólo 'so sí,° e fue allí do seye la muger   *under her dress*
del mercador; e fablando con ella, metió el paño so el cabeçal,° e fuése; e   *cushion*
quando vino el mercador, tomó el cabeçal para se asentar, e falló el paño;
e tomólo e cuidó quel que lo mercara que era amigo de su muger e que se
25 le olvidara allí el paño; e levantóse el mercador e firió° a su muger muy mal,   *wounded*
e non le dixo por qué nin por qué non,[32] e levó el paño en su mano; e cubrió
su cabeça la muger e fue para casa de sus parientes; e sópolo la vieja alcaueta,
e fuéla ver.

    E dixo: —¿Por qué te firió tu marido 'de balde?°   *in vain*
30   E dixo la buena muger: —Non sé, a buena fe.

    Dixo la vieja: —Algunos fechizos te dieron malos;[33] mas amiga, ¿quieres
que te diga verdat? Darte e buen consejo. En mi casa ay un omne de los

---

[26] order: **que le diese algo grande**
[27] **se perdía ...** *his only thought was to have them*
[28] **non fiziestes ...** *you were wrong to come here*
[29] **non ayas ...** *don't expect anything*
[30] **si te ...** *if God bless you*
[31] **e él ...** *it was very difficult for him to sell it*
[32] **por qué...** *why or why not*
[33] **algunos ...** *they gave you some bad evil spells.*

sabios del mundo, e si quesiéredes ir a ora de biésperas[34] comigo a él, él te
dará consejo.

E la buena muger dixo que le plazía; e venida fue la ora de biésperas;
e vino la vieja por ella, e levóla consigo para su casa, e metióla en la cámera
5   adonde estava aquel omne; e 'levantóse a ella° e yazió° con ella; e la muger,   *he went to her, he*
con miedo e con verguença, e callóse; e después quel omne yazió con ella,   *slept*
fuése para sus parientes.

E el omne dixo a la vieja: —Gradéscotelo mucho, e darte e algo.

E dixo ella:—Non ayas tú cuyiado, que lo que tú feziste yo lo aduré° a   *I persisted*
10 bien, mas ve tu vía e fazte pasadizo° por su casa do está su marido, e quando   *leisurely*
él te viere, llamarte a e preguntarte a por el paño, que qué lo fezíste; e tú dile
que te poseste° cabo el fuego e que se te quemó en tres lugares, e que lo diste   *= pusiste*
a una vieja que lo levase a sorsir,° e que lo non viste más nin sabes dél; e   *to mend*
fazerme e yo pasadiza por aí, e di tú: "Aquella di yo el paño." E llámame,
15 ca yo te escusaré° de todo.   *I will free*

Estonçes fue e falló al mercador, e dixo: —¿Qué feziste del paño que te
yo vendí?

E dixo él: —Asentéme al fuego e 'non paré mientes,° e quemóseme en   *I didn't pay attention*
tres lugares, e dilo a una vieja, mi vezina, que lo levase a sorsir, e non lo vi
20 después.—E ellos estando en esto, llegó la vieja, e llamóla e dixo al mercador:
—Esta es la vieja a quien yo di el paño.—E llamóla e dixo que que fiziere del
paño.

E ella dixo: —A buena fe, si me vala Dios, este mançebo me dio un paño
a sorsir, e entré con ello so mi manta en tu casa, e en verdat non sé si me
25 cayó en tu casa o por la carrera.

E dixo: —Yo lo fallé. Toma tu paño e vete en buena ventura.

Estonçes fue el mercador a su casa e enbió por su muger a casa de sus
parientes e rrogóla quel perdonase; e ella fízolo así.

E señor, non te di este enxenplo sinon que sepas quel engaño de las
30 mugeres ques muy grande e sin fin.

E el rrey mandó que non matasen su fijo.

Enxenplo del mançebo que non quería casar fasta que sopiese las maldades de las
*   mugeres*
35 E señor, dixiéronme que un omne que non quería casar fasta que sopiese
e aprendiese las maldades de las mugeres e los sus engaños°; e anduvo tanto   *deceits*
fasta que llegó a un aldea; e dixiéronle que avíe buenos sabios del engaño
de las mugeres; e costól mucho aprender las artes.

---

[34] Vespers is the canonical hour said in the late afternoon, at twilight

Díxol aquél que era más sabidor: —¿Quieres que te diga? Jamás nunca
sabrás nin aprenderás acabadamente° los engaños de las mugeres fasta que   completely
'te asientes° tres días sobre la çeniza° e non comas sinon un poco de ordio,°   you sit, ashes, barley
pan de ordio, e sal; e aprenderás.

5   E él le dixo que le plazía, e fízolo así. Estonçes posóse sobre la çeniza
e fizo° muchos libros de las artes de las mugeres; e después que esto ovo fecho,   he read
dixo que se quería tornar° para su tierra; e posó° en casa de un omne bueno,   to return, he stayed
e el huésped° le preguntó de todo aquello que levava; e él le dixo donde era,°   host, he had been
e commo se avía asentado sobre la çeniza de mientra trasladara° aquellos libros,   he translated
10   e commo comiera el pan de ordio, e commo pasara mucha cueyta° e mucha   anxiety
lazería,° e trasladó aquellas artes; e después questo le ovo contado, tomólo   hardship
el huésped por la mano e levólo a su muger, un omne bueno.

E díxol: —Un omne bueno 'e fallado° que viene cansado de su camino.   I have found

E contól toda su fazienda e rrogóle quel fiziese algo fasta que se fuese
15   esforçando:° estonçes era flaco. E después questo ovo dicho, fuése a su   growing strong
mandado, e la muger fizo bien 'lo quel castigara.° Estonçes començó ella de   what he advised her
preguntalle qué omne era e cómma andava; e él contógelo todo; e ella, quando
lo vio, tóvolo por omne de poco seso° e de poco rrecabdo,° porque entendió   brains, sense
que nunca podía acabar aquello que començara.

20   E dixo: —Bien creo verdaderamente que nunca muger del mundo te pueda
engañar nin 'es a enparejar° con aquestos libros que as adobado.° —E dixo   is she equal to, com-
ella 'en su coraçón°: "Sea agora quan sabidor quesiere, que yo le faré conosçer   posed; to herself
el su poco seso en que anda engañado. ¡Yo so aquella que sabré fazer!"
Estonçes lo llamó e dixo: —Amigo, yo so muger mançeba e fermosa e 'en buena
25   sazón,° e mi marido es muy viejo e cansado, e de muy gran tienpo pasado   at the right age
que non yazió comigo; por ende, si tú quisieses, e yazieses comigo, que eres
omne cuerdo° e entendido. E non lo digas a nadie.   intelligent

E quando ella ovo dicho, cuidós° que le dezía verdat, e levantóse e quiso   =[él] se cuidó
travar° della.   to seize

30   E dixo: —Espera un poco, e desnudémonos.

E él desnudóse; e ella dio grandes bozes e garpios; e rrecudieron° luego   helped
los vezinos; e ella dixo ante que ellos entrasen:

—Tiéndete en tierra, sinon° muerto eres.   or else

E él fízolo así, e ella metiól° un gran bocado de pan en la boca; e quando   = lo metió
35   los omnes entraron, pescudaron° que qué oviera.   they wondered

Ella dixo: —Este omne es nuestro huesped, e quiso afogar° con un bocado   to choke
de pan, e bolvíensele los ojos.

Estonçes descubriólo e echól del agua 'por que acordase.° El non acordava   so that he would come
en todo esto, echándol agua fría e alynpiándole° el rrostro con un paño blanco.   to; cleaning
40   Estonçes saliéronse los omnes e fuéronse su carrera.

E ella dixo: —Amigo, ¿en tus libros ay alguna tal arte commo ésta?

E dixo él: —¡En buena fe, nunca la vi nin la fallé tal commo ésta!

E dixo ella: —Tú gasteste° y mucha lazería e 'mucho mal día,° e nunca   = gastatse, many bad
esperes 'ende al,° que esto que tú demandas nunca lo acabares tú nin omne   days; any other thin
5 de quantos son nasçidos.

E él, quando esto vio, tomó todos sus libros e metiólos en el fuego, e
dixo que demás° avía despendido° sus días.   enough, wasted

E yo, señor, non te di este enxenplo sinon que non mates tu fijo por
palabras de una muger.

10 E el rrey mandó que non matasen su fijo.

Libro de Barlaam y Josafat

THE ANONYMOUS STORY OF Barlaam and Josaphat narrates the initiation of a young man into the greater realities of life. This didactic tale has its origin in the narrative tradition of India. Like many other collections of stories, this one passed quickly from Sanscrit to Arabic to Greek to Latin. The Spanish version appears to be a late XII or early XIV C. translation of the story as told by Vincent de Beauvais in the *Speculum historiale* (*Mirror of History*).

Sometime before the Christian era the life of Prince Siddhartha, who later became the Buddha, was written. A series of prophesies leads the boy's father to rear the young prince in pleasure palaces so that he will avoid the harsh realities of the world foreseen in those prophesies. After the third century A.D. the story was transformed into a Christian narrative. The king succeeds in guarding his son Josaphat from the severities of ugliness, sickness and poverty, and old age until a hermit named Barlaam travels to India to instruct the young man in the tenets of Christianity. Barlaam becomes the spiritual guide to Josaphat who converts to Christianity. The two eventually become revered as holy men who perform miracles.

We present here three chapters from Barlaam. In the first Josafat becomes aware of old age and misery. In the second Barlaam, disguised as a merchant selling precious stones, comes to India to save the prince. In the third, Barlaam uses a tale (*exemplum*) to teach humility. In this chapter appears the story of the four chests, used by Shakespeare in *The Merchant of Venice*.

Capítulo VIII. Del gafo° e° del çiego e del viejo corvo,° los quales vio en la carrera.

E fízole luego traer cavallos escogidos e mandó que toda la onrra real fuése
5　delante él° e dexólo ir a do° quisiese, mandando deligentemente° a los ministros
que non dexasen venir ninguna cosa fediente° delante él; mas° que le
demostrasen todo bien e alegría e fuesen delante él choros alegrántese° en
cantos e en toda manera de música, e le feziesen desvariadas° maneras de
delectaçión,° por que la su voluntad pensase en estas cosas e se alegrase.
10　'Pues así es,° usando así el fijo del rrey estas proçesiones, vio un día dos
varones, de los quales el uno era gafo e el otro çiego. E commo los vio,
'entresteçióse en su coraçón° e dixo a los que estavan con él: —¿Quién son
éstos, e quál es el acatamiento° dellos fediente?
E ellos, queriendo encobrir° que non los viese, dexieron: —Éstas son las
15　pasiones humanales, las quales de la materia corronpida° e de la mala
conplesión del cuerpo, suelen acaescer° a los omnes.
Dixo el mançebo:°—¿Suelen estas cosas acaesçer a todos los omnes?
Dizen ellos:—Non a todos, mas a los que se buelve la sanidat° de
abundançia de los malos humores.
20　E el moço° preguntó 'de cabo°:—Pues así es, ¿conosçido son los que an
estos males, o sin distençión e non cuidado vienen?[1]
E ellos dexieron:—¿Quál omne puede ver las cosas avinideras?° Ca esto
pasa la natura humanal, e a los solos dioses non mortales es de eredat esto.[2]
Quedó el moço de preguntar. Pues así es, dolióse sobre esto que viera,
25　e mudada es la semejança de la su cara por la descustunbre de la cosa.[3] E
después de muchos días salió 'con de cabo° e falló un omne muy viejo, aviente°
la cara arugada° 'por muchedunbre de días,[4] e soltados los braços, e encorvado
ayuso,° e cano° en toda la cabeça, e carsçiente de dientes, e fablando
tartamudamente. E maravillándose, tomólo e llegándolo así, preguntó el
30　miraglo de la visión.
E los presentes dexieron: —Éste ha muchos años, e poco a poco,

Right margin glosses:
leper, and, bent over

= dél, wherever, dili-
gently; foul smelling
but; = alegrándose
various
pleasure
and therefore

it saddened him
appearance
to cover up
rotten
to happen
young man
health

young man, again

future

again, having
wrinkled
down, grey hair

---

[1] **o sin distençión** ... *these evils appear easily and without care*
[2] **a los solos**... only the immortal gods inherit this [seeing future events].
[3] **e mudada es** ... *and the countenance of his face was changed because he was unaccustomed to seeing such a thing*
[4] **por**... *being very old*

menguando° la virtud a él e enfermado los mienbros, vino a esta mesquindat°   dimninishing,
que vees.   wretchedness

    E díxoles: —¿Qué fin es la deste?

    E rrespondieron: —La muerte lo tomará.

5   E dixo él:—¿E viene a todos esto, o 'tan señeramente° a algunos?   only

    Rrespondieron: —Si la muerte, veniendo ante non llieve al omne, non
puede ser que veniendo los años non venga a prueva deste estado.

    E dixo él: —Pues así es, ¿en quántos años viene a alguno, e si la muerte
viene de todo en todo o non viene, ay arte° de escaparla, o que non venga   way
10 omne a esta mesquindat?

    E dexiéronle.—En LXXX o en cient años vienen los omnes a esta vejez,
desende° mueren, e non puede ser en otra manera.   then

    El moço, del alto coraçón[5] gemiendo,° dixo: —¡Amarga° es esta vida e   moaning. bitter
llena de todo dolor e amargura! E si estas cosas así sean, ¿cómmo puede seer
15 seguro alguno, esperando la muerte non çierta, el avenimiento de la qual
non tan señeramente es 'non esquivable,° mas aún non çierto, commo dizides?   not only disagreeable

    Fuése guardando entre sí estas cosas e pensando, non quedando e a
menudo aviendo la memoria de la muerte, e por esto cada día avía tristeza
en dolores e en menguas;[6] ca dezía entre sí mismo:—Pues así es, alguna vez
20 tomarme ha la muerte, e ¿quién será que 'se arremienbre de° mí después de   will remember
la muerte, dando el tienpo todas las cosas 'a olvidança?° E si moriendo se   to oblivion
torna en nada, ¿o ay otra vida e otro mundo?

    Pensando éstas e otras cosas, desfazióse.° Enpero° en la presençia del   he became upset, but
padre, quando venía a él, enfeñía° alegría; mas deseava alguno que podiese   he pretended
25 çerteficar° el coraçón dél e dezir buena palabra a las sus orejas. E commo   to assure
sobresto al maestro ante dicho demandase de consejo si conosçiese alguno
tal, él rrespondió: —Ya te dixe commo tu padre a los sabios e hermitaños°   hermits
fablantes de tales cosas; a los unos mató e a los otros persiguió, e non conosco
agora° ninguno tal aver fincado en este rregno.[7] E él entresteçido sobre estas   = ahora
30 cosas, semejava a varón que avía perdido gran tesoro e 'avía tornado° toda   had given
la voluntad a buscarlo.

Capítolo IX. Del avenimiento° de Barlaam a él 'so semejança° de mercador.   arrival, disguised as
En aquel tienpo fue un monge sabidero por vida devinal° e enseñado por   there was
35 palabra, el qual en el disierto de la tierra de Sennar[8] fizo a sí çella,° e éste   cell

---

[5] **del alto...** *from the depths of the heart*
[6] **cada día ...** *every day he was made sad by the pains and afflictions of the world*
[7] **ninguno tal ...** *no such person to be in this kingdom*
[8] perhaps in present day Sudan, in Eastern Africa

avía nonbre Barlaam. E éste por rrevelaçión fecha a él devinalmente conosçió
aquellas cosas que eran fechas çerca el fijo del rrey.[9] El qual salió del yermo,°   *desert*
e desçendió al sieglo,° e mudado el ábito° en vistiduras° seglares, entró en una   *secular world, habit,*
nave para ir a las partes de India. E enfiñiéndose° mercador, llegó a la çiudat   *clothing; pretendin[g]*
en la qual el fijo del rey avía el palaçio. E y morando alongadamente,° demandava   *to be; for a long tim[e]*
diligentemente dél e de los mistrantes° a él.   *ministers*

E después que sopo que aquel maestro susodicho° era a él más familiar   *aforementioned*
que los otros, llegó a él apartadamente° e díxole:—Quiérote conosçer, mi señor,   *secretly*
'ca yo so° mercadero e de muy luenga° tierra. Vine acá e tengo una piedra   *because I am, far off*
preçiosa, a la qual non podría ser fallada semejable.[10] Todo tienpo rruégote
que me metes al fijo del rrey e dárgelo he. Ca puede dar lumbre de sabiduria
a los çiergos por coraçón,[11] e abrir las orejas de los sordos, tornar la boz° a   *voice*
los mudos, e dar sanidat a los enfermos, e dar sabiduría a los locos e 'fuyentar
los demonios,° e al que la tiene darle largamente° toda cosa que es buena   *to make demons flee,*
e amable.   *completely*

Dixo a él el menistro: —Non puedo rrecontarte quantas piedras nobles
e 'margaritas preçioses° he visto; mas que oviesen tales virtudes quales dexiste   *precious pearls*
nin las vi nin oí;[12] enpero, muéstramela, e si es commo tú dizes, luego la levaré
al fijo del rrey e averás dél grandes 'onrras e dones.°   *honors and gifts*

E dixo Barlaam: —Esta piedra preçiosa es de las obras e virtudes 'ante
dichas,° e aún ha esta virtud: non la puede asmar° bienaventoradamente°   *aforementioned, to*
el que non ha la lunbre de tus ojos sana e entera,[13] e el cuerpo casto e 'non   *think, lucky*
enconado° por ninguna manera. Ca si alguno, non habiendo estas dos cosas,   *not bent over*
locamente rresçibe esta piedra preçiosa, e perderá esa virtud vesible que ha
e la voluntad.[14] E pienso los tus ojos non ser sanos, e he miedo que perdieses
el esfuerço que has e que yo fuese fazedor° a ti de tanto mal.[15] Mas oí el fijo   *to lead, who see*
del rrey aduzir° vida casta, e aver ojos muy fermosos e sanos e veyentes°
claramente. Por la qual rrazón deseo demonstrar a él este tesoro. Pues, así
es, non seas en esto niglegente° nin prives° a tu señor de tal cosa.   *negligent, you depriv[e]*

E dixo él: —Si estas cosas son así, non me demuestres la piedra; ca en
muchos pecados 'se enfiuzió° la mi vida nin e el viso sano commo dexiste.   *was entrusted to*

Entró e contó dilegentemente estas cosas al fijo del rrey. E él, quando
oyó estas cosas, sintió el su coraçón espirado° de una alegría spiritual, e la   *filled with*

---

[9] **que eran fechas ...** *that were happening to the king's son*
[10] **a la qual ...** *to which there can be found none like it*
[11] **Ca puede ...** *For it can give the light of knowledge to the blind of heart*
[12] **mas que oviesen ...** *but I've never seen or heard about those that have the virtues that you mention*
[13] **la lumbre de ...** *the healthy and complete light of your eyes*
[14] **e perderá ...** *and he will lose the visible virtues and the will that he has*
[15] **que yo ...** *that I was the cause of your doing so much evil*

su alma 'alunbrada es° divinalmente, así que luego mandó que entrase el varón.   *enlightened*
El qual entró e saludólo. E entonçe mandó que posase° e se fuese el maestro.   *remain*

    E él yéndose, dixo Josafat al viejo:—Demuéstrame esa piedra la qual me dixo mi maestro que dezías grandes cosas.

5   Al qual dixo Barlaam: —Si primeramente non tomé yo prueva de la tu sabiduría, non es convinible de te descobrir el mi ministerio.[16] Ca dize mi Señor: "Salió[17] el senbrador° a senbrar°; e sienbra, e mientre° que sienbra,   *sower, to sow, while* algunas semientes° cayeron açerca del camino e las aves del çielo venieron   *seeds* e comiéronlas; otras cayeron en 'logar pedregoso, do° non avía mucha tierra,   *rocky place, where*
10 e 'man a mano° nasçieron, ca non avían 'alteza de tierra°; e el sol nasçiente°   *immediately, a great deal of earth, rising;* afogáronse° e porque non avían rraíz secáronse. Las otras semientes cayeron   *they were choked out; thorns; they* entre las espinas,° e cresçieron las espinas e afogáronlas. E otras cayeron en la tierra buena e 'dieron fructo,° algunas por un grano çiento,[18] algunas por   *bore fruit* un grano sesenta, e algunos por un grano XXX." Así, si fallaré yo en ti tierra
15 que faga fructos e buena, non tardaré y senbrar la semiente divinal, e descobrirte he el gran misterio.[19]

    Dixo a él Josafat: —O viejo onrradero,° yo por çierto, por un deseo e amor   *= honrado* 'non conprehendible,° demando oír palabra nueva e buena. Ca de dentro   *unknown* en° el mi coraçón 'me enardesçe fuerte,° e me quema, e me esto mueve[20] para   *= de; it burns in me*
20 dezir° unas questiones neçesarias. Ca non fallé fasta aquí omne que me   *to ask* pudiese enseñar de estas cosas. Mas si fallaré algund sabio, e oiré dél palabra de salud, non la daré, commo cuido,° a las aves o a las bestias, nin paresçeré°   *I think, will I be* tierra pedregosa nin espinosa: mas tomarla he guardablemente,° e guardarla   *carefully* he sabiamente. E si conosçiste alguna cosa tal, non me la ascondas,° mas   *you hide*
25 dímela. 'Ca porque° oí que vinieras de tierra luenga, sentió la mi alma, e   *for* fecho so de[21] buena esperança, ca por ti averé lo que de gran tienpo deseava; e por tanto te fize entrar luego a mí e rresçíbite de buena voluntad, así commo a uno de los mis familiares e de los mis eguales.°   *peers*

Capítulo X. El rrecontamiento° del rey homil,° el qual sabideramente   *tale, humble, rebuked,*
30 *   rreprehendió° al rreprehendedor.°*   *the rebuker*
Estonçe dixo Barlaam: —En esto bien feziste e cosa digna a la grandeza rreal. Ca fecho eres, non de 'semejança paresçiente,° mas de ascondida. Ca fue   *apparent aspect* un gran rrey e glorios o, e 'fecho es,° que yendo él en un carro dorado con   *it is true*

---

[16] **non es convenible ...** *it is not right for me to disclose my mission to you*
[17] The parable of the sower in Matthew 13:3-9.
[18] **algunos por...** *for one seed it produced a hundred plants*
[19] **Así, si...** *for if I discover in you land that will produce good fruit, I will immediately sow holy seed there and I will reveal the great mystery to you*
[20] order: *esto me mueve*
[21] **fecho so de** *I have*

'aparejo rreal,° encontró dos varones vestidos de vistiduras rrotas e suzias, avientes   royal outfitting

las caras delgadas e amariellas° por magrez°; así que, commo los vio el rrey, saltó   yellow, thinness

del carro e echóse en tierra, e adorólos, e levantóse, e abraçólos e besólos

talentosamente.° Mas los sus rricos omnes e grandes[22] desdeñaron° esto,   willingly, scorned

5   asmantes° él aver fecho esto con gloria rreal non digna.[23] Enpero non osaron   thinking

rreprehenderlo[24] en la cara, mas dexieron a su hermano que le fablase, que a

la tamaña alteza° de la corona non diese tamaño denuesto.° El qual, commo   elevated nature, insu

dexiese estas cosas al hermano e rreprehendiese la su mumillad,° e diole el rrey   humility

rrespuesta al qual él non entendió.

10   E avía costunbre aquel rrey que quando dava sentençia de muerte contra

alguno, de enbiar el su pregonero° ante la puerta de aquel con su tronpa,°   herald, trumpet

por la boz de la qual conosçían todos aquel 'ser culpado de° muerte. Así que,   to be condemned to

veniendo la ora de viéspras,[25] enbió el rrey tañer° la tronpa de la muerte ante   play

la casa de su hermano, la qual commo oyese él, 'desesperando de° la salud,   worrying about

15   toda la noche ordenó su casa; e 'gran mañana,° vestido de vistiduras negras,   early the next mornin

con su moger° e con los fijos, fuése para las puertas del palaçio, llaniendo°   = mujer, weeping

e llorando.

Al qual fizo el rrey entrar a sí, e veyendolo así, dixo: —";O loco e non

sabio!, si tú así temiste el pregonero de tu hermano contra el qual sabes que

20   non as pecado en ninguna cosa, ¿cómmo me rreprendiste[26] porque en

homildat° saludé e besé los pregoneros del mi Dios, sinificándome° la muerte   = humildad, announ

e el avenimiento espantable° del Señor con tronpa más sonable, al qual so   ing to me; horrible

çierto que he pecado muchas grandes cosas? Ahé,° rreprendiéndola tú, non   behold

sabiduría usé desta manera. E agora avré cuidado de rreprender la

25   rrepreensión° de aquellos que te enbiaron que me rreprendieses. E enbió   advice

el hermano a su casa así enseñado."

E mandó fazer quatro arquetas° de madera, e las dos cobiertas de oro;   chests

e puso dentro huesos podridos de los muertos, e çerrólas con çerrajas° de   locks

oro; e las otras dos untólas de pez° e de argamasa,° 'en inchólas° de piedras   tar, mortar, and fillec

30   preçiosas e margaritas 'non asmables,° e de odores, e de todos ungentos, e   them; unbelieveable

apretólas con cuerdas. 'Desende fizo llegar° aquellos rricos omnes que lo   then he summoned

rrepreendían, e puso delante ellos aquestas quatro arquetas por que asmasen

de quánto preçio eran dignas éstas e de quánto aquéllas. Así que ellos las

doradas asmaron de gran preçio e dexieron: —"Conviene en estas ser puestas

35   las coronas rreales." Mas las que eran untadas de pez e de argamasa dexieron

---

[22] **rricos omnes ...** *the nobles of his court*

[23] **con gloria ...** *not worthy of the royal dignity*

[24] **non osaron ...** *they did not dare call attention to it*

[25] Vespers, one of the Canonical Hours, is said at twilight.

[26] **cómmo ...** *how is it that you rebuked me*

ser 'dignas de preçio vil.°   worthless

    E dixo el rrey a ellos: "Sabía yo que así deríades,° ca con ojos de fuera   = **deberías**
catades° cosas de fuera; e enpero non conviene así fazer, mas con ojos dentro   you observe
conviene veer las cosas 'alçadas de dentro,° o la onrra o la desonrra."   interior

5   E luego mandó que fuesen abiertas las arcas doradas, de las quales abiertas
salió 'fedor cruel,° e visto es catamiento fediente.[27]   horrible smell

    E dixo el rrey: "Esta señal es de aquellos, los quales se visten de vistiduras
rresplandesçientes° e gloriosas, mas de dentro son llenos de obras de muertos   resplendent
e fedientes e malas."

10   Desende mandó soltar e abrir las enpegadas° e untadas de argamasa, e   tar-covered chests
alegráronse todos los que eran presentes con el esplandor e olor de aquellas
cosas que estavan dentro.

    Estonçe dixo a ellos: "¿Sabedes a que cosas son estas semejables?° A los   similar
homilles°, los quales eran cubiertos de vistiduras viles, e vos catando la   humble
15 vestidura de fuera dellos, cuidastes ser mi denuesto[28] commo adorase en tierra
ante la cara dellos. Mas yo, pensando con ojos del entendemiento la
rreverençia dellos e la fermusura° de las almas, 'so glorificado° por çierto por   = **hermosura**, I am
el tañimiento° de ellos; e asmé estos seer más preçiosos de toda corona rreal   glorified; playing
e de toda pórpora.[29] Pues así es, confondiéndolos° así, enseñóles que no   confusing you
20 errasen en estas cosas que parresçen° de fuera, mas que catasen las cosas de   they appear
dentro."

    —Segund aquel rrey, así piadoso e sabio, feziste tu rresçibiendo a mí con
buena esperança, el qual non te engañará commo cuido.

---

[27] **e visto es ...** *it had a foul smelling appearance*
[28] **cuidastes ...** *you considered it an insult to my dignity*
[29] Purple was a color associated with kings.

Alfonso X, el Sabio
1221-1284

ALFONSO X ASCENDED TO the throne of Castile and León in 1252, upon the death of his father, King Fernando III. Alfonso's place in Spanish literature is due to his untiring work as a patron in many areas, and to his insistence upon the use of Spanish, rather than Latin, as the *lingua franca*. He assembled at his court a large group of scholars that translated collections of stories from Arabic; formulated legal codes; began the compilation of two massive histories, one of Spain and the other of the world; wrote scientific treatises dealing with astronomy and astrology; translated a work on chess and other board games from Arabic. Alfonso himself evidently took a personal interest in the *Cantigas de Santa María*. The work contains more than 400 poems with music in Galician-Portuguese that narrate miracles of the Blessed Virgin and that praise her. Of special interest in the manuscripts are the illuminations that form an integral part of the work.

Estoria de España
(Primera Crónica General)

King Alfonso planned for his scribes to assemble two histories: the *Estoria de España* to narrate the history of Spain, and the *General e Gran Estoria* to chronicle the history of the world. Begun in about 1270 and 1272, respectively, both remained incomplete. His history of Spain begins with the Flood and ends with the reign of Fernando III, Alfonso's father; the world history only gets as far as the birth of the parents of the Blessed Virgin.

For both histories, the scribes gleaned information from many varied sources that included not only factual history, but also the Bible, Greek and Roman mythology, Classical Latin authors, and Spanish epic poetry. Alfonso's histories are accounts written in Spanish, not in Latin as the earlier chronicles in the same century, namely *Cronicon mundi* by Lucas, Bishop of Tuy, and *De Rebus Hispaniae* by Rodrigo Ximénez de Rada, Archbishop of Toledo.

Ramón Menéndez Pidal published the *Estoria de España* as the *Primera*

Crónica General, first in 1906 and again in 1955. There followed two more general histories of Spain and many other chronicles of various kings continued to be written until the sixteenth century. We have taken the chapters that record the legend of Rodrigo, last of the Gothic kings, and the Moorish invasion of 711 from Don Ramón's edition (1955). In these chapters we read of mysterious prophecies, of lust, of treason and revenge. Two highly lyrical passages follow the narration of the Moorish invasion. The first lists the excellence of all that comes from Spain; the second decries the complete loss of all that natural wealth and beauty.

553. De como el rey Rodrigo abrió el palacio que estaua° cerrado en Toledo   = estaba
et de las pinturas de los aláraues° que uio° en el panno.°   Arabs, = vio, = a

Pues Vitiza seyendo° aun uiuo° et estando en Córdoua en desterramiento,°   = siendo. = vivo, exile
assí como dixiemos,° començó a regnar° el rey Rodrigo con el ayuda et el   = dijimos, to reign
5   poder que ouo° de los romanos. E este fue el postremero° rey de los godos,   =hubo (tuvo), last
e regnó quatro annos° andados° del regnado° de Vlid amiramomellín[1] de   = años, past, reign
los aláraues; e Vitiza auíe° regnado siete annos, e el rey Rodrigo regnó tres: =había
el uno 'en cabo,° et los dos con Vitiza. Pero diz don Lucas de Thuy[2] que siete   at the end
annos et seis meses regnó. E el primer anno del su regnado fue en la era[3] que
10   auemos° dicha de sietecientos et cinquaenta° annos, quando andaua el anno   = hemos, =cincuenta
de la Encarnación[4] en sietecientos et doze, e el del imperio de Anastasio en
dos, e el del papa Gregorio en dos otrossi,° e el de Glodoueo rey de Francia   also
en uno, e el de Vlid rey de los aláraues en IIII, e el de los aláraues en que
Mahomat[5] fue alçado rey dellos en nouaenta et uno. Este rey Rodrigo era
15   muy fuert omne° en batallas et muy desembargado° en las faziendas,° mas   = hombre, unhindered,
de mannas° semeiáuase° bien con Vitiza. E desí° en el començamiento de   deeds; manners, he
su regnado denostó° et desonrró mal dos fijos de Vitiza: Siseberto et Eba,   resembled, so; he in-
et echó los de tierra; e ellos passaron luego la mar et fueron se para Riccila   sulted
cuende° de tierra de Taniar que fuera amigo de su padre. En la cibdad° de   count, = ciudad
20   Toledo auíe estonces un palacio que estidiera° siempre cerrado de tiempo   = estuviera

---

[1] Amiramomellin was a title taken by Arabic rulers when the religious and civil authority were united.

[2] Lucas, Bishop of Tuy, wrote a history in Latin, *Cronicon mundi,* in the early 13th century.

[3] This is the "Era Hispánica" which counted 38 years more than the Christian calendar. It was calculated from the year 39 B.C. when Spain became a province of Rome.

[4] The Incarnation, the birth of Christ

[5] Mohammed, the founder of Islam, lived 570-632 A.D.

ya de muchos reys, et teníe muchas cerraduras,° e el rey Rodrigo fizol abrir[6]
por que cuedaua° que yazíe y° algún grand auer;° mas quando el palacio fue
abierto non fallaron y ninguna cosa, sinon° una arca otrossí cerrada. E el rey
mandó la abrir, et non fallaron en ella sinon un panno en que estauan escriptas
5 letras ladinas[7] que dizíen assí: que quando aquellas cerraduras fuessen
crebantadas° et el arca et el palacio fuessen abiertos et lo que y yazíe fuesse
uisto, que yentes° de tal manera como en aquel panno estauan pintadas que
entraríen en Espanna et la conqueriríen et seríen ende° sennores. El rey
quando aquello oyó, pesól mucho[8] por que el palacio fiziera abrir, e fizo cerrar
10 el arca et el palacio assí como estauan de primero. En aquel palacio estauan
pintados omnes de caras et de parescer et de manera et de uestido assí como
agora andan los aláraues, e teníen sus cabeças cubiertas de tocas,° et seíen°
en cauallos, et los uestidos dellos eran de muchos colores, e teníen en las manos
espadas et ballestas° et sennas° alçadas. E el rey et los 'altos omnes° fueron
15 mucho espandados° por aquellas pinturas que uiran.°

*554. De la fuerça que fue fecha a la fija o a la muger del cuende Julián, et
de como se coniuró por ende con los moros.[9]*

Costumbre era a aquella sazón° de criar se los donzelles° et las donzellas
20 fijos de los altos omnes en el palacio del rey; e auíe estonces entre las donzellas
de la cámara del rey una fija del cuende Julián, que era muy fremosa° además.
E el cuende Julián era un grand fidalgo, et uiníe° de grand linnage° de partes
de los godos, et era omne muy preciado° en el palacio et bien prouado° en
armas; demás era cuende de los esparteros[10] et fuera parient et priuado° del
25 rey Vitiza, et era rico et 'bien heredero° en el castiello de Consuegra[11] et en
la tierra de los marismas.° Auino° assí que ouo de ir este cuende Julián de
que dezimos a tierra de Africa en mandadería° del rey Rodrigo; e él estando
allá en el mandado, tomól el rey Rodrigo acá la fija por fuerça, et yogól° con
ella; e ante desto fuera ya fablado que auíe él de casar con ella, mas non casara
30 aún. Algunos dizen que fue la muger et que ge la forçó; 'mas pero° destas
dos qualquier que fuesse, desto se leuantó destroimiento de Espanna et de

Marginal glosses:
locks
he thought, there, property; except
erty; except
broken
= gentes
then

headdresses, = eran (estaban)
taban)
crossbows, banners, nobles; frightened, = vieron
bles; frightened, = vieron
ron

time, young men
= hermosa
= venía, lineage
valued, proven
counselor
rightful heir
marshes, it happened
mission
he slept

but

---

[6] order: **lo hizo abrir,** *he had it opened*
[7] *ladino* is any non-Spanish language, in this case Arabic.
[8] **pesól mucho...** *it grieved him a great deal*
[9] **de como...** *how then he took counsel with the Moors*
[10] Cobarrubias, in his *Tesoro de la Lengua Castellana o Española* (Madrid: Turner, 1984), states that Spain has an abundance of esparto grass "y de allí se dixo *Cartago Spartaria,* Cartagena, por aver abundancia della en aquella tierra."
[11] Consuegra is a town near Toledo.

la Gallia Góthica.[12] E el cuende Julián tornó con el mandado en que fuera,
et sopo° luego aquella desonrra de la fija o de la muger, ca ella misma ge lo   = supo
descubrió; e maguer° que ouo grand pesar, como era omne cuerdo° et   although, wise
encubierto,° fizo enfinta° que non metíe y mientes[13] et que non daua por   secretive, he pretended
5   ello nada, et demostraua a las yentes semeiança de alegría; mas después que
ouo dicho todo su mandado en que fuera al rey, tomó su muger et fuésse
sin espedirse,° et desí en media del iuierno° passó la mar et fuésse a Çepta,[14]   = despedirse, = invier-
et dexó y la muger et el auer, et fabló con los moros. Desí tornósse a Espanna   no
et uínosse poral° rey, et pidiól la fija, cal dixo[15] que era la madre emferma   = para el
10 et que 'auíe sabor° de ueerla et que auríe solaz[16] con ella. El cuende tomó   she deserved
estonces la fija, et leuóla et diola a la madre. En aquel tiempo teníe el cuende
Julián por tierra la Ysla uerde, a la que dizen agora en aráuigo Algeziratalhadra,   ) ?
e dallí fazíe él a los bárbaros de Africa grand guerra et grand danno en guissa /
que auíen dél grand miedo....

15 *555. De la primera entrada que los moros fizieron en Espanna.*
     Andados dos annos[17] del regnado del rey Rodrigo, que fue en la era de
sietecientos et cinquaenta et un anno, quando andaua el anno de la
Encarnación en sietecientos et treze, e el del imperio de Theodosio en uno,
a esta sazón auíe en Africa un princep° a que dizíen Muça que teníe° aquella   prince, he held
20 tierra de mano de Vlid amiramomelin. Con este Muça ouo el cuende Julián ◝ ?
su aleuosía° fablada, et prometiól quel daríe toda Espanna sil quisiesse creer.◞   treachery
Este Muça era llamado por sobrenombre° Abenozaír; e quando oyó aquello   surname
que el cuende Julián le dizíe, ouo ende grand plazer, et fue muy alegre, ca
auíe ya prouada la fortaleza° del cuende en las contiendas° et en las faziendas   bravery, struggles
25 que sus yentes ouieran con él. E Muça enuió luego esto dezir a Vlit, que era
amiramomelin de Arauia. Vlit quando lo oyó, enuió defender que solamientre
non passasse a Espanna, ca se temíe quel podríe ende uenir periglo;° mas   = peligro
que enuiasse de su yente algunos pocos por prouar si era uerdad lo que el
cuende le dizíe. Muça enuió estonces con el cuende uno que auíe nombre
30 Tarif,[18] et por sobrenombre Auenzarça, e diol cient caualleros et trezientos

---

[12] Gothic Gaul was that portion of France under the control of the Goths
[13] **non metíe...** *he paid no attention*
[14] Ceuta, just beneath Spain in north Africa.
[15] **cal dixo...** *because he told him*
[16] **auríe solaz...** *she would be comforted*
[17] **Andados...** *Two years having passed*
[18] The spelling is now Tariq.

peones[19]; et passaron todos en quatro meses. Et esto fue en el mes que dizen
en aráuigo *ramadán*; mas por que los moros cuentan los meses por la luna
'por ende° non podemos nos° dezir el mes segund nuestro lenguage   therefore, = **nosotros**
ciertamientre quál es. E esta fue la primera entrada que los moros fizieron
5   en Espanna, e aportaron° aquen° mar en la isla que después a acá ouo nombre   they arrived, on this
Algezira Tharif del nombre daquel Tarif. E allí estido° el cuende Julián con   side of; = **estuvo**
aquellos moros fasta quel uinieron sus parientes et sus amigos et sus ayudadores
por que enuiara; e la primera corredura° que fizieron fue en Algeziratalhadra,   skirmish
et leuaron° ende grand prea° et grand robo, et destroíronla et aun otros logares   = **llevaron**, booty
10   en las marismas. La mezquina de Espanna[20] que desdel tiempo del rey
Leouegildo estidiera en paz bien cient et cinquaenta annos, assí como dixíemos,
començósse estonces a destroir et a sentir las pestilencias que ouiera ya otra
uez en el tiempo de los romanos. El cuende Julián fizo estonces grand danno
et grand mortandad° en la prouincia Béthica,[21] que es tierra de Guadalquiuil,   killing
15   et en la prouincia de Luzenna;[22] et tornósse pora Muça con los moros quel
diera, brioso° et soberuio°....   lively, proud

556. De como los moros entraron en Espanna la segunda uez.

Andados tres annos del regnado del rey Rodrigo, que fue en la era de
20   sietecientos et cinquaenta et dos annos, quando andaua el anno de la
Encarnación en sietecientos et quatorze, e el del imperio de Leo en uno, enuió
Vlid rey de los aláraues por Muça que fuesse a él a tierra de Africa o él era.[23]
E Muça fue allá, et dexó en tierra de Africa por sennior en su logar° a Tarif   = **lugar**
Abenciet, que era tuerto del un oio,[24] e mandól Muça que ayudasse al cuende
25   Julián yl° mostrasse amiztad. Este Tarif dio al cuende Julián doze mil omnes   = **y le**
pora todo fecho; e el cuende passó los aquend° mar ascondudamientre° en   on this side of, secretly
naues de mercaderos pocos a pocos, por tal que ge lo non entendiessen;° e   learned about
pues que fueron todos passados a Espanna, ayuntaron se en un mont° que   mountain
oy día lieua° nombre daquel moro et dizen le en aráuigo Gebaltarif, et los   = **lleva**
30   cristianos Gibaltar,[25] ca *gebel* en aráuigo tanto quiere dezir como "monte."

---

[19] **Caualleros** (knights) could afford a horse to ride; **peones** (foot soldiers),
because they were poorer, could not afford the costly business of maintaining a
horse, and therefore went on foot.

[20] **La mezquina...** *Poor Spain*

[21] Bética was the Latin name for the province of southern Spain. It was named
after the Betis River (the Gudalquivir).

[22] Lucena is in the province Huelva.

[23] **o él era...** *where he was*

[24] **tuerto del...** *one-eyed*

[25] Gibraltar means "the mountain of Tariq."

E esta passada fue en el mes que dizen en aráuigo *regeb*. E el rey Rodrigo
quando lo sopo, enuió contra ellos un su sobrino que auíe nombre Yennego°   = Íñigo
con grand poder, et lidió con los moros muchas uezes; mas siemprel uencíen,
et 'al cabo° matáronle. E dallí adelante tomaron los moros atreuimiento° et   finally, daring
5 esfuerço.° El cuende Julián guió los por la prouincia Béthica, que es tierra   strength
de Seuilla, et por la prouincia de Luzenna. La hueste° de los godos luego en   army
comienço empeçó de seer 'mal andante,° ca por la luenga° paz que ouieran   unlucky, long
desacostumbrándosse darmas²⁶ non sabien ya nada de los grandes fechos que
los godos fizieran en otro tiempo, et eran tornados uiles° et flacos et couardes,   worthless
10 et non pudieron sofrir la batalla, et tornaron las espaldas a sus enemigos;
e non se podiendo amparar° ni foír,° moriron° y todos. Esto fecho, tornaron   to help, to flee, = **mu-**
se Tarif et el cuende Julián a Africa a Muça, que era ya y; e el cuende Julián   **rieron**
fue dallí adelante tenido entre los moros por bueno et leal° por aquello que   loyal
auíe fecho, ca tenien° quel auíen ya prouado.   they believed

15

557. *De como los moros entraron en Espanna la tercera uez et de como fue*
perdudo° el rey Rodrigo.   = **perdido**

Muça, fiándosse° ya en el cuende, dio a Tharif et a él una hueste muy   trusting
mayor que la primera, et enuiólos 'de cabo° a Espanna. E retouo° estonces   again, he kept
20 Muça consigo al cuende Riccila de Taniar, et nol quiso enuiar con ellos ca
se temíe dél que si uiniesse y que faríe alguna cosa que non deuíe, por que
era omne artero° et reboltoso.° Tarif et el cuende Julián arribaron en Espanna   sly, seditious
et començaron de destroir la prouincia Béthica, ésta es Guadalquiuil,° et la   = **Guadalquivir**
de Luzenna. El rey Rodrigo quando lo sopo, ayuntó todos los godos que con
25 él eran; et fue mucho atreuudamientre° contra ellos, et fallólos en el río que   daringly
dizen Guadalet,²⁷ que es acerca de la cibdad de Assidonna, la que agora dizen
Xérez. E los cristianos estauan aquend el río et los moros allende,° pero algunos   on the other side
dizen que fue esta batalla en el campo de Sangonera, que es entre Murcia
et Lorca. El rey Rodrigo andaua con su corona doro° en la cabeça et uestido   golden
30 de pannos 'de peso° et en un lecho° de marfil° que leuauan dos mulas, ca   heavy, bed, ivory
assí era estonces costumbre de andar los reys de los godos. Desí començaron
la fazienda et duró ocho días que nunqua fizieron fin de lidiar° del un domingo   fighting
fastal otro; e moriron y de la hueste de Tharif bien seze° mil omnes; mas el   = **seis**
cuende Julián et los godos que andauan con él lidiaron tan fieramientre° que   fiercely
35 crebantaron° las azes° de los cristianos. E los cristianos por que estauan   they broke, battle lines
folgados° et desacostambrados darmas por la grand paz que ouieran, tornaron   rested
todos flacos et uiles et non pudieron sofrir la batalla, et tornaron les las

---

²⁶ **desacostumbrándosse...** *becoming unaccustomed to weapons*
²⁷ The Guadalete River

espaldas et fuxieron. E esto fue onze días del mes que dizen en aráuigo *xauel*.
Los dos fijos de Vitiza que se yuraran° con el cuende Julián estidieron estonces   they took an oath
con el rey Rodrigo en aquella batalla, el uno de la parte diestra,° et el otro   right
de la siniestra,° et acabdellauan° las azes; e dizen que la noche dantes que   left, they led
5   fablaran ellos con Tarif et que ouieron con él su conseio et pusieron con él
que non lidiassen nin ayudassen a los cristianos; e luego que ellos non lidiassen
que se uençrien° los cristianos, et que el rey Rodrigo, como era omne coraioso,°   = vencerían, valiant
que se dexaríe antes matar que foir; ca ellos asmauan° que pues que el rey   they thought
fuésse muerto que podríen ellos cobrar° el regno de su padre que auíen   to retake
10   perdudo, ca non cuedauan que los moros pudiessen retener la tierra aunque
quisiessen; e por ende desque° la batalla fue mezclada,° dieron se ellos a foyr,   as soon as, mixed
ca assí lo pusieran con Tarif, et prometiera les él que les faríe cobrar quanto
fuera de su padre. Dizen que en la hueste de los cristianos que fueron más
de cient mil omnes darmas, más eran lassos° et flacos, ca dos annos auíen   tired
15   passados en grand pestilencia de fambre et de mortandad, e la gracia de Dios
auíe se arredrada et alongada dellos et auié tollido° el su poder et el su   taken away
defendimiento de los omnes de Espanna, assí que la yente de los godos que
siempre fue uencedor et noble et que conquerira toda Asia et Europa et
uenciera a los vuándalos[28] et los echara de tierra et les fiziera passar la mar
20   quando ellos conqueriron toda Africa, assí como dixiemos ya, aquella yente
tan poderosa et tan onrrada fue essora° toruada° et crebantada por poder   at once, disorganized
de los aláraues. El rey Rodrigo estaua muy fuert ef sufríe bien la batalla; mas
las manos de los godos que solíen seer fuertes et poderosas, eran encoruadas°   bent
allí et encogidas° e los godos que solíen uerter° la sangre de los otros, perdieron   drawn in, to shed
25   ellos allí la suya, 'en poder de° sus enemigos. El cuende Julián esforçaua° los   at the hands of, encou-
godos que con él andauan, et los moros otrossí, et que lidiassen todos bien   raged
'de rezio;° e la batalla seyendo ya como desbaratada,° et yaziendo muchos   vigorously, disorderly
muertos de la una parte et de la otra, et las azes de los cristianos otrossí bueltas
et esparzudas,° e el rey Rodrigo a las uezes fuyendo a las uezes tornando,[29]
30   sufrió allí grand tiempo la batalla; mas los cristianos lidiando, et seyendo ya   scattered
los más dellos muertos et los otros fuidos e dellos fuyendo, non sabe omne
que 'fue de fecho° del rey Rodrigo en este medio; pero la corona et los uestidos
et la nobleza° real et los çapatos de oro et de piedras preciosas et el su cauallo   it happened
a que dizíen Orella fueron fallados en un tremedal° 'cabo del° río Guadelet   nobility
35   sin el cuerpo. Pero diz aquí don Lucas de Thuy que cueda que murió allí   quagmire, next to
lidiando mas non que ciertamientre lo sopiesse él, et por ende lo pon° en

    = pone

---

[28] The Vandals were one of the Germanic tribes who passed through Spain in
the 5th century. They perhaps gave their name to Andalucía.
[29] **A las ueces...** *at times fleeing, at times charging*

dubda. E dallí adelante nunqua sopieron más que se fizo, si non que después
a tiempo en la cibdad de Viseo en tierra de Portogal fue fallado un luziello° — stone urn
en que seye° escripto: "aquí yaze el rey Rodrigo, el postrimero rey de los godos." — = era (estaba)
Maldita sea la sanna del traidor Julián, ca mucho fue perseuerada;° maldita — endured
5 sea la su ira, ca mucho fue dura et mala, ca sandío° fue él con su rauia° et — crazy, rage
coraioso con su incha,° antuuiado° con su locura, oblidado de lealdad, — hatred, rash
desacordado de la ley, despreciador de Dios, cruel en sí mismo, matador de
su sennor, enemigo de su casa, destroidor de su tierra culpado° et aleuoso — guilty
et traidor contra todos los suyos; amargo es el su nombre en la boca de quil
10 nombra[30]; duelo et pesar faze la su remenbrança en el coraçón daquel quel
emienta, e el su nombre siempre será maldito de quantos dél fablaren.

558. Del loor° de Espanna como es complida° de todos bienes. — praise, full

(margin: ↙ subjectivo, Kirico)

  Pues que el rey Rodrigo et los cristianos fueron uençudos° et muertos, — = vencidos
15 la muy noble yente de los godos que muchas batallas crebantara et abaxara° — it put down
muchos regnos fue estonces crebantada et abaxada, et las sus preciadas sennas
abatidas. Los godos que conqueriran° Scicia, Ponto, Asia, Grecia, Macedonia, — they conquered
Illirico[31] et las robaron et las desgastaron,° e aun las sus mugieres dellos, que — they laid waste
uencieron et metieron so° el su sennorio° toda tierra de orient e prisieron° — under, dominion,
20 en batalla a aquel grand Ciro rey de Babilonna, de Siria, de Media et de — they took
Yrcania,[32] yl mataron en un odre° lleno de sangre; aquella yente a la que los — wineskin
de Roma que eran sennores de toda la tierra 'fincaron los inoios° connosciendo — they knelt
se les por uençudos,[33] e la de quien el emperador Valent[34] fue quemado en
un fuego, e a la que aquel grand Athila[35] rey de los vgnos connosció sennorío
25 en la batalla de los campos Cathalanos, e a quien los alanos[36] fuyendo dexaron
tierra de Ongria,° e a quien dessampararon los vuándalos las Gallias fuyendo; — Hungary
la yente que con sus batallas espantara tod el mundo assí como el grand
tronido° espanta los omnes; aquella yente de los godos tan briosa et tan — thunder

---

[30] **quil nombra**... *the one who names him*
[31] Scythia, Pontus, Asia, Greece, Macedonia, Illyria are ancient countries in the eastern Mediterranean.
[32] Babylon, Syria, Media and Hyrcania were provinces in the ancient Persian Empire.
[33] **connosciendo se**... *acknowleding themselves conquered by them*
[34] Valens, emperor of the Eastern Roman Empire in the 4th C. A.D.
[35] Attila, King of the Huns in the 5th C.
[36] The Alanos were another of the Germanic tribes that passed through Spain in the 5th century.

preciada estonces, la aterró en una batalla el poder de Mahomat el reuellado[37]
que se alçara aun tanto como el otro día. Todos deuen por esto aprender
que non se deua ninguno preciar:° nin el rico en riqueza, nin el poderoso   *to esteem*
en su poderío, nin el fuert en su fortaleza, nin el sabio en su saber, nin el
alto en su alteza, nin en su bien; mas quien se quisiere preciar, preciese en
seruir a Dios, ca él fiere° et pon melezina, él llaga et él sanna, ca toda la tierra   *he wounds*
suya es; e todos pueblos et todas las yentes, los regnos, los lenguages, todos
se mudan et se camian,° mas Dios criador de todo siempre dura et está en   *they change*
un estado. E cada una tierra de las del mundo et a cada prouincia onrró Dios
en sennas° guisas, et dio su don;° mas entre todas las tierras que él onrró más,   *its own, gift*
Espanna la de occidente fue; ca a esta abastó° él de todas aquellas cosas que   *provided,*
omne suel cobdiciar.[38] Ca° desde que los godos andidieron° por las tierras   *because,* = **anduvieror**
de la una part et de la otra prouándolas° por guerras et por batallas et   *testing them*
conquiriendo muchos logares en las prouincias de Asia et de Europa, assí
como dixíemos, prouando muchas moradas° en cada logar et catando bien   *abodes*
et escogiendo entre todas las tierras el más prouechoso° logar, fallaron que   *advantageous*
Espanna era el meior de todos, et muchol preciaron más que a ninguno de
los otros, ca entre todas las tierras del mundo Espanna a° una estremança°   = **ha (tiene),** *great a-*
de abondamiento et de bondad más que otra tierra ninguna. Demás° es cerrada   *mount;* - **además**
toda en derredor: del un cabo° de los montes Pireneos que llegan fasta la   *end*
mar, de la otra parte del mar Océano,[39] de la otra del mar Tirreno.[40] Demás
es en esta Espanna la Gallia Góthica que es la prouincia de Narbona[41]
dessouno° con las cibdades Rodes, Albia et Beders,[42] que en el tiempo de   *together*
los godos pertenescien a esta misma prouincia. Otrossí en Africa auíe una
prouincia sennora de diez cibdades que fue llamada Tingintana, que era so
el sennorio de los godos assí como todas estas otras. Pues esta Espanna que
dezimos tal es como el paraíso de Dios, ca 'riégase° con cinco ríos cabdales   *it is watered*
que son Ebro, Duero, Taio, Guadalquiuil, Guadiana; e cada uno dellos tiene
entre sí et el otro grandes montannas et tierras; e los ualles et los llanos son
grandes et anchos, et por la bondad de la tierra et el humor° de los ríos lieuan   *liquid*
muchos fructos et son abondados. Espanna la mayor parte della se riega de
arroyos° et de fuentes, et nunqual minguan° poços° cada logar o los 'a mester.°   *streams, they lack,*
Espanna es abondada de miesses,° deleitosa° de fructas, viciosa° de pescados   *wells, it needs; wheat*
                                                     pleasing, abundant

---

[37] Muhammad is referred to as The Prophet and as The Revealed, that is, the
one to whom God has revealed His purpose.
[38] **suel cobdiciar**... *desires*
[39] The Atlantic Ocean.
[40] The Mediterranean.
[41] Narbonne is located in southern France.
[42] The cities of Rodez, Albi, and Béziers in southern France.

sabrosa° de leche et de todas las cosas que se della fazen; lena° de uenados   pleasant, = **llena**
et de caça,° cubierta de ganados, loçana° de cauallos, prouechosa° de mulos,   game, luxuriant, prof-
segura et bastida de castiellos, alegre por buenos uinos, folgada° de   itable; well off
abondamiento de pan; rica de metales, de plomo, de estanno,° de'argent uiuo,°   tin, mercury
5 de fierro, de arambre,° de plata, de oro, de piedras preciosas, de toda manera   copper
de piedra mármol,° de sales de mar et de salines de tierra et de sal en pennas,   marble
et dotros° mineros muchos: azul, almagra, greda, alumbre[43] et otros muchos   = **de otros**
de quantos se fallen en otras tierras; briosa de sirgo° et de quanta se faze dél,   silk
dulce de miel et de açucar, alumbrada de cera, complida de olio, alegre de
10 açafrán.° Espanna sobre todas es engenuosa, atreuuda et mucho esforçada   saffron
en lid, ligera en afán,° leal al sennor, afincada° en estudio, palaciana° en   trouble, efficient, courtly
palabra, complida de todo bien; non a° tierra en el mundo que la semeie en   = **hay**
abondança nin se eguale ninguna a ella en fortalezas et pocas a en el mundo
tan grandes como ella. Espanna sobre todas es adelantada en grandez° et más   size
15 que todas preciada por lealdad. ¡Ay Espanna! non a lengua nin engenno°   wit
que pueda contar tu bien. Sin los ríos cabdales° que dixíemos de suso, muchos   principal
otros ay que en su cabo entran en la mar non perdiendo el nombre, que son
otrossí ríos cabdales, assí como es Minno, que nasce et corre por Gallizia et
entra en la mar; e deste río lieua nombre aquella prouincia Minnea; e muchos
20 otros ríos que a en Gallizia et en Asturias et en Portogal et en el Andaluzía
et en Aragón et en Catalonna et en las otras partidas de Espanna que entran,
en su cabo en la mar. Otrossí Aluarrezen et Segura que nascen en essa misma
sierra de Segura, que es en la prouincia de Toledo, et entran en el mar Tirreno,
et Mondego en Portogal que non son nombrados aquí. Pues este regno tan
25 noble, tan rico, tan poderoso, tan onrrado, fue derramado et astragado° en   undone
una arremessa° por desabenencia° de los de la tierra que tornaron sus espadas   headlong conflict,
en sí mismos unos contra otros, assí como si les minguassen enemigos; et   disagreement
perdieron y todos, ca todas las cibdades de Espanna fueron presas de los moros
et crebantadas et destroídas de mano de sus enemigos.
30

559. *Del duelo° de los godos de Espanna et de la razón porque ella fue*   lament
    destroída.

Pues que la batalla fue acabada desauenturadamientre° et fueron todos   unluckily
muertos los unos et los otros—ca en uerdad non fincara° ninguno de los   remained
35 cristianos en la tierra que a la batalla non uiniesse, qué del un cabo qué del
otro, dellos en ayuda del rey Rodrigo, dellos del cuende Julián—fincó toda
la tierra uazía del pueblo, lena de sangre, bannada de lágrimas, conplida de
apellidos, huéspeda° de los estrannos,° enagenada° de los uezinos, desamparada   hostess. foreigners,
     alienated

---

[43] **azul, almagra...** *azure, red earth, marl, alum*

e los moradores, bibda° et dessolada° de sus fijos, cofonduda° de los bárbaros,
esmedrida° por la llaga, fallida° de fortaleza, flaca de fuerça, menguada de
conort,° et desolada de solaz° de los suyos. Allí se renouaron las mortandades°
del tiempo de Hercules, allí se refrescaron et podrescieron° las llagas del tiempo
5 de los vuándalos, de los alanos et de los sueuos que començaran ya a sanar.
Espanna que en el otro tiempo fuera llagada por la espada de los romanos,
pues que guaresciera° et cobrara° por la melezina et la bondad de los godos,
estonces era crebantada, pues que eran muertos et aterrados quantos ella criara.
Oblidados° le son los sus cantares, et el su lenguage ya tornado es en ageno
10 et en palabra estranna. Los moros de la hueste todos uestidos del sirgo et
de los pannos de color que ganaran, las riendas° de los sus cauallos tales eran
como de fuego, las sus caras dellos negras como la pez, el más fremoso dellos
era negro como la olla, assí luzíen sus oios como candelas;° el su cauallo dellos
ligero como leopardo, e el su cauallero mucho más cruel et más dannoso°
15 que es el lobo en la grey° de las oueias en la noche. La uil° yente de los
africanos que se non solie preciar de fuerça nin de bondad, et todos sus fechos
fazíe con art° et a enganno, et non se solien amparar si non pechando° grandes
riquezas et grand auer, essora° era exaltada, ca crebanto en una ora más aína
la nobleza de los godos que lo non podríe omne dezir por lengua. ¡Espanna
20 mezquina! tanto fue la su muert coitada° que solamientre non fincó y ninguno
qui° la llante; laman° la dolorida, ya más muerta que uiua, et suena su uoz
assí como del otro sieglo,° e sal° la su palabra assí como de so tierra, e diz°
con la grand cueta:° "vos, omnes, que passades por la carrera, 'pared mientes°
et veed si a cueta nin dolor que se semeíe con el mío."[44] Doloroso es el llanto,
25 llorosos los alaridos,° ca Espanna llora los sus fijos et non se puede conortar°
porque ya non son. Las sus casas et las sus moradas todas fincaron yermas°
et despobladas; la su onrra et el su prez° tornado es en confusión, ca los sus
fijos et los sus criados todos moriron a espada, los nobles et ' fijos dalgo°
cayeron en catiuo,° los príncipes et los altos omnes idos son en fonta° et en
30 denosto,° e los buenos conbatientes perdieron se en estremo. Los que antes
estauan libres, estonces eran tornados en sieruos; los que se preciauan de
cauallería, coruos° andauan a labrar con reias° et açadas;° los uiciosos del
comer non se abondauan de uil maniar;° los que fueran criados en pannos
de seda, non auíen de que se crobir° nin de tan uil uestidura en que ante
35 non porníen° ellos sus pies. Tan assoora° fue la su cueta et el su destroimiento
que non a toruellinno° nin lluuia nin tempestad de mar a que lo omne
pudiesse asmar ¿Quál mal o qual tempestad non passó Espanna? Con los
ninnos chicos de

---

[44] Lamentations 1:12

Marginal glosses:

= viuda, deserted, con[fused]; weakened, lac[k]ing;consolation, com[fort], massacres; they rotted

it grew well, it recovered

forgotten

reins

candles
dangerous
flock, despicable

slyness, taxing
then

distrressful
= quien, = llaman
world, = sale, = dice
distress, heed

shouts, to comfort
barren land
honor
gentlemen
captivity, ashamed, insulted

bent over, plowshares
hoes; food
to cover, = pondrían
as its own time
whirlwind

eta dieron a las paredes,[45] a los moços mayores desfizieron con feridas, a los
mancebos grandes metieronlos a espada, los ancianos et uieios° de días moriron   ° = viejos
en las batallas, et fueron todos acabados por guerra; los que eran ya pora onrrar
et 'en cabo de° sus días echólos a mala fonta la crueleza de los moros; a las   ° at the end of
5 mezquinas de las mugieres guardauan las pora desonrrar las, e la su fermosura
dellas era guardada pora su denosto. El que fue fuert et coraioso murió en
batalla; el corredor et ligero de pies non guaresció a las saetas;° las espadas   ° arrows
et las otras armas de los godos perdonaron a los enemigos et tornaron se en
sus parientes et en sí mismos, ca non auie y ninguno qui los acorriesse° nin   ° he helped
10 departiesse° unos dotros. ¿Quién me daríe agua que toda mi cabeça fuesse   ° he differentiated
ende° bannada, e a mios oios fuentes que siempre manassen° lágrimas por   ° then, they flowed
que llorasse et llanniesse° la perdida et la muerte de los de Espanna et la   ° he grieved
mezquindad et el aterramiento° de los godos? Aquí se remató° la santidad   ° ruin, ended
et la religión de los obispos et de los sacerdotes; aquí quedó et minguó el
15 abondamiento° de los clérigos que siruíen las eglesias; aquí peresció° el   ° abundance, it perished
entendimiento de los prelados et de los omnes de orden; aquí fallesció el
ensennamiento° de la ley et de la sancta fe. Los padres et los sennores todos   ° teaching
perescieron en uno; los santuarios fueron destroídos, las eglesias crebantadas;
los logares que loauan a Dios con alegría, essora le denostauan yl maltraíen;°   ° they mistreated
20 las cruzes et los altares echaron de las eglesias; la crisma° et los libros et las   ° consecrated oil
cosas que eran pora onrra de la cristiandat todo fue esparzado° et echado   ° scattered
a mala part; las fiestas et las sollempnias,° todas fueron oblidadas; la onrra   ° solemnities
de los santos et la beldad de la eglesia toda fue tornado en laideza° et en   ° ugliness
uiltança;° las eglesias et las torres o° solíen loar° a Dios, essora confessauan   ° worthlessness, = donde,
25 en ellas et llamauan a Mahomat; las uestimentas et los calzes° et los otros uasos   ° to praise; chalices
de los santuarios eran tornados en uso de mal, et enlixados° de los descreídos.   ° defiled
Toda la tierra desgastaron los enemigos, las casas hermaron,° los omnes   ° they desolated
mataron, las cibdades quemaron, los arbores,° las uinnas° et quanto fallaron   ° trees, vineyards
uerde cortaron. Tanto puio° esta pestilencia et esta cueta que non fincó en   ° it pushed
30 toda Espanna buena uilla nin cibdad o obispo ouiesse que non fuesse o°   ° either
quemada o derribada o retenida de moros; ca las cibdades que los aláraues
non pudieron conquerir, engannaron las et conquiriron las por falsas
pleitesías.° Oppa, fijo del rey Egica, arçobispo que fue de Seuilla, andaua   ° agreements
predigando° a los cristianos que se tornassen con los moros et uisquiessen°   ° preaching, they lived
35 so ellos y les diessen tributo; e si por uentura ouiesse Dios dellos merced
et acorriesse a la tierra, que daríen ellos ayuda a los que acorriessen. Et por
tal encubierta° fueron los omnes engannados, e dieron los castiellos et las   ° concealment
fortalezas de las uillas; et fincaron los cristianos mezclados con los aláraues,

---

[45] **dieron a...** *they threw them against the walls*

t aquellos ouieron nombre dallí adelante moçáraues° por que uiuíen de buelta   = mozárabes
con ellos, e este nombre et el linnage dura oy en día entre los toledanos. Los
moros por este enganno prisieron toda la tierra; et pues que la ouieron en
su poder, crebantaron toda la pleitesía et robaron las eglesias et los omnes,
5 et leuaron todos los tesoros dellos et tod el auer de la tierra, que non fincó
y nada sinon los obispos que fuxeron° con las reliquias et se acogieron a las   they fled
Asturias. Quánto mal sufrió aquella grand Babilonna, que fue la primera et
la mayoral° en todos los regnos del mundo, quando fue destroída del rey Ciro   greatest
et del rey Dario,[46] si non tanto que el destroimiento de Babilonna dura por
10 siempre et non moran y sinon bestias brauas° et sierpes;° e quanto mal sufrió   wild, serpents
Roma, que era sennora de todas las tierras, quando la priso et la destruxo°   = destruyó
Alarigo et después Adaulpho reys de los godos, desí Genserico rey de los
vuándalos; e quánto mal sufrió Iherusalem que segúnd la prophecía de Nuestro
Sennor Ihesu Cristo fue derribada et quemada que non fincó en ella piedra
15 sobre piedra; e quánto mal sufrió aquella noble Cartago quando la priso et
la quemó Scipión[47] consul de Roma, dos tanto mal[48] et más que aqueste sufrió
la mezquina de Espanna, ca en ella se ayuntaron todas estas cuitas et estas
tribulaciones et aun más desto, en guisa que non fincó y ninguno que della
ouiesse duelo. E digamos agora onde° le uino esta cueta et este mal et por   where
20 quál razón: Todos los omnes del mundo se forman et ˈse assemeian° a manera   they appear like
de su rey, e por ende los que fueron en tiempo del rey Vitiza et del rey Rodrigo,
que fue el postrimero rey de los godos, et de los otros reys que fueron ante
dellos et de quales algunos fueron alçados reys por aleue,° algunos por traición   treachert
de muerte de sus hermanos o de sus parientes, non guardando la uerdad nin
25 el derecho que deuieran y guardar por quexa de ganar el sennorío mal et
torticieramientre° como non deuíen, por ende los otros omnes que fueron   unjustly
otrossí en sus tiempos dellos formaron se con ellos et semeiaron les en los
peccados; e por esta razón auiuóse° la ira de Dios sobrellos, et desamparóles°   it arose, it forsook
la tierra que les mantouiera et guardara fasta allí, et tollió dellos la su gracia.   them
30 E pero que Dios les sofrirá° en la heregía arriana[49] desdel tiempo del emperador   had put up with
Valent fastal tiempo del rey Recaredo, como dixiemos ya ante desto en la
estoria, essora fue ya irado° por las nemigas° de Vitiza et por las auolezas°   eliminated, enemies,
de los otros reys, et non les quiso más sofrir nin los quiso mantener.   depravities

---

[46] Cyrus and Darius were kings of the Persian empire in the 6th C. B.C.

[47] Scipio Amelianus, a Roman general in the 2nd C. B.C., destroyed Carthage
to end the Punic Wars. Carthage, located in north Africa, was Rome's adversary in
those wars and her rival for power.

[48] **dos tanto mal...** *twice that*

[49] The Arian Heresy. Arius, a 4th C. priest, taught that Christ the Son was not
consubstantial with God the Father. The Visigoths were followers of Arianism.

E nos por ende touíemos° por bien sobresta razón de poner agora aquí los   = tuvimos
nombres de los reys godos que moriron a espada o en otra manera desguisada.°   disorderly
Adaulpho rey de los godos fue muerto a traición en Barcilona, et matól un
su uassallo o seye fablando en su solaz; a Sigerico otrossí mataron le sus
5   uassallos; Thurismundo fue muerto en Tolosa et matól un su sergent° por   servant
conseio de su hermano; a Theoderigo matól su hermano Eurigo; a Amalarigo
mataron le sus uassallos en Narbona estando en medio de la plaça; a Theudio
matól uno, que se fazíe sandío[50] por tal de auer entrada a el; a Theodisclo
matól un su uassallo en Seuilla o seye comiendo; a Agila mataronle sus uassallos
10 en Mérida; Leouegildo mató a su fijo Ermenegildo por que non querie
consentir con él en su heregía; Luyba fijo del rey Recaredo, matól Viterigo
a traición; a Viterigo mataron unos, que se yuraron contra él, o seye comiendo;
a Vitiza cegól° el rey Rodrigo; al rey Rodrigo cuedan quel mató el cuende   = le cegó
Julián; Fruela mató a su hermano Vimarano con sus manos—et esto uiene
15 adelante aun en la estoria—e después sus uassallos mataron a Fruela en Cangas
por uengança del hermano. Más agora conuiene que dexemos esto, et que
tornemos a nuestra estoria allí o la dexamos en el rey Rodrigo uençudo.

Las Siete Partidas

King Alfonso saw that a uniform code of laws was necessary for governing
the Kingdom of Castile and León that stretched from north to south and
west to east. Cities and towns in León followed the laws codified by the
Visigothic rulers. Castilian cities and towns, however, were governed by their
own *fueros*, or laws, applying only to a specific territory and its customs. *Las
Siete Partidas* (The Seven Divisions) was the result of this necessity of
uniformity. The *Partidas* grew out of two different groups of laws: the *Espéculo*
that dealt with matters of the court and the *Fuero real* that dealt with municipal
matters. An incomplete set of laws, the *Setenario*, preceeded the *Partidas*. The
laws were not promulgated until 1348 during the reign of Alfonso XI.

Robert I. Burns, in his introduction to a new printing of the 1931 English
translation of the *Partidas*,[51] writes that "this is no law book like modern or
even contemporary medieval codes: each title and law is an essay incorporating
folk wisdom, touching myriad aspects of ordinary society, a social and political
encyclopedia in effect, a mirror of medieval daily life." (xi) Burns' edition

---

[50] **se fazíe...** *he pretended to be crazy*
[51] *Las Siete Partidas.* 5 vols. Tr. Samuel Parsons Scott. Ed. Robert I. Burns, S.J.
Philadelphia: U. of Pennsylvania P., 2000.

of the translation falls into five volumes which he lists as follows:

1. The Medieval Church: TheWorld of Clerics and Laymen
   (Partida I)
2. Medieval Government: The World of Kings and Warriors
   (Partida II)
3. The Medieval World of Law: Lawyers and Their Work
   (Partida III)
4. Family, Commerce, and the Sea: The Worlds of Women and Merchants
   (Partidas IV and V)
5. Underworlds: The Dead, the Criminal, and the Marginalized
   (Partidas VI and VII) (xiii)

We have chosen to include portions of Partida II, Título 31 here. This title and its eleven laws deals with the functioning of the *estudio*, the university, the *maestros* and *escolares* who study there, and certain important functionaries.

Partida Dos

TÍTULO XXXI – LEY I

Qué cosa es estudio, et cuántas maneras son° dél, et por cúyo mandato° debe ser fecho   = hay, command

Estudio es ayuntamiento° de maestros° et de escolares° que es fecho en algún   joining, faculty, stu-
logar con voluntad et con entendimiento de aprender los saberes.° Et son   dents; knowledge
5   dos maneras dél: la una es a que dicen "estudio general," en que ha maestros
de las artes, así como de <u>gramática</u>, et de <u>lógica</u>, et de <u>retórica</u>, et de <u>arismética</u>,
et de <u>geometría</u>, et de <u>música</u>, et de <u>astronomía</u>,[52] et otrosí en que ha maestros
de decretos° et señores de leyes; et este estudio debe seer establecido por   canon law
mandado de Papa o de Emperador o de Rey. La segunda manera es a que
10   dicen "estudio particular," que quier tanto decir como cuando algunt maestro
amuestra° en alguna villa apartadamente° a pocos escolares; et tal como éste   he teaches, removed
puede mandar facer Perlado° o Concejo de algunt logar.   prelate

---

[52] These are the Seven Liberal Arts of the medieval educational system.

LEY II

En qué logar debe seer establecido el estudio, et cómo deben seer seguros° los   safe
maestros et los escolares que y vinieren a leer et aprender
De buen aire et de fermosas salidas° debe seer la villa° do quieren establescer   environs, town
5   el estudio, porque los maestros que muestran los saberes et los escolares que
los aprenden vivan sanos,° et en él puedan folgar° et rescebir placer a la tarde   well, to relax
cuando se levantaren cansados del estudio; et otrosí debe seer abondada de[53]
pan, et de vino et de buenas posadas° en que puedan morar° et pasar su tiempo   inns, to dwell
sin grant costa.
10   Et otrosí decimos que los cibdadanos° de aquel logar do fuere fecho el   = ciudadanos
estudio deben mucho honrar et guardar° los maestros et los escolares et todas   to keep safe
sus cosas; et los mensageros° que vinieren a ellos de sus logares non los debe   messengers
ninguno peindrar,° nin embargar° por debdas° que sus padres debiesen nin   to pawn, to hinder,
los otros de las tierras onde ellos fuesen naturales:° et aun decimos que por   debts; native
15   enemistad nin por malquerencia° que algunt home hobiese contra los escolares,   animosity
o a sus padres non les deben facer deshonra, nin tuerto° nin fuerza. Et 'por   wrong
ende mandamos que los maestros, et escolares, et sus mensageros et todas   therefore
sus cosas sean seguros et atreguados° en veniendo a los estudios, et en estando   defended
en ellos et en yéndose para sus tierras; et esta seguranza les otorgamos° por   we grant
20   todos los logares de nuestro señorío;° et cualquier que contra eso ficiese,   kingdom
tomándoles por fuerza o robándoles lo suyo, débegelo pechar° cuatro   to pay a fine
doblado,[54] et sil firiere, ol deshonrare ol matare,[55] debe seer 'escarmentado
cruamente° como home que quebranta° nuestra tregua° et nuestra seguranza.°   punished harshly, he break, peace, security;
Et si por aventura los judgadores° ante quien fuese fecha aquesta querella°   judges, court petition
25   fuesen negligentes en facerles derecho así como sobredicho es, débenlo pechar
de lo suyo et seer echados de los oficios° por enfamados;° et si maliciosamente   offices, defamed ones
se movieren contra los escolares non queriendo facer justicia de los que los
deshonrasen o feriesen o matasen, estonce los oficiales que esto ficiesen deben
seer escarmentados por albedrío° del rey.   will

---

[53] **debe seer...** *ought to have an abundance of*
[54] **cuatro doblado...** *four times*
[55] **et sil...** *and if they wound him, or dishonor him or kill him*

LEY III

Cuántos maestros a lo menos deben estar en el estudio general, et a qué plazo°   term
   les debe seer pagado su salario

Para seer el estudio general complido,° cuantas son las ciencias tantos deben   complete

5   ser los maestros que las muestren, así que cada una dellas haya y un maestro
a lo menos; pero si de todas las ciencias non pudiesen haber maestros, 'abonda
que° haya de gramática, et de lógica, et de retórica, et de leyes, et de decretos.   see that

Et los salarios de los maestros deben seer establescidos por el rey,
señalando ciertamente a cada uno cuanto haya segunt la ciencia que mostrare

10 et segunt que fuere sabidor della: et aquel salario que hobiere a haber cada
uno dellos débengelo pagar en tres veces: la primera parte le deben dar luego
que comenzare el estudio, et la segunda por la pascua de Resurrección,[56] et
la tercera por la fiesta de San Ioan Bautista.[57]

15

LEY IV

En qué manera deben los maestros mostrar los saberes a los escolares

Bien et lealmente° deben los maestros mostrar sus saberes a los escolares,   faithfully
leyéndoles los libros et faciéndogelos entender lo mejor que ellos pudieren:

20 et desque° comenzaren a leer deben continuar el estudio fasta que hayan   when
acabados los libros[58] que comenzaron; et en cuanto fueren sanos non deben
mandar a otros que lean en su logar dellos, 'fueras ende° si alguno dellos   except
mandase a otro leer alguna vez por facerle honra et non por razón de se excusar
él del trabajo de leer.

25 Et si 'por aventura° alguno de los maestros enférmase después que hobiese   if by chance
comenzado el estudio de manera que la enfermedat fuese tan grande o tan
luenga que non pudiese leer en ninguna manera, mandamos quel den el salario
también como si leyese todo el año: et si acaesciese° que muriese de   it happens
enfermedat, sus herederos deben haber el salario también como si hobiese   heirs

30 leído todo el año.

---

[56] Easter
[57] June 24
[58] Notice that the participle agrees with the subject.

LEY V

En qué logares deben ser ordenadas° las escuelas de los maestros   located
Las escuelas del estudio general deben seer en logar apartado de la villa, las
unas cerca de las otras, porque los escolares que hobieren sabor° de aprender   desire
5   aína° puedan tomar dos liciones° o más si quisieren en diversas horas del   quickly, lessons
día, et puedan los unos preguntar a los otros en las cosas que dubdaren;° pero   they have questions
deben las unas escuelas ser tanto arredradas° de las otras, que los maestros   about; separate
non se embarguen oyendo los unos lo que leen los otros.

     Otrosí decimos que los escolares deben guardar que las posadas et las
10   casas en que moraren los unos non las lueguen° los otros en cuanto en ellas   they are far from
moraren et hobieren voluntad de morar en ellas; pero si entendiese un escolar
que en la casa en que morase el otro non habíe voluntad de fincar° más de   to remain
fasta el plazo a que la él habíe logada,° si él hobiere saber de la haber,[59] débelo   rented
preguntar al otro que la tiene si ha voluntad de fincar en ella del plazo adelante;
15   et sil dixere que non, estonce puédela logar et tomar para sí, et non de otra
guisa.°   manner

LEY VI

Cómo los maestros et escolares pueden facer ayuntamiento° et hermandad°   council, fraternity
20   *entre sí, et escoger uno que los castigue°*   governs
Ayuntamiento et cofradías° de muchos homes defendieron° los antiguos que   confraternity, they
non se ficiesen en las villas nin en los regnos, porque dellas se levanta siempre   prohibited;
más mal que bien; pero 'tenemos por° derecho que los maestros et los escolares   we hold
puedan esto facer en estudio general, porque ellos w se ayuntan° con entención   they come together
25   de facer bien, et son extraños et de logares departidos:° onde conviene que   diferent
se ayuden todos a derecho cuando les fuere mester° en las cosas que fueren   necessary
'a pro° de sus estudios o amparanza° de sí mesmos et de lo suyo.   good for, help

     Otrosí pueden establescer de sí mesmos un mayoral° sobre todos a que   overseer
llaman en latin *rector*, que quier tanto decir como regidor° del estudio, a que   councilman
30   obedescan en las cosas que fueren convenibles, et guisadas° et derechas. Et   proper
el rector debe castigar et apremiar° a los escolares que non levanten bandos°   to advise against, gangs
nin peleas con los homes de los logares do ficieren los estudios nin entre sí
mismos, et que se guarden en todas guisas que non fagan deshonrra nin tuerto
a ninguno, et defenderles que non anden de noche, mas que finquen

---

[59] **si él...** *if he would like to have it*

asosegados° en sus posadas, et 'puñen de° estudiar, et de aprender et de facer quiet, they strive to
vida honesta et buena: ca° los estudios para eso fueron establescidos, et non because
para andar de noche nin de día armados, trabajándose° de pelear o de facer keeping themselves
otras locuras o maldades a daño de sí et a destorbo° de los logares do viven; disturbance
5 et si contra esto veniesen, estonce el nuestro juez los debe castigar et
endereszar° de manera que se quiten de mal et fagan bien. to correct

* * *

LEY X

10 *Cómo todos los escolares del estudio deben haber un mensagero a llaman bedel,°* beadle
  et cual es su oficio
La universidat de los escolares debe haber un mensagero que llaman en latin
bidellus; et su oficio deste atal° es de andar por las escuelas pregonando° las so, announcing
fiestas por mandado del mayoral del estudio; et si acaesciese que algunos
15 quisiesen vender libros o comprar, débengelo decir et desí debe él andar
pregonando et deciendo que quien quiere tales libros que vaya a tal estación° shop
en que son puestos: et desque sopiere cuáles quieren vender et cuáles comprar,
debe traer la 'trujamanía entrellos° bien et lealmente. Otrosí pregone este exchange between
bedel de cómo los escolares se ayunten en un logar para veer et ordenar algunas them
20 cosas de su pro comunalmiente, o para facer examinar a los escolares que
quieren seer maestros.

LEY XI

 Cómo los estudios generales deben haber estacionarios° que tengan tiendas shopkeepers
25 *de libros para enxemplarios*[60]
Estacionarios ha mester que haya en cada estudio general para seer complido,
et que tenga en sus estaciones libros buenos, et legibles, et verdaderos de texto
et de glosa, que los loguen° los escolares para enxemplarios, para facer por they rent
ellos libros de nuevo o para emendar° los que tovieren escriptos; et tal tienda to correct
30 o estación como ésta non la debe ninguno tener sin otorgamiento° del rector authorization
del estudio; et el rector ante que le dé licencia para esto debe facer examinar
primeramiente° los libros daquel que quier tener la estación para saber si first
son buenos, et legibles et verdaderos; et al que fállase que non teníe atales

---

[60] These handwritten copies would be available for students to consult and/or
to make their own copies.

libros non le debe consentir que sea estacionario nin los logue a los escolares, a menos de non seer bien emendados primeramente.

Otrosí debe apreciar el rector con consejo de los del estudio cuánto debe rescebir al estacionario por cada cuaderno que prestare a los escolares para 5 escrebir o para emendar sus libros; et debe otrosí rescebir buenos fiadores dél que guardará bien et lealmente todos los libros que a él fueren dados para vender, et que non fará engaño.

Castigos e documentos
para bien vivir
ordenados por el rey don Sancho IV

CASTIGOS E DOCUMENTOS, COMPLETED in 1293, was compiled under the auspices of King Sancho IV for the moral and political education of his son Fernando, who became king in 1295. The book's fifty chapters contain the guidance that Sancho gives to Fernando on how to be a good ruler. Inserted within the moral teachings with decided religious overtones are *exempla* that illustrate the ruler's advice to his son. The first tale comes from Chapter 19. It is the story of a nun whose escape from the convent with her lover, is thwarted by the images of the Blessed Virgin and the crucified Christ. From Chapter 35 is Sancho's version of the half-friend whole-friend story. Other medieval collections that contain versions of these stories are Pedro Alfonso's *Disciplina clericalis* (in Latin), the *Cantigas de Santa María*, and *Conde Lucanor*.

CAPÍTULO XIX

Commo non deue omne 'fazer pesar° a Dios con mugeres con que non deue
e o[1] non deue

to vex

Mio fijo, por amor de Dios te ruego que te castigues° e te guardes de
non fazer pesar a Dios en pecados de forniçios.° E entre todo 'lo al,° te guarda

you be advised

5 señaladamente° de non pecar° con muger de orden° nin con muger casada
nin con muger virgen, nin judía nin con mora, que son mugeres de otra ley°
e de otra creençia. E por ende te quiero agora contar en quanto mal caeries°
si pecases en cada vno destos lugares. E primeramente te digo que la muger
de orden es casada con Dios, ca así como el marido e la muger se resçiben
10 en la mano del clerigo quando primero se casan, o 'se otorga° el varón por
marido e la muger por su muger, e de allí adelante non los puede partir

fornication, the rest
expecially, to sin
religion
= caerías

gives himself

---

[1] Notice the variation in **o** and **do** throughout the selection.

ninguno non auiendo y los enbargos° 'por que° los parte el derecho; bien   problems, = para que
así la muger de orden el día que toma el ábito de la orden e faze su profesión,
por la qual profesión se parte de todas las cosas deste mundo e se faze
conplidamente° muger de Dios. Pues grand mal e grand traición faze quien   completely
5 a Dios, su señor, quiere toller° su muger. Mucho te pesaríe° a ti quien te   to take away, it would
quisiere toller tu muger o te fiziese tuerto° con ella. Por ende, en este logar   bother; crime
toma egualeza° con Dios e faze contra él lo que querríes que otri° fiziese a   be equal to, = otro
ti. E non quieras dar peor juizio a Dios dél que daríes a ti mesmo, ca él es
tu señor, e tú eres su vasallo. E si lo así non fezieses, guárdate que si mal lo
10 judgases° grand poder ha él de dar fuerte juizio e espantoso sobre ti.[2] Grand   = juzgases
locura e grand atreuimiento faze el ome pobre que quiere pelear con el rico,
e el omne de pequeño poder que se quiere tener a mal con 'el mucho
poderoso.° Pues mucho° pequeña es la su riqueza del omne 'en pos la° riqueza   the powerful, = muy,
de Dios; e muy pequeño es el tu poder en pos el suyo. Por ende grand locura   compared with
15 farás prouada si tú te quieres tomar con él. E si quisieres menguar° lo suyo,   to lessen
guárdate que grand poder ha él de te lo acaloñar e te menguar lo tuyo.[3] E
si tú quisieres partir lo suyo, nin menguarle ende poco nin mucho, guárdate
que grand poder ha él de menguar en el tu cuerpo e en la tu salud e en los
días de la tu vida, e en tu muger e en la tu generaçión e en la tu riqueza e
20 en la tu honrra. E do non cuidares 'a desora° te fará caer en vna grand 'mal   suddenly
andança.° E por eso dize la palabra del prouerbio antiguo: En juego nin en   bad luck
veras, con tu señor non partas peras.[4] Quando esto se dize por el señor
terrenal,° quanto más se deue entender a lo de Dios, que es señor sobre todo.   earthly
Non te atreuas de desfazer° los fechos de Dios. E por que veas quanto pesa   to undo
25 a Dios e por quan mal tiene quien la su muger de orden le tuelle, contar te
he vn miraglo muy bueno e muy fermoso que Nuestro Señor Jesu Cristo fizo
en esta razón,° e por ruego de Santa María, su madre. Ay vn monesterio de   case
monjas, el qual es llamado Font en blay. E este monesterio es de los reyes
de Inglaterra, ca ellos lo fezieron, e es de monjas negras de San Benito,[5] e
30 ay 'muy grand conpaña° dellas. E acaesçió° que así, que entre todas las otras   a very large number, it
monjas de aquel monesterio auía y vna que era muger de muy buen linaje,°   happened; lineage
e muy niña° e muy fermosa. E auíe por costunbre que 'cada que° pasaua ante   young, each time that
la imagen de Santa María 'fincaua los inojos° ante ella e saludáuala por aquellas   she knelt
palabras que la saludó el ángel diziendo Aue María. E 'sin esto° era ella muy   other than this

---

[2] **E si...** *And if you don't do this, beware, for if you judge him badly, then he has great power to bring a frightful, strong judgment on you*

[3] **grand poder...**the great power he has to condemn and to take away whatever is yours

[4] **En juego...** literally: *Neither in jest nor in earnest divide pears with your lord.* (The idea is that one should keep some distance between oneself and one's superior

[5] Benedictine nuns wear a black habit.)

buena cristiana e teníe° muy bien su orden, 'en guisa que° eran todas las otras · so that

muy pagadas° della. E acaesçió así, por el diablo que suele ordir° estas cosas, · considered, pleased, t

que vn cauallero de aquella tierra, el qual era muy mançebo° e mucho apuesto° · plot; young man,

e bueno de armas, e era de grand linaje, 'ouo de enamorarse° de aquella monja, · plot; young man,

e bueno de armas, e era de grand linaje, 'ouo de enamorarse° de aquella monja, · hendsome;

5　e tanto le entró el amor en el coraçón que se muríe por ella, e ouo de buscar · he fell in love with

manera por que le pudiese mostrar en el coraçón que teníe contra ella,⁶ e

fízose° su pariente e fue fablar con ella. E las otras monjas que los vieron fablar · he pretended to be

cuidaron que fablauan en manera de parentesco⁷ e non en otro mal. ¿Qué

te diré más?⁸ óuol° él a dezir el mal recabdo° con que andaua. E el diablo · = le hubo (le tenía

10　que al cauallero el tan mal pensamiento posiera en el coraçón, fizo a ella que · que), sentiment

consentiese en ello. E 'pusiéronse de vno° en como se fuese ella con él del · they agreed

monesterio, e pusiéronlo en la manera commo se fiziese. E la razón e manera

entre ellos sosegada° fue ésta: que a la media noche que veniese el cauallero · secretly

a las paretes⁹ que eran çerca del monesterio, e ella que saliese a él e que se

15　fuesen amos de so vno.¹⁰ E quando vino la noche que fueron las monjas a

dezir sus conpletas¹¹ a la iglesia, tomóse aquella monja que estaua y presto

para conplir el consejo que el diablo le diera, e 'a furto de° las otras fue abrir · going away from

vn postigo° pequeño que y auíe por do salliese de la iglesia por tal de non · gate

ir con las otras a echarse en el dormitorio. E desque aquella 'mesquina de° · wretched

20　monja vio que todas las otras eran ya asosegadas° para dormir e que era ya · quiet

llegada la ora que ella pusiera con el cauallero que auíe de venir por ella, salióse

de aquel logar en que estaua escondida e fuése para el altar mayor e fincó

los inojos e dixo su oración: Aue María, así como lo auía acostunbrado de

lo fazer, desí° fuése por medio del coro contra el postigo por o auíe a salir. · and so

25　E el cruçifijo de Nuestro Señor que estaua alto sobre el coro e la imagen de

Santa María, que estaua en el cruçifixo quando la vio ir començó a 'dar grandes

vozes° e a dezir: "Para o te vas, mesquina de muger; e dexas a mí e al mi fijo · to shout

por el diablo, e despreçias° la oración que me solías fazer?" A estas vozes que · you disdain

la imagen de Santa María daua saltó el cruçifixo de la cruz en tierra y començó

30　a ir corriendo por medio de la iglesia 'en pos° la monja, leuando los clauos · behind

en los pies e en las manos con que estaua pegado en la cruz.¹² E ante que

---

⁶ **que teníe...** *what he felt for her*

⁷ **que fablauan...** *for they were talking aout family matters.*

⁸ **¿Qué te diré más?** a narrational device to move the story along

⁹ order: el caballero viniese a las paredes.

¹⁰ **amos de...** *together*

¹¹ **a dezer...** *to say* Compline. (Compline is the last of the seven daily canonical hours, said in church just before going to bed)

¹² **levando los...** *still carrying the nails in his feet and in his hands with which he was nailed to te cross*

la monja auíase salir por el postigo, alçó° el cruçifixo la mano derecha e diole   *it raised*
muy grand golpe con el clauo en la maxilla,° en guisa que toda la maçana[13]   *jaw*
del clauo se metió por la vna maxiella e sacógela por la otra. E desta feridaº   *wound*
que el cruçifixo le dio cayó en tierra la monja por muerta e así yogó° fasta   *she lay*
5 otro día en la mañana, que nunca entró en su acuerdo.[14] E en esta guisa° se   *way*
partió la mala obra que ella queríe fazer, que se non fizo. E el cruçifixo desque
este golpe ouo fecho tornóse a la cruz bien commo ante estaua, 'saluo ende°   *except*
el braço derecho con que le dio la ferida sienpre lo touo en aquel estado en
que lo teníe quando la ferida le dio, e oy día lo tiene así por testimonio de
10 lo que fizo. E el clauo con que dio la ferida fincó en las quexadas° de la monja.   *jaw*
E quando fue 'otro día en la mañana,° estando las monjas en maitines[15]   *the next morning*
'pararon mientes° al cruçifixo e vieron el braço en como estaua, e cuidaron°   *they noticed, they*
que se le quebrantara, o que algund locó lo feziera en él por mal fazer. E   *thought*
andando catando° la iglesia si estaua y alguno que tal cosa ouiese fecho, fallaron   *looking around*
15 la monja o yazíe tendida por muerta en tierra con el clauo del cruçifixo
'trauesado por° las maxiellas. E el[16] abadesa e las monjas quando lo vieron   *piercing*
'marauilláronse mucho° que era aquello por que aquella dueña que ellas teníen   *they were very amazed*
por tan buena estaua de aquella guisa. E estauan espantadas del clauo del
cruçifixo, que le conosçíen, que le víen° así tener, e non podien asmaré que   *= veían*
20 era, o por que fuera fecho aquello.[17] E ellas estando en aquella tan grand
dubda° oyeron vna voz grande° que les dixo: "Tomad vuestra monja e alçalda°   *doubt, loud, pick her up*
por las manos de tierra o yaze, ca así la escarmentó° el cruçifixo por el pesar°   *it punished, grief*
que ella queríe fazer a Jesu Cristo e a Santa María, su madre." E desque las
monjas la ouieron levantada de tierra e la tiraron° el clauo que teníe metido   *they pulled out*
25 por las quexadas, e ella 'entró en su acuerdo° commo de primero, e la mesquina   *she came to*
pecador, llorando mucho de sus ojos e repentiéndose de[18] sus pecados, contóles
todo el su mal commo pasara e por qué cayera en el majamiento° de Dios.   *punishment*
E desque todo lo ouo contado fueron todas con ella fasta el altar diziendo:
miserere mei Deus,[19] e pidiendo merçed al Nuestro Señor e a Santa María,
30 su madre, que la perdonase. E de allí adelante fue ella muy buena dueña e
muy santa e acabó muy bien su tienpo en su monesterio en seruiçio de Dios.
    ¿Qué te diré más?, el cauallero que la auíe de leuar del monesterio vino

---

[13] **en guisa**... *so that the whole knob*
[14] **otro día**... *the next morning, for she never came to.*
[15] Matins is the first of the canonical hours, said at midnight in church.
[16] Perhaps an error of the copiest
[17] **por que**... *why that had been done*
[18] **llorando mucho**... *crying and repenting of*
[19] Latin: "Have mercy upon me, oh God."

a aquella ora que pusiera[20] con la monja a aquel logar que le ella dixera,[21]
armado ençima de vn cauallo, e con él quatro de sus parientes muy bien
armados. E traíe vn palafrén° muy bien ensellado° en que la leuase. E estando   *palfrey, saddled*
allí toda la noche esperando quando saliría° ella, e non quiso Dios que lo   *= saldría*
5   ella pudiese fazer, segund ya oístes.[22] E desque el cauallero vio que el día era
claro e que lo veríen los omes e seríe descubierto, fuése su vía quexándose
mucho en el coraçón e teniendo° que le auía la monja escarnecido.°[23] E así   *thinking, ridiculed*
como el diablo de primero guisara° que se acordase el coraçón del cauallero   *he had arranged*
e de la monja 'de so vno° para fazer anbos mal de su fazienda, Nuestro Señor   *together*
10   Jesu Cristo, que sienpre fue e es contrario del diablo e de las sus obras, desuió°   *he turned aside*
e desfizo todo lo que el diablo auíe fecho, ca la monja partió su coraçón del
por castigo de Dios; e el cauallero partió su coraçón del amor della teniéndose
por escarnido de lo que le contesçiera.[24] E demás,° que este miraglo fue sonado°   *besides, spread*
por toda la tierra, e desque lo él sopo non lo pudo creer. E por tal de seer
15   ende[25] mas çierto fue el mismo al monesterio por saber el fecho, e desque
falló la verdat de como contesçiera, tóuose por muy pecador[26] e repentióse
mucho de todos los pecados que auíe fecho e dexó el mundo e metióse° monje   *he became*
e seruió muy bien a Dios, e acabó muy bien su tienpo.

     Agora, mío fijo, ¿que te puedo yo más en esta razón dezir nin castigar°   *to advise*
20   de quanto este miraglo te castiga? mas 'para mientes° en el tu coraçón quando   *pay attention*
el cruçifixo e la imagen de Santa María, que son imágines de fuste° fechas   *wood*
por mano de omne e mudas° que non fablan, tanto se sintieron de tal fecho   *mute*
como éste que desuso° es contado por tal sentimiento que Dios e Santa María   *above*
ende tomaron, quanto es mayor e más grande sobre esto el sentimiento que
25   Dios e Santa María dello ouieron. E por ende non quieras tomar a Dios lo
que es suyo e non es tuyo. E muchos miraglos destos te podríe omne contar,
que seríe luenga estoria de contar;....

---

[20] **A aquella**... *at the hora that he had arranged*
[21] order: que ella le dijera
[22] **segund ya**... *as you have already heard.*
[23] order: la monja le había escarnecido.
[24] **le contesçiera**... *had happened to him*
[25] **E por**... *and so that he could be*
[26] **tóvose por**... *he considered himself to be a huge sinner*

CAPÍTULO XXXV

De que todos los que el omne cuenta por amigos, que non son todos eguales
Mío fijo, vno de los tesoros que el padre puede dexar al fijo que mucho ama
e finca por su heredero mayor si es en dexarle buenos amigos. Mas todos los
que el omne cuenta por amigos non son todos eguales en amistad nin en
bondat, segund que dize Jesu Cristo en el euangelio o dize: "Muchos son los
llamados e pocos los escogidos." Nonbre de amigo, rafez° es de dezir mas muy   easy
graue° es de prouar en que conoscas° si el nonbre verdadero ouo. Amistad   difficult, = conozcas
quiere dezir ayuntamiento° de dos de so vno, el qual ayuntamiento deue seer   joining
en voluntad e en los dichos de las palabras del vno e del otro, e en los fechos.
Mientre te bien fuere e la tu fazienda° fuere adelante, muchos se te mostrarán   business
por amigos e non lo serán firmemente por las sus obras. Non te traía Dios
a tiempo que 'ayas a° prouar todo lo que tienes en tus amigos, e faz en guisa   = tengas que
tu fazienda que ellos ayan menester a ti e tú non a ellos. El que vieres que
se te da por amigo a la hora de la cuita° e de la priesa,° e non cata por la su   difficulty, hurry
ganançia nin por la su perdida en tal de te saluar a ti e a la tu fazienda e de
fazer contra ti lo que deue, tal omne commo éste cuenta por amigo leal e
verdadero 'e conplido.° Dize Jesu Cristo en el euangelio: "Mayor amor non   I have completed
puede vn omne mostrar a otro que poner la su alma por él." E por grand
amor que ouieron los santos e las santas con Dios pusieron los sus cuerpos
a martirios e a muerte, e despreçiaron° lo deste mundo por ganar el amor   they despised
de Dios e la gloria e la honrra de los çielos que dura para sienpre.

    Demandó vn sabio a vn su fijo e díxol: "Dime, mío fijo, quántos amigos
has, ca yo que so tu padre e que so el mayor amigo que tú has, esto en tienpo
que he de morir, ca soy ya viejo. Por ende, en antes que me yo parta de ti
quiero saber quántos e quáles son tus amigos que ganaste en la mi vida." E
el fijo le respondió: "Mío padre, yo he çient amigos muy buenos e de quien
fío° mucho." E el padre començóse ende a marauillar mucho quando lo oyó,   I trust
e díxole: "Mío fijo, e ¿cómmo podríe esto seer; ca yo he bien çient amigos,
e en todo este tienpo que he pasado nunca pude auer para mí más de medio
amigo? Pues tú que agora llegas a hedat de treinta años, ¿cómmo puedes auer
ganado çient amigos? Non te engañes en las sus palabras. E la mi alma con
manzilla° irá deste mundo si ante que muera non prueuas quáles son aquellos   blemish
tus amigos o quál es aquel medio que yo gané para mí." E el fijo dixo: "Padre,
non ay que dubdar° que yo prouar puedo esto." E el padre le respondió: "Yo   = dudar
te lo diré cómmo lo fagas pues tanta fe en ellos tienes, toma aquel bezerro°   calf
que tienes aquí en casa e degollarlo° has e desque° lo ouieres muerto fazlo   cut off its head, when
pieças° e mételo en vn saco, e desque viniere la noche toma muy   pieces
encubiertamente° aquel saco acuestas° e fazte muy triste, como omne que   secretly, on your back

'es muy cuitado,° e ve a casa de cada vno de aquellos tus amigos e di a cada *he has many cares*
vno dellos de como te acaesçió vna grand desauentura que ouiste de matar
vn omne en pelea ascondidamente;° e desque lo ouiste muerto, por tal que *secretly*
las justicias de la villa non ouiesen a caer en el fecho nin sopiesen la verdat
de como le mataste a tuerto de ti,[27] que por esta razón non lo dexaras yazer
allí do muriera nin lo osaras soterrar,° mas quel tajaras° a pedaços e que le *to bury, you had cut*
metieras en aquel saco que traes a tus cuestas,° e que les ruegas por el amor *back*
que tú has con ellos e ellos contigo que te encubran con él[28] en sus casas.
E en esto te demostrarán el amor verdadero que contigo han." E él fizo aquella
prueua así commo le mandó su padre. E primero començó en el más prinçipal° *important*
que tenía, en quien auía grand confiança que auía de morir por él, e
demostróle toda la su cuita con que él andaua. E respondióle así: "Amigo,
si tú feziste mala obra por do merescas mal, lázrelo la tu garganta,[29] ca non
la mía, ca non lo feziste tú por mío consejo. E lo que yo gané biuiendo° en *= viviendo*
paz e con mucho trabajo non faziendo tuerto a ninguno nin mal, non lo quiero
perder por la tu grand locura. Vete a buena ventura e non entres en mi casa,
que ningund amor non te faré por encobrir la tu maldat.' " E desque esta
repuesta° le ouo dada,[30] fue marauillado. E dende fue prouar a cada vno de *answer*
los otros sus amigos e cada vno dellos le dio tal repuesta e aun peor. E desque
vio el recabdo° malo que en cada vno dellos fallaua, tornóse para su padre *trait*
e contóle todo commo le auíe acaesçido. E el padre le dixo: "Mío fijo, ve e
prueua agora el mi medio amigo e verás si lo fallarás tal commo los otros."
E díxol quál era e cómmo auíe nonbre e dó moraua.[31] E él fue allá e prouólo
así commo a los otros. E desque gelo ouo todo dicho, respondiól así: "Caro
amigo, yo so amigo de tu padre e tuyo, e el mío amor non seríe conplido si
a tal sazón commo ésta non te lo demostrase e non te acorriese° a este mal *he helped*
que te acaesçió. E entra en la mi casa e sacaré dende la mi muger e los míos
fijos e 'apoderar te he della,° e y fallarás que comas e que beuas° de aquí a *I'll give it to you, = beb*
grand tienpo, e y estarás encubierto que non sepan de ti parte. E si yo más
ouiese, más te daría e más auenturaría por tu padre e por ti por el grand amor
que he con él e contigo." E el mançebo gelo gradesçió mucho. Desí contó
todo el fecho a su padre commo auía pasado e commo feziera aquella prueua
por tal de prouar a él del amor que auíe a su padre. E él le dixo: "Más me
plaze que sea por prueua que por verdat, mas quando a verdat fuese, esto

---

[27] **de como**... *of how you wrongly killed him*
[28] **que te**... *that they hide you with it*
[29] **lázrelo**... *let your throat suffer it.* (This means that the boy will be beheaded for killing the man.)
[30] **le había dado** Notice that **dada** agrees with **repuesta**.
[31] **cómmo auíe**... *what his name was and where he lived*

mismo te faría que te agora fago." E el mançebo fuése para su padre e contóle
todo aquello que fallara en aquel su medio amigo. E el padre gradesçiólo
mucho a Dios e a aquel su amigo de lo que demostrara contra él, e díxol así:
"Mío fijo, tú vees commo estauas engañado fasta aquí de los çient amigos
que cuidauas que auíes. Por ende, toma este castigo° de mí: Nunca fíes mucho   advice
en el amistad que te alguno prometa[32] fasta que lo ayas prouado, nin lo alaues°   you praise
mucho nin des grand loor a la cosa que non conosçes nin ayas visto, nin fíes
mucho en palabras fermosas nin apuestas° que te digan fasta que las prueues   elegant
por obras, nin tengas por acabada la bondat de la muger fasta que la aya
acabada la vida deste mundo e se vaya para el otro.

* * *

Por tu buena palabra puedes ganar vn amigo, e por la tu palabra mala
lo puedes perder. E por el tu buen fecho te ganarás con tu amigo, o por el
mal fecho te perderás con él. E eso mismo te contesçerá con tu señor e al
señor con el su vasallo. E muchas cosas se acaban por amor, las quales non
se podrien acabar por preçio de grand auer. E el amor es muy buena cosa
para el que bien vsa dél, e es muy mala para quien lo torna a mal. Non ames
el tu postrimero amigo en manera que yerres al primero non te errando él
a ti.[33] Conparte el tu amor por los tus amigos commo deues e quanto deues,
e alaua el que ouieres prouado. Preçia° al que ouieres de preçiar, e guárdate   esteem
del que te ouieres de guardar. Al que fallares por tu amigo leal e verdadero
sin otra mala escatima,[34] ámale como a ti mesmo. Plégate sienpre del su bien,
e pésete del su mal. La su pro° llieua adelante en quanto podieres, e el su   favor
mal e el su daño destórualo° al tu poder. Guarda la su muger que non le venga   remove it
ende desonrra, e las sus cosas cuéntalas por tuyas. Guardando la su vida
acresçentarás en la tuya, e los tus días serán doblados, e Dios será contigo
e con tus cosas.

---

[32] order: alguno te prometa

[33] **Non ames**... *Do not esteem your newest friend so much that you sin against an old friend who hasn't sinned against you*

[34] **Al que**... *Don't make the one who you find to be your true and loyal friend any less because of a bad trait.*

El libro del caballero Çifar

THE ANONYMOUS *LIBRO DEL Caballero Çifar* is perhaps the first novel of chivalry
written in Spain. Although first published in 1512, *Çifar* was written around
1300. The author based his novel on the life of Placidus, the pagan commander
of the emperor Trajan's cavalry. He accepts Christianity, is baptized, and given
the name Eustacius. Eustacius and his family endure great suffering because
of their faith. In the novel, the Knight Çifar, Grima, his wife, and their two
sons, Garfín and Roboán, endure long separations and hardships but are
at last reunited.

The novel is divided into four parts: "El Caballero de Dios," "El Rey
de Mentón," "Castigos del rey de Mentón," and "Los hechos de Roboán."
In the first part, Çifar is an extraordinary, but highly expensive knight in the
service of a king in India. Every tenth day Çifar's horse, no matter where,
falls dead. For this reason, the knight and his family sell everything and set
out on a journey full of adventures. One afternoon as they rest, a lioness carries
off the older son, the next day in the city Falac the younger son disappears.
After Çifar books passage for him and his wife on a ship to Orbín, the ship
leaves without him. The sailors plan to assault Grima but they get drunk and
kill one another. When Grima learns that they are all dead, she wonders who
will sail the ship. She looks up at a mast and sees an infant, the Baby Jesus,
guiding the boat. She arrives safely to Orbín where she lives for nine years.
In the meanwhile Çifar comes upon a hermitage where he meets the Ribaldo
who, like Sancho Panza later, becomes his proverb-filled squire. In the second
part of the novel, Çifar becomes the King of Mentón. He marries the daughter
of the former king, but she fortunately dies soon after Grima arrives in
Mentón. Husband and wife are reunited, then the sons also appear. In part
three Çifar instructs his sons with advice about living virtuous lives. The fourth
part tells of the adventures of Roboán who, like his father, becomes an
exemplary knight and later king.

2. *De las virtudes del Cauallero Zifar, e de como era muy amado del rey de*
la tierra adonde venía, avnque era muy costoso: y por esto induzido° el   persuaded
rey por enbidiosos no lo llamaua a las guerras

Dize el cuento que este Cauallero Zifar fue buen cauallero de armas e de muy
5   sano consejo a quien gelo demandaua, e de grant justiçia quando le acomen-
dauan° alguna cosa do la ouiese de fazer, e de grant esfuerço, non se mudando   they entrusted
nin orgullesçiendo por las buenas andanças de armas quando le acaesçían,
nin desesperando por las desauenturas° fuertes quando le sobrevenían. E   misfortunes
sienpre dezía verdat e non mentira quando alguna demanda° le fazían, e esto   request
10 fazía con buen seso natural[1] que Dios posiera° en él. E por todas estas buenas   = pusiera
condiçiones que en él auía amáuale el rey de aquella tierra, cuyo vasallo era
e de quien tenía grant 'soldada e bienfecho° de cada día. Más atan grant   wages and favor
desauentura era la suya que nunca le duraua cauallo nin otra bestia ninguna
de dies días arriba, que se le non muriese,[2] e avnque la dexase o la diese ante
15 de los dies días. E por esta razón e esta desauentura era él sienpre e su buena
dueña e sus fijos en grant pobreza; peroque° el rey, quando guerras auía en   = pero
su tierra, guisáualo° muy bien de cauallos e de armas e de todas las cosas que   he provided him
auía mester,° e enbiáualo en aquellos lugares do entendía que mester era más   need of
fecho de cauallería.[3] E así se tenía Dios con este cauallero en 'fecho de armas,°   fighting
20 que con su buen seso natural e con su buen esfuerço sienpre vençía e ganaua
onrra e vitoria para su señor el rey, e buen pres° para sí mesmo. Mas de tan   honor
grant costa era este cauallero, el rey auiéndole de tener los cauallos aparejados,°   ready
e las otras bestias quel eran mester a cabo de los dies días, mientra duraua
la guerra, que semejaua al rey que lo non podía sofrir° nin conplir. E de la   to endure
25 otra parte, con grant enbidia que auían aquéllos a quien Dios non quisiera
dar fecho de armas acabadamente° así commo al Cauallero Zifar, dezían al
rey que era muy costoso, e que por quanto daua a este cauallero al año, e
con las costas que en él fazía al tienpo de las guerras, que abría° quinientos   = habría
caualleros cada año para su seruiçio, non parando mientes los mesquinos[4]
30 commo Dios quisiera dotar al Cauallero Zifar de sus grandes dones e nobles,
señaladamente°de buen seso natural e de verdat e de lealtad e de armas e   especially
de justiçia e de buen consejo, en manera que do él se ençerraua con çient
caualleros, conplía más e fazía más en onrra del rey e buen pres dellos que
mil caualleros otros quando los enbiaua el rey a su seruiçio a otras partes,

---

[1] **con buen...** *with good sense*
[2] **de dies...** *over ten days, that didn't up and die on him*
[3] **fecho de...** *the deeds of knighthood*
[4] **non parando...** *not counting the poor*

non auiendo ninguno estos bienes que Dios en el Cauallero Zifar pusiera.[5]

* * *

3. De como el Cauallero Zifar se quexa entre sí a Dios porque ya el rey no le embía a llamar para las guerras como solía

Estando el rey en esta guerra tan grande e en gran cuidado porque sus vasallos no le siruían tan derechamente como deuían, no se atreuía a embiar por el Cauallero Zifar, por vergüença de lo que auía prometido a aquéllos que so color de escusar la costa[6] le consejaron. E el buen Cauallero Zifar, veyendo°   = viendo
esto, pensó en su coraçón qué razón podría ser por qué el rey, auiendo tan grandes guerras en su tierra, no embiaua por él assí como solía, e fue en gran cuidado y tristeza, e quexándose a Dios e llorando, dixo assí: "Hay,° mi señor   Alas!
Dios! quanta merced me fazes en muchas maneras, comoquier que no lo merezca y la desauentura corre comigo en me querer tener[7] pobre y querer
me enuilescer°con pobreza, por qué non puedo seruir a mi señor como yo   to debase
querría. Pero consuélome, ca creo que aquél es dicho rico el que se tiene por
abondado de lo que ha,[8] e no es rico el que más ha, mas el que menos codicia;°   he desires
e yo, señor, por abondado° me tengo de lo que en mí fazes y tienes por bien   fortunate
de fazer. Mas marauíllome porque estraña° el rey mi seruicio en tales guerras   he misses
como éstas en que él está, e pienso que ha tomado alguna dubda en mí,
temiendo que le herré[9] en algún seruicio que le 'oue de° fazer, o que no le   = hube de
consejé tan bien en algún consejo que me demandó, como deuía. E señor
Dios, tú sabes la verdad al qual ninguna cosa no se asconde,° ca yo no le falté   it is not hidden
en ninguna cosa que yo le deuiesse, a mi pensar, si no por no poder, o por
no lo entender; e porende no deuo auer miedo ni verguença, ca ninguna cosa
non faze medroso° nin vergoñoso el coraçón del ome sinon la conçiencia   fearful
de la su vida, si es mala, non faziendo lo que deue; e pues la mi conçiençia
non me acusa, la verdat me deue saluar, e con grant fuzia° que en ella he non   confidence
abrá miedo, e iré con lo que començé cabo adelante, e non dexaré mi propósito
començado."

* * * * * *

---

[5] **que Dios...** that God gave to the Caballero Zifar.
[6] **que so...** under the pretext of cost
[7] order: en querer tenerme
[8] **el que...** he who considers himself wealthy with what he has
[9] **que le herré** that I erred against him

39 De commo vna leona lleuó a Garfín, el fijo mayor del Cauallero Zifar
Tanto andudo° el Cauallero Zifar fasta que llegó a vn reino que le dezíen   = anduvo
Falac, de muy rica gente e muy apuesta.° E quando se cunplieron los dies   good-looking
días después que salieron de Galapia, moriósele el cauallo quel diera la señora
5 de la villa, de guisa que ouo de andar bien tres días de pie; e llegaron vn día
a ora de terçia[10] çerca de vn montezillo.° E fallaron vna fuente muy fermosa   hill
e clara, e buen prado enderredor° della. E la dueña, auiendo grant piedat   around
de su marido que venie de pie, díxole: "Amigo señor, desçendamos a esta
fuente e comamos esta fianbre° que tenemos." "Plázeme," dixo el cauallero;   food
10 e estudieron° çerca de aquella fuente e comieron 'de su vagar,° ca açerca auían   = estuvieron, at their
la jornada fasta vna çibdat[11] que estaua çerca de la mar, quel dezían Mella.   leisure
E después que ouieron comido, acostóse el cauallero vn poco en el regaço°   lap
de su muger, e ella espulgándole,[12] adormióse. E sus fijuelos° andauan   small sons
trebejando° por aquel prado, e fuéronse llegando contra el montezillo, e salió   playing
15 vna leona del montezillo e tomó en la boca el mayor. E a 'las bozes que daua°   the shouting of
el otro fijuelo que venía fuyendo, boluió la cabeça la dueña e vio commo la
leona leuaua el vn fijuelo, e començó a dar bozes. E el cauallero despertó e
dixo: "Qué auedes?" "El vuestro fijuelo mayor," dixo ella, "lieua vna bestia,
e non se si es león o leona, e es° entrado en aquel monte. E el cauallero caualgó   = ha
20 luego en el palafrén[13] de la dueña, e entró por el monte; peroque non falló
ningunt recabdo° dello. E tornóse muy cuitado e muy triste e dixo a la dueña: trace
"Vayámosnos para esta çibdat que está aquí çerca; ca non podemos aquí fazer
si non gradesçer a Dios quanto nos fas,° e tenérgelo por merçed."   = hace

25 *40. De commo el Cauallero Zifar e su muger perdieron el otro su fijo en la*
    çibdat de Falac
E llegaron a la çibdat a ora de bísperas, e posaron° en las primeras casas del   they lodged
alberguería° que fallaron; e dixo el cauallero a la dueña: "Iré buscar que   lodging district
comamos e yerua° para este palafrén." E ella andando por casa fablando con   hay
30 la huéspeda, salióle el palafrén de la casa, e ouo ella de salir 'en pos° él,   behind
deziendo a los que encontraua que gelo tornasen. E el su fijuelo quando vio
que non era su madre en casa, salió en pos ella llamándola, e tomó otra calle

---

[10] Tierce: the third canonical hour, said at 9 am.
[11] *ca açerca...* *for they had about a day's journey to a city*
[12] *ella espulgándole* *she, picking lice from his head*
[13] A palfrey is a saddle horse, usually ridden by women

e fuése perder por la çibdat; e quando tornó la madre para su posada,° non   lodging
falló su fijuelo, e dixo a la huéspeda: "Amiga, que se fizo mío fijuelo que dexé
aquí?" "En pos vos salió," dixo ella, "llamando 'madre señora.' " E el Cauallero
Zifar quando llegó e falló a la dueña muy triste e muy cuitada,° e preguntóle   upset
5   que auía, ella dixo que Dios que la quería fazer mucho mal, ca ya el otro fijuelo
perdido lo auía.[14] E él le preguntó cómmo se perdiera, e ella gelo contó.
"Çertas,°" dixo el cauallero, "Nuestro Señor Dios derramar° nos quiere; e   surely, to knock down
sea bendito su nonbre por ende." Peroque dieron algo a omes que lo fuesen
buscar por la çibdat, e ellos andudieron por la çibdat toda la noche e otro
10   día fasta ora de terçia, e nunca podieron° fallar recabdo dél, saluo ende° vna   = pudieron, then
buena muger que les dixo: "Çertas, anoche después de bísperas, pasó por
aquí dando bozes, llamando a su madre; e yo auiendo duelo° dél llamélo e   pity
preguntéle que auía, e non me quiso responder, e boluió la cabeça e fuése
la calle ayuso.°" E quando llegaron con este mandado al cauallero e a su muger, down
15   pesóles muy de coraçón,[15] señaladamente a la madre, que fizo muy grant duelo
por él, de guisa que toda la vezindat° fue y llegada. E quando lo oyó dezir   neighborhood
que en aquel día mesmo le auíe leuado el fijo mayor la leona de çerca de la
fuente, e deste otro de commo lo perdiera ese día, tomauan grant pesar en
sus coraçones e grant piedat de la dueña e del cauallero que tan grant perdida
20   auían fecho en vn día. E así era salida la dueña de seso[16] que andaua commo
loca entre todas las otras, deziendo sus palabras muy estrañas con grant pesar
que tenía de sus fijos; peroque las otras dueñas la conortauan° lo mejor que   they comforted
podían.

25   **41.** *De commo los marineros se lleuaron a la muger del Cauallero Zifar en*
     la naue, e dexaron a él solo
E otro día en la mañaña fue el Cauallero Zifar a la ribera° de la mar, e andando shore
por y vio vna naue que se quería ir para el reino de Orbín, do dezían que
auía vn rey muy justiçiero e de muy buena vida. E preguntó el Cauallero Zifar
30   a los de la naue si le querían pasar allá a él e a su muger, e ellos dixiéronle
que sí, si les algo diese. E él pleteó° con ellos e fuése para la posada e dixole   he bargained
a su muger commo auía pleteado con los marineros para que los leuasen a
aquel regno do era aquel buen rey. A la dueña plogo mucho, e preguntóle
que quándo irían. "Çertas," dixo luego, "cras en la mañaña,[17] si Dios quesiere."
35   La dueña dixo: "Vayamos en buen punto, e salgamos desta tierra do nos Dios

---

[14] order: **lo había perdido**
[15] ***pesóles muy…*** *it grieved them a great deal*
[16] ***era salida…*** *the lady had lost her mind*
[17] ***cras en…*** *tomorrow morning*

tantos enbargos fizo e quiere fazer.[18]" "Cómmo," dixo el Cauallero Zifar, "por salir de vn regno e irnos a otro, cuidades fuir[19] del poder de Dios?"

* * *

44. Agora dexa la istoria de fablar del Cauallero Zifar e fabla de su muger
5   *que fue leuada en la naue por la mar*
Dize el cuento que quando la dueña vio que los marineros mouían su naue e non fueron por su marido, touo que era caída en manos malas e que la querían escarnesçer;° e con grant cuita° e con grant pesar que tenía en su   to mistreat, concern
coraçón fuése por derribar° en la mar, e tal fue la su ventura que en dexándose   to throw herself
10   caer reboluióse° la çinta suya en vna cuerda de la naue, e los marineros quando   it got caught
la vieron caer fueron a ella corriendo, e falláronla colgada; e tiráronla e sobiéronla en la naue. "Amiga," dixo el vno de los de la naue, "por qué vos queredes matar? Non lo fagades, ca el vuestro marido 'aquí será mucho aína;°   will be here very soon
ca por razón del cauallo, que non podiéramos de ligero° meter en la naue,   easily
15   roguemos a otros marineros que estauan muy cerca de la ribera con su naue, que lo acogiesen y, e mucho aína será conbusco;° e non dudedes.° E demás,   = con vos, = dudéis
estos que están aquí todos vos quieren grant bien, e yo más que todos." Quando ella estas palabras oyó, entendió que eran palabras de falsedat e de enemiga, e dio vna bos e dixo así: "Uirgen Santa María, tú que acorres° a los cuitados   you help
20   e a los que están en peligro, e acorre a mí, si entiendes que he mester."
E desí tomáronla e fueron la meter en la saeta° de la naue, porque non   hold
fuese otra vegada a se derribar en la mar, e sentáronse ayantar,° ca era ya çerca   to eat
de medio día. E ellos estando comiendo e beuiendo a su solas° e 'departiendo   pleasure
en° la fermosura de aquella dueña, la Virgen Santa María, que oye de buena   talking about
25   mente los cuitados, quiso oír a esta buena dueña, e non consentió que resçebiese mal ninguno, segunt entendredes por el galardón° que resçebieron   reward
del diablo aquestos falsos por el pensamiento malo que pensaron. Así que ellos estando comiendo e beuiendo más de su derecho[20] e de lo que auían acostunbrado, el diablo metióles en coraçón a cada vno dellos que quesiesen
30   aquella dueña para sí; e ouo a dezir el vno: "Amigos, yo amo aquesta dueña más que a ninguna cosa del mundo e quiérola para mí; e ruégovos que non vos trabajedes° ningunos de la amar; ca yo so aquel que vos la defenderé fasta   = tratáis
que tome y muerte."[21] "Çertas," dixo el otro, "yo eso mesmo faré por mí, ca

---

[18] *do nos...* where God has done and wishes to do so much harm to us.
[19] *cuidades fuir...* do you plan to flee
[20] *más de...* more than their share
[21] *fasta que...* until I die

más la amo que tú." Así que los otros todos de la naue, del menor fasta el mayor, fueron en este mal acuerdo e esta discordia, en manera que metieron mano a las espadas e fueron se ferir vnos a otros, de guisa que non fincó ninguno que non fuese muerto.

45. De commo la muger del Cauallero Zifar falló muertos a los que la lleuauan en la naue, e los lançó° en la mar fonda°

E la dueña estaua ayuso en la saeta de la naue, e oyó el ruido muy grande que fazían e oía las bozes° e los golpes, mas que non sabía que se era, e fincó° muy espantada, de guisa que 'non osaua sobir.° E así fincó todo el día e la noche; pero estando faziendo su oración e rogando a Dios quel ouiese merçed.[22] E quando fue el alua,° ante que saliese el sol, oyó vna bos que dezía: "Buena dueña, leuántate e sube a la naue, e echa esas cosas malas que y fallarás en la mar, e toma para ti todas las otras cosas que y fallares; ca Dios tiene por bien que las ayas° e las despiendas° en buenas obras." E ella quando esto oyó gradesçiólo mucho a Dios, pero dudaua que por auentura que era enemiga de aquellos falsos, que llamauan para escarnesçerla. E non osaua salir fasta que oyó otra bos; e díxole: "Sube e non temas, ca Dios es contigo." E ella pensó en estas palabras tan buenas e tan santas que non serían de aquellos falsos, e 'demás que° si ellos quesiesen entrar a la saeta de la naue que lo podían bien fazer.

E subió a la naue e vio todos aquellos falsos muertos e finchados,° e segunt la bos le dixiera tomáualos por las piernas e daua con ellos en la mar; ca tan liuianos° le semejauan commo si fuesen 'sendas pajas,° e non se espantaua dellos, ca Dios le daua esfuerço para lo fazer e la conortaua e ayudaua; e ella bien veía e bien entendía que este esfuerço todo le venía de Dios, e dáuale las graçias que ella podía, bendiçiendo el su nonbre e el su poder. E quando vio ella delibrada° la naue de aquellas malas cosas, e 'barrida e linpia° de aquella sangre, alçó° los oios e vio la vela tendida;° que iua la naue con vn viento el más sabroso que podiese ser, e non iua ninguno en la naue que la guiase,° saluo ende vn niño que vio estar ençima de la vela muy blanco e muy fermoso. E marauillóse commo se podie tener atan° pequeño niño ençima de aquella vela. E éste era Iesu Cristo, que veniera° a guiar la naue por ruego de su madre Santa María; e así lo auía visto la dueña esa noche en visión. E este niño non se quitó de la dueña nin de día nin de noche fasta que la leuó e la puso en el puerto do ouo de arribar,[23] así commo lo oiredes adelante.

she threw, deep

voices, was
didn't dare go up on
deck
dawn

= tengas, you spend

besides

bloated

light, mere straws

freed, swept and clea[n]
she raised, full
he sail

such a
= viniera

---

[22] **quel oviese...** that he have mercy on her
[23] **do ouo...** where she was to arrive

La dueña andido° por la naue catando° todas las cosas que en ella eran,   **= anduvo,** looking
e falló y cosas muy nobles e de grant preçio, e mucho oro, e mucha plata,
e mucho aljófar° e muchas piedras preçiosas, e paños preçiados e muchas   pearls
otras mercadurías° de muchas maneras, así que vn rey non muy pequeño   merchandise
5   se ternía por abondado de aquella riqueza[24]; entre las quales cosas falló muchos
paños 'tajados e guarnidos,° de muchas guisas, e muchas tocas de dueñas segunt   cut and adorned
las maneras de las tierras. E bien semejó que auía paños e guarnimentos para
dozientas dueñas, e marauillóse mucho que podría ser esto. E por esta buena
andança alçó las manos a Nuestro Señor Dios e gradesçióle quanta merçed
10   le feziera, e tomó desta ropa que estaua en la naue, e fizo su estrado° muy   dais
bueno en que seíese,° e vestióse vn par de paños los más ordenados que y   **= era (estaba)**
falló, e asentóse en su estrado e allí rogaua a Dios de día e de noche quel ouiese
merçed e quel diese buena çima° a lo que auía començado. E bien dixo el   end
cuento que esta ouo grant espanto para catar las cosas de la naue e saber que
15   eran e las poner en recabdo; e non era marauilla, que solo andaua, e dos meses
andido solo dentro en la mar desde el día que entró en la naue, fasta que
arribó al puerto. E este puerto do arribó era la çibdat de Galán, e es en el
regno de Orbín.

* * *

20

51. *Dexa la istoria de fablar de la dueña e fabla de lo que contesçió a su marido el Cauallero Zifar con el hermitaño°*   hermit

Onde dize el cuento que este su marido quando se partió della de la ribera
donde gela tomaron, que se fue la ribera arriba, así commo lo oístes 'de suso,°   above
25   e en la montaña sobre la ribera falló vna hermita° de vn ome bueno sieruo°   hermitage, servant
de Dios que moraua° en ella. E díxole: "Amigo, puedo aquí albergar° esta   dwelt, to lodge
noche?" " Sí," dixo el hermitaño, "mas non he çeuada° para vuestro cauallo   barley
que traedes." " Non nos incal,[25] " dixo el cauallero, "ca esta noche ha de ser
muerto." "Cómmo," dixo el hermitaño, "lo sabedes vos eso?" "Çertas," dixo
30   el cauallero, "porque se cunplen oy los dies días que lo tengo, e non se podría
más detener que non muriese." "E cómmo," dixo el hermitaño, "lo sabedes
vos esto?" "Porque es mi ventura que me non duran más de dies días las bestias.
E ellos estando en este departimiento° cayó el cauallo muerto en tierra. Desto   conversation
fue el hermitaño mucho marauillado e díxole así: "Cauallero, qué será de

---

[24] *se ternía...* would consider that wealth plentiful
[25] **Non nos incal** it's not important for us

vos de aquí adelante, o cómmo podredes andar de pie pues duecho fuestes[26]
de andar de cauallo? Plazerme-ia si quisiesedes folgar° aquí algunt día, e non   to stay
vos meter a tanto trabajo atan aína." "Çertas," dixo el cauallero, "mucho vos
lo agradesco; si quier° vnos pocos dineros que tengo despenderlos-he aquí   = quiere
5   conbusco; ca muy quebrantado° ando de grandes cuidados que me   broken
sobrevenieron, más de los que auía de ante que a la çibdat de Mela llegase."
E desí° fincó en aquella hermita con aquel hermitaño, rogando a Dios quel   so
ouiese merçed. E en la ribera de la mar so la hermita auía vna choça° de vn   hut
pescador do iua por pescado el hermitaño quando lo auía mester.

10

52. De commo el ribaldo° dixo al hermitaño que se quería ir a solazar° vn   knave, to cheer up
poco con aquel cauallero

En la choça del pescador auía vn ribaldo, e quando se iua el su señor veníe°   = venía
a la hermita auer solás con el hermitaño. E ese día que llegó y el cauallero,
15   vino y el ribaldo e preguntól quien era aquel su huésped;° e él díxole que   guest
vn cauallero viandante° que llegara y por su ventura, e que luego que y fuera   wandering
llegado le dixiera que se auía de morir el su cauallo, e que le non duraua
ninguna bestia más de dies días e que se cunplíen ayer, e que non podría más
veuir° el su cauallo; e luego que cayera en tierra muerto. "Çertas," dixo el   = vivir
20   ribaldo, "creo que es algunt cauallero desauenturado e de poco recabdo,°   care
e quiero me ir para él e dezirle-he algunas cosas 'ásperas e graues° e veré si   harsh and serious
se mouerá a saña o commo me responderá. " 'Ve tu vía,° ribaldo loco," dixo   go along
el hermitaño. "Cuidas fallar en todos los otros omes lo que fallas en mí, que
te sufro en paçiençia quanto quieres dezir? Çertas de algunos querrás dezir
25   las locuras que a mí dizes, de que te podrás mal fallar, e por auentura que
te contesçerá con este cauallero, si te non guardares de dezir neçedat.°"   foolishness

    "Verdat es lo que vos dezides," dixo el ribaldo, "si este cauallero es loco
de sentido; ca si cuerdo es e de buen entendimiento, que non me responderá
mal. Ca la cosa del mundo en que más proeua° el ome° si es de sentido loco,   proves, man
30   si es en esto: que quando le dizen alguna cosa áspera e contra su voluntad,
que se mueue aína a saña e responder mal, e el cuerdo non; ca quando alguna
cosa le dizen desaguisada,° sabe lo sofrir[27] con paçiençia e dar respuesta de   excessive
sabio; e por auentura," dixo el ribaldo, "que este cauallero es más paçiente
quanto° vos cuydades. " Dios lo mande," dixo el hermitaño, "e que non salga   than
35   a mal el tu atreuimiento." "Amén," dixo el ribaldo, "peroque me conuiene
de lo prouar, ca 'non enpesçe° prouar ome las cosas, si non si la proeua es   it does not hurt
mala." "Deso° he yo miedo," dixo el hermitaño, "que la tu proeua sea non   of that

---

[26] **duecho fuestes...** *you were used to*
[27] order: **lo sabe sufrir**

buena; ca el loco en lo que cuida fazer plazer a ome, en eso le faze pesar; porende° non es bien resçebido de los omes buenos....   For that reason

* * *

5   58. De commo él libró al Cauallero Zifar vna noche de vnos ladrones que
         lo querían robar, e commo mató a los dos
E él se fue para el hermita e non falló y al cauallero nin al hermitaño; e fuése para la villa e fallólos que oían misa. El cauallero quando lo vio, plógole e díxole: "Amigo, vayamos en buen ora." "Cómmo," dixo el ribaldo, "así iremos
10 de aquí ante que almorzemos? Yo trayo° vn pes de mar de la cabaña de mi   = traigo
señor." "Cómaslo," dixo el cauallero, "e fagamos commo tú touieres por bien,[28]
ca me conuiene seguir tu voluntad mientra por ti me ouiere a guiar, pero ha tienpo non es mi costunbre de comer en la mañana." "Verdat es," dixo el ribaldo, " a demientra° que andáuades de bestia, mas mientra andodierdes°   = mientras, anduvié-
15 a pie non podredes andar sin comer e sin beuer, mayormente auiendo de   reies
'fazer jornada.°" Desí fueron a casa de vn ome bueno con el hermitaño, e   to travel
comieron su pes, que era bueno e muy grande, e espediéronse del hermitaño e fueron andando su camino. E acaesçióles vna noche de albergar en vna alberguería do yazían dos malos omes ladrones, e andauan en manera de
20 pelegrinos,° e cuidaron que este cauallero que traía muy grant auer maguer°   pilgrims, although
venían de pie, porquel vieron muy bien vestido. E quando fue a la media noche leuantáronse estos dos malos omes para ir degollar° al cauallero e   to behead
tomarle lo que traía. E fuése el vno echar sobrél, e el otro fue para lo degollar; en manera que el cauallero non se podía dellos descabollir.° E en esto estando   to liberate
25 despertó el ribaldo, e quando los vio así estar, a lunbre° de vna lánpara que   light
estaua en media de la cámara, e començó de ir a ellos dando bozes e deziendo: "Non muera el cauallero!" de guisa que despertó el huésped e vino corriendo a las bozes. E quando llegó, auía el ribaldo muerto° el vno dellos, e estáuase   killed
feriendo° con el otro, en manera quel cauallero se leuantó, e el huésped e   wounding
30 él presieron° al otro ladrón. E preguntáronle qué fuera aquello. E él les dixo   they caught
que cuidaran él e su compañero que este cauallero traía algo, e por eso se leuantaron para le degollar e gelo tomar. "Çertas," dixo el cauallero, "en vano vos trabajáuades, ca por lo que a mí fallaredes, si pobres érades, nunca saliérades de pobredat." Desí tomó el huésped el ladrón delante sus vezinos
35 que recudieron° a las bozes, e atólo muy bien fasta otro día en la mañana,   they came
quel dieron a la justiçia, e fue justiçiado° de muerte.   condemned

_____

[28] **commo tú...** however you think best

59. De commo el Cauallero Zifar libró al ribaldo, que lo querían colgar,° e   to hang
commo le cortó la soga°   rope

E yéndose por el camino dixo el ribaldo: "Bien fuestes seruido de mí esta
noche." "Çertas," dixo el cauallero, "verdat es; e plázeme mucho porque tan
5   bien has començado." "Más me prouaredes," dixo el ribaldo,"en este camino."
"Quiera Dios," dixo el cauallero, "que las proeuas non sean de nuestro daño!"
"Dello e dello,[29]" dixo el ribaldo, "ca todas las maçanas° non son dulçes; e   apples
porende conuiene que nos paremos a lo que nos veniere." "Plázeme," dixo
el cauallero, "destas tus palabras, e fagámoslo así; e bendicho° seas porque   blessed
10   lo tan bien fazes." E a cabo de los seis días que se partieron del hermitaño,
llegaron a vn castiello muy fuerte e muy alto que ha nonbre Herín. E auía
y vna villa al pie del castiello, muy bien çercada.° E quando y fueron era ya   walled in
ora de bísperas, e el cauallero venía muy bien cansado, ca auía andado 'muy
grant jornada.° E dixo a su conpañón° quel fuese buscar de comer, e él lo   a very long way, companion; happily,
15   fizo muy 'de grado.° E en estando conprando vn faisán,° llegó a él vn ome   pheasant; stolen
malo que auía furtado° vna bolsa llena de pedaços de oro, e díxole: "Amigo
ruégote que me guardes esta bolsa mientra que yo enfrene° aquel palafrén."   I put a bridle on
E mentía, que non auía bestia ninguna, mas venía fuyendo por miedo de
la justiçia de la villa que venía en pos él por le prender.[30] E luego que ouo
20   dada la bolsa al ribaldo, metióse entre 'ome e ome° e fuése.   the people

E la justiçia andando buscando el ladrón, fallaron al ribaldo que tenía
el faisán que conprara en la vna mano e la bolsa quel acomendara el ladrón
en la otra, e presiéronlo e sobiéronlo al castiello fasta otro día, quel judgasen°   they judge
los alcalles.° El cauallero estaua esperando su conpañón, e después que fue   judges
25   noche e vio que non venía, marauillóse porque non venía. E otro día en la
mañaña fuelo buscar,[31] e non pudo fallar recabdo dél, e cuidó que por auentura
era ido con cobdiçia° de vnos pocos de dineros quel acomendara que   desire
despendiese, e fincó muy triste; peroque avn tenía vna pieça de dineros para
despender, e mayor cuidado auía del conpañón que perdiera que non de
30   los dineros, ca lo seruía muy bien, e tomaua alegría con él, ca le dezía muchas
cosas en que tomaua plazer. E sin esto que era de buen entendimiento e de
buen recabdo e de buen esfuerço, e falláuase muy menguado sin él.[32] E otro
día desçendieron al del castiello para le judgar ante los alcalles.

E quando le preguntaron quién le diera aquella bolsa, dixo que vn ome

---

[29] **Dello e...** *everything in its own season*
[30] order: **prenderle**
[31] order: **lo fue buscar**
[32] **e falláuase...** *and he missed him*

gela diera 'en encomienda° quando conprara el faisán, e que non sabía quién   for safe keeping
era, pero si lo viese que cuidaua que lo conosçería. E mostráronle muchos
omes si lo podría conosçer, e non pudo 'açertar en° él, ca estaua ascondido   to find
aquel que gela diera, por miedo de lo que auía fecho. E sobre esto mandaron

5   los alcalles que lo leuasen a enforcar,° ca en aquella tierra era mantenida°   to hang, kept
justiçia muy bien, en manera que por furto de çinco sueldos o dende arriba
mandauan matar al ome. E atáronle vna cuerda a la garganta e las manos atrás,
e caualgáronle en vn asno, e iua muy grant gente[33] en pos él a ver de cómmo
fazían del justiçia. E iua el pregonero° delante él, desçiendo° a grandes bozes: town crier, = **diciendo**

10   "Quien tal faze, tal prenda.°" E es grant derecho, que quien al diablo sirue   reward
e cree, mal galardón prende; commoquier que éste non auía culpa en aquel
furto, mas ouo culpa en resçebir en encomienda cosa de ome que nin conosçie,
nin veíe° lo que le daua en acomienda; ca çiertamente quien alguna cosa quiere   = **veía**
resçibir de otro en encomienda, deue catar tres cosas: la primera, quien es

15   aquél que gelo acomienda; la segunda, que cosa es lo quel da; la tercera es
si la sabrá o podrá bien guardar; ca podría ser que gela daría algunt mal ome,
e que gela daría con engaño la cosa quel acomendase, e por auentura
resçebiese... que non sería en estado para lo saber guardar; así commo contesçió
a aquéste, que el que gelo dio era mal ome e ladrón, e la cosa que le dio era

20   furtada, e otrosí el que non estaua en estado para poder resçibir de ninguno.
E avnque el ome esté en estado que lo pueda guardar, mucho deue estrañar°   to be wrong
de non resçebir en guarda. Ca de tal fuerça es el que deue ser guardado
enteramente así commo lo ome resçibe, e non deue vsar dello en ninguna
manera sin mandado del que gelo da en guarda; si non, puede gelo demandar

25   por furto porque vsó dello contra voluntad del señor.
    E quando lleuauan a enforcar a aquel ribaldo, los que iuan en pos él
auían muy grant piedat dél porque era ome estraño e era mançebo mucho
apuesto e de buena palabra, e fazía salua[34] que non feziera él aquel furto, mas
que fuera engañado de aquel que gelo acomendara. E estando él al pie de

30   la forca,° cauallero en el asno, e los sayones° atando la soga a la forca, el   gallows, judges
Cauallero Zifar, pues que non podía auer a su conpañero, rogó al huésped
quel mostrase el camino del regno de Mentón. E el huésped 'doliéndose dél°   upset for him
porque perdiera a su conpañero, salió con él al camino. E desque salieron
de la villa vio el cauallero estar muy grant gente en el canpo en derredor de

35   la forca, e preguntó al su huésped que "a qué está allí aquella gente?" "Çertas,"
dixo el huésped, "quieren enforcar vn ribaldo que furtó vna bolsa llena de
oro." "E aquel ribaldo," dixo el cauallero, "es natural desta tierra?" "Non"

---

[33] **muy grant gente** *a great many people*
[34] **fazía salua...** *he was proven innocent*

dixo el huésped, "e nunca paresçió aquí si non agora, por la su desauentura, quel fallaron con aquel furto."

El cauallero sospechó que aquél podría ser el su conpañero, e díxole: "Ay amigo, la fe que deuedes,[35] ayúdame a derecho. Aquel ome sin culpa 5 es." "Çertas," dixo el huésped, "muy de grado si así es." E fuéronse para allí do auían atado la soga en la forca e querían mouer el asno. E el cauallero llegando conosçiólo el ribaldo, e dando grandes bozes dixo: "Señor, señor, véngasevos emiente[36] del seruiçio que vos fize oy a terçer día, quando los ladrones vos venían para degollar!" "Amigo," dixo el cauallero, "e qué es la 10 razón por que te mandan matar?" "Señor," dixo el ribaldo, " a tuerto e sin derecho, si me Dios vale![37]" "Atiende° vn poco," dixo el cauallero, "e iré fablar   wait con los alcalles e con la justiçia, e rogarles-he que te non quieran matar, pues non feziste por qué." "E que buen acorro° de señor!" dixo el ribaldo, "para   help quien está en tan fuerte paso commo yo estó.° E non vedes señor, que la mi   = estoy 15 vida está so el pie deste asno, en vn "harre"° solo con quel mueuan, e dezides   giddyap que iredes a los alcalles a les demandar consejo? Çertas los omes buenos e de buen coraçón, que tienen razón e derecho por sí, non deuen dudar nin tardar el bien que han de fazer; ca la tardança muchas vezes enpesçe.°" "Çertas   it hurts amigo," dixo el cauallero, "si tú verdat tienes non estará la tu vida en tan 20 pequeña cosa commo tú dizes." "Señor," dixo el ribaldo, "por la verdat e por la jura que vos prometí, verdat vos digo. E el cauallero metió mano al espada e tajó° la soga de que estaua ya colgado, ca auían ya mouido el asno. E los   he cut omes de la justiçia quando esto vieron, presieron al cauallero e tomáronlos amos a dos[38] e leuáronlos ante los alcalles, e contáronles todo el fecho en 25 commo acaesçiera. E los alcalles preguntaron al cauallero que cómmo 'fuera atreuido de° cometer atan grand locura de quebrantar las presiones° del   he had dared, laws señorío, e que non conpliese justiçia. E el cauallero escusando a sí e su conpañón dixo que qualquier que dixiese que su conpañón feziera aquel furto, quel metería las manos, e quel cuidaua vençer; ca Dios e la verdat que tenía 30 le ayudaría, e que era sin culpa de aquel furto quel ponían a su conpañón.

60. *De commo prendieron° al que auía furtado la bolsa con el oro e de commo*   they caught
   lo lleuauan a colgar
E aquel que ouo furtado la bolsa con el oro, después que sopo° que aquél   = supo

[35] *la fe...* by your trust in me
[36] *véngasevos emiente...* remember
[37] *a tuerto...* wrongly and without reason, so help me God!
[38] *tomáronlos amos...* they took them both

a quien él la bolsa acomendó era leuado a enforcar, cuidando que era
enforcado e quel non conosçería ninguno, fuése para allá do estauan judgando
los alcalles; e luego quel vio el ribaldo conosçiólo e dixo: "Señor, mandat
prender aquél que allí viene, que aquél es el que me acomendó la bolsa."
5 E mandaron lo luego prender,[39] e él traxo luego testigos a aquél de quien
auía conprado el faisán, e los alcalles por esto e por otras presunçiones° que — things
dél auían, e por otras cosas muchas de que fuera acusado, e maguer non se
podían prouar, 'pusiéronlo a tormento;° de guisa que ouo a conosçer que — they tortured him
él feziera aquel furto, e porque iuan en pos él por le prender, que lo diera
10 aquel ribaldo que gelo guardase, e el que se ascondiera fasta que oyera dezir
que le auían enforcado. "Ay falso traidor!" dixo el ribaldo, "que dó fuye el
que al huerco° deue? Çertas tú non puedes fuir de la forca, ca ésta ha de ser — gallows
el tu huerco, e a ti espera para ser tu huéspeda; e ve maldicho de Dios porque
en tan grant miedo me metiste; que bien çierto so° que nunca oiré dezir — = soy (estoy)
15 "'harre" que non tome grant espanto. E gradesco mucho a Dios porque en
ti ha de fincar la pena conplida e con derecho, e non en mí." E leuaron al
ladrón a enforcar, e el cauallero e su conpañón fuéronse por su camino,
gradesçiendo mucho a Dios la merçed que les feziera.

20 **61. De commo colgaron al que furtó la bolsa e de commo el ribaldo se fue con**
su señor el Cauallero Zifar
"Señor," dixo el ribaldo, "quien a buen árbol 'se allega,° buena sonbra le cubre. — he approaches
E por Dios fállome bien porque me a vos allegué,[40] e quiera Dios que a buen
seruiçio avn vos yo de la rebidada en otra tal, o mas graue.[41]" "Calla amigo,"
25 dixo el cauallero, "que fío por la merçed de Dios que non querrá que en tal
nos veamos; que bien te digo que más peligrosa me semejo ésta que el otro
peligro por que pasamos ante noche." "Çertas, señor," dixo el ribaldo, "non
creo que con ésta sólo escapemos." "E por qué non?" dixo el cauallero. "Yo
vos lo diré," dixo el ribaldo. "Çertas quien mucho ha de andar, mucho ha
30 de prouar, e avn nos° lo más peligroso auemos a pasar." E ellos yendo a vna — = nosotros
çibdat do auían de albergar, acaesçióles que a cabo de vna fuente fallaron
vna 'manada de çieruos,° e entrellos auía çeruatillos° pequeños. E él metió — herd of deer, fawns
mano al estoque° e lançólo contra ellos e ferió vno de los pequeños. E fue — rapier
lo alcançar e tomólo e tráxolo a cuestas, e dixo: "Ea, ea, don cauallero! ca
35 ya tenemos que comer!" "Bien me plaza," dixo el cauallero, "si mejor posada
ouiéremos e con mejores huéspedes que los de anoche. "

---

[39] order: **luego lo mandaron prender**
[40] order: **me allegué a vos**
[41] *e quiera... and God grant that I will serve you in a similar situation, or a worse one*

"Vayámosnos," dixo el ribaldo, "ca Dios nos dará consejo." E ellos yendo,
ante que llegasen a la çibdat fallaron vn 'comienço de° torre sin puertas, tan   uncompleted
alto commo vna 'asta de lança,° en que auía muy buenas camas de paja de   lance staff
otros que auían y albergado, e vna fuente muy buena ante la puerta, e muy
5   buen prado. "¡Ay amigo!" dixo el cauallero, "que grant vergüença he de entrar
por las villas de pie! ca commo estraño están me oteando[42] e faziéndome
preguntas, e yo non les puedo responder. E fincaría aquí en esta torre esta
noche, ante que pasar las verguenças de la çibdat." "Folgad," dixo el ribaldo,
"ca yo iré e traeré pan e vino de la çibdat, e con la leña° deste soto° que aquí   firewood, thicket
10 está, después que veniere aguisaré° de comer." E fízolo así, e después que   I will prepare
fue aguisado de comer dio a comer al cauallero, e el cauallero se touo por
bien pagado e por viçioso estando çerca de aquella fuente en aquel prado.
Peroque después que fueron a dormir llegaron atantos lobos a aquella torre
que non fue si non marauilla; de guisa que después que ouieron comido los
15 lobos aquella carniça° que fincara de fuera, querían entrar a la torre a comer   meat
a ellos, e non se podían defender en ninguna manera. E tanto los aquexaron
que leuaron al ribaldo la vna falda de la saya,° que teníe vntada de la sangre   tunic
del çieruo, de manera que en toda esa noche non podieron dormir nin folgar,
feriéndolos muy ' de rezio.°   strongly
20   E en esto estando arremetióse vn lobo grande al cauallero, que estaua
en derecho de la puerta, e fue lo trauar° de la espada[43] con los dientes e   to seize
sacógela de la mano e echóla fuera de la torre. "Santa María val![44]" dixo el
cauallero, "leuádome-ha el espada aquel traidor de lobo e non he con que
defenderme." "Non temades," dixo el ribaldo, "tomad este mío estoque e
25 defendet la puerta, e yo cobraré la vuestra espada." E fue al rencón° de la   corner
torre do auía cozinado, e tomó toda quanta brasa y falló, e púsolo en pajas
e con leña, e paróse a la puerta e derramólo entre los lobos. E ellos con miedo
del fuego redráronse° de la torre, e el ribaldo cobró el espada e diola al   they retreated
cauallero, e demientra que las brasas duraron del fuego, a la puerta de la torre,
30 non se llegaron y los lobos; ante se fueron yendo e apocando.° E çertas bien   becoming fewer in
sabidor era el ribaldo, ca de ninguna cosa non han los lobos tan grant miedo   number
commo del fuego. Peroque era ya çerca de la mañana, en manera que quando
fue el alua non fincó y lobo ninguno. "Por Dios," dixo el cauallero, "mejor
fuera pasar las verguenças de la çibdat que non tomar esta mala noche que
35 tomamos." "Cauallero," dixo el ribaldo, "así va ome a paraíso, ca primeramente
ha de pasar por purgatorio e por los lugares mucho ásperos ante que allá llegue.

---

[42] order: me están oteando: they are observing me
[43] Notice that espada could be either masculine or feminine.
[44] **Santa María...** *Saint Mary bless me!*

E vos ante que lleguedes a grant estado al que auedes a llegar, ante auedes
a sofrir e a pasar muchas cosas ásperas." "E amigo," dixo el cauallero, "quál
es aquel estado a que he de allegar?" "Çertas non sé," dixo el ribaldo, "mas
el coraçón me da que a grant estado auedes a llegar e grant señor auedes a
5 ser." "Amigo," dixo el cauallero, "vayámosnos en buen ora e punemos° de   let's strive
fazer bien; e Dios ordene e faga de nos lo que la su merçed fuere."

62. De commo se escusó el ribaldo del señor de la huerta° quando lo falló   garden
cogiendo los nabos° e los metía en el saco   turnips

10 Andudieron ese día tanto fasta que llegaron a vna villeta° pequeña que estaua   small village
a media legua del real de la hueste.[45] E el Cauallero Zifar, ante que entrasen
en aquella villeta vio vna huerta a° vn valle muy fermoso, e auía allí vn nabar°   in, turnip patch
muy grande e dixo el cauallero: "Ay amigo! que de grado conbría[46] esta noche
de aquellos nabos si ouiese quien me los sopiese adobar.°" "Señor," dixo el   to prepare
15 ribaldo, "yo vos los adobaré." E llegó con el cauallero a vna alberguería e dexóle
y, e fuése para aquella huerta con vn saco. E falló la puerta çerrada, e sobió
sobre las paredes e saltó dentro, e començó de arrancar° de aquellos nabos,   to pull up
e los mejores metía en el saco. E arrancándolos, entró el señor de la huerta,
e quando lo vio fuése para él e díxole: "Çertas, ladrón malo vos iredes comigo
20 preso° ante la justiçia; e darvos-han la pena que meresçedes porque entrastes   as a prisoner
por las parades a furtar los nabos." "Ay señor," dixo el ribaldo, "si vos dé Dios
buena andança, que lo non fagades, ca forçado° entré aquí. "E cómmo   by force
forçado?" dixo el señor de la huerta, "ca non veo en ti cosa por que ninguno
te deuiese fazer fuerça, si vuestra maldad non vos la fiziese fazer." "Señor,
25 dixo el ribaldo, "yo pasando por aquel camino, fizo vn viento torbilliño° atan   whirlwind
fuerte que me leuantó por fuerça de tierra e me echó en esta huerta." "Pues
quién arrancó estos nabos?" dixo el señor de la huerta. "Señor," dixo el ribaldo,
"el viento era tan rezio e tan fuerte que me soliuiaua° de tierra, e con miedo   it lifted
que me echase en algunt mal lugar, trauéme a los nabos e arrancáuanse
30 mucho." "Pues quién metió los nabos en este saco?" dixo el señor de la huerta.
"Çertas señor," dixo el ribaldo "deso me marauillo mucho." "Pues tú te
marauillas," dixo el señor de la huerta, "bien das a entender que non has
en ello culpa. Perdónote esta vegada.°" "Ay señor!" dixo el ribaldo, "e que   time
mester ha perdón al que es sin culpa? Çertas mejor faríades en me dexar estos
35 nabos por el lazerío° que leué en los arrancar, peroque contra mi voluntad,   hardship
faziéndome el grant viento." "Plázeme," dixo el señor de la huerta, "pues atan
bien te defendiste con mentiras apuestas; e toma los nabos e vete tu carrera,

---

[45] *del real...* from the army camp
[46] *que de...* happily I would eat

e guárdate de aquí adelante que non te contesca otra vegada, si non tú lo
pagarás."

Fuése el ribaldo con los nabos, muy alegre porque atan bien escapara.
E adobólos muy bien con buena çeçina° que falló a conprar, e dio a comer   jerky
5 al cauallero. E desque ouo comido contóle el ribaldo lo quel contesçiera
quando fue coger los nabos. "Çertas," dixo el cauallero, "e tu fueste de buena
ventura en así escapar, ca esta tierra es de grant justiçia; e agora veo que es
verdat lo que dixo el sabio, que a las vegadas aprouecha a ome mentir con
fermosas palabras. Pero amigo, guárdate de mentir, ca pocas vegadas açierta
10 ome en esta ventura que tú açertaste, que escapeste° por malas arterías.°"   = escapaste, cunning
"Çertas señor," dixo el ribaldo, "de aquí adelante más querría vn dinero que
ser artero, ca ya todos entienden las arterías e las encobiertas. El señor de
la huerta por su mesura me dexó, que luego me entendió que fablaua con
maestría; e non se quiera ninguno engañar en esto, ca los omes deste tienpo
15 luego que nasçen son sabidores más en mal que non en bien. E porende ya
vno a otro non puede engañar, por arterías que sepa, commoquier que a las
vegadas non quieren responder nin dar a entender que lo entienden. E esto
fazen por encobrir a su amigo o a su señor, que fabla con maestría e artería
de mal, e non por lo non entender nin porque non ouiese y respuesta qual
20 conuenía. Onde muy poco aprouecha el artería al ome pues que la entienden."

El conde Lucanor

DON JUAN MANUEL (1282-1348), NEPHEW of Alfonso X, was deeply involved in the political and dynastic struggle of his age. He wrote a great many books on different topics, but all related to the nobility: *Crónica abreviada, Libro del cavallero y del escudero, Libro de los estados, Libro infinido, Libro de la caza, Libro de las armas, Tratado de la Asunción* . Don Juan Manuel completed *El Libro de Patronio*, better known as *El Conde Lucanor*, in 1335. The fifty-one moralistic *exempla* draw from a wide variety of sources that include oriental tales, incidents and personages from Spanish history, Aesop's fables among others. Each *exemplum* follows a model: Lucanor, confronted with a problem, asks his advisor Patronio for advice about how he might solve it. Patronio then tells a story that parallels the count's dilemma. The count finds Patronio's advice wise, thus solving the difficulty. At the end of each tale, Don Juan adds a two-line rhyming couplet that sums up the problem and its solution.

Exemplo V

De lo que contesçió° a un raposo° con un cuervo que tenie un pedaço de queso en el pico° — happened, fox / beak

Otra vez fablava el conde Lucanor con Patronio, su consejero, e díxol assí:

—Patronio, un omne, que da a entender[1] que es mi amigo, me començó
5 a loar mucho, dándome a entender que avía en mí muchos complimientos° — qualities
de onrra e de poder e de muchas vondades.° E de que[2] con estas razones me — good qualities
falagó° quanto pudo, movióme un pleito,[3] que en la primera vista, según — he flattered
lo que yo puedo entender, que paresçe que es 'mi pro.° — to my favor

E contó el conde a Patronio qual era el pleito quel movía; e commo quier
10 que paresçía el pleito aprovechoso, Patronio entendió el engaño que yazía
ascondido so las palabras fremosas. E por ende dixo al conde:

—Señor conde Lucanor, sabet[4] que este omne vos quiere engañar,

---

[1] **que da...** *lets it be understood*
[2] **e de que...** *and once*
[3] **movióme un...** proposed a deal to me
[4] The **vos** here is singular, as it often is in Don Juan Manuel.

dándovos a entender que el vuestro poder e el vuestro estado es mayor 'de
quanto° es la verdat. E para que vos podades° guardar deste engaño que vos   than, = **podáis**
quiere fazer, plazerme ía que sopiesedes lo que contesçió a un cuervo con
un raposo.

5   E el conde le preguntó cómmo fuera aquello.

—Señor conde Lucanor —dixo Patronio—, el cuervo falló una vegada un
grant pedaço de queso e subió en un árbol porque pudiese comer el queso
más a su guisa e sin reçelo e sin enbargo[5] de ninguno. E en quanto el cuervo
assí estava, passó el raposo por el pie del árbol, e desque vía el queso que el
10 cuervo tenía, començó a cuidar° en qual manera lo podría levar° dél. E por   to think, to take away
ende començó a fablar con él en esta guisa:

—Don Cuervo, muy gran tiempo ha[6] que oí fablar de vos e de la vuestra
nobleza, e de la vuestra apostura.° E' commo quiera° que vos mucho busqué,   gentility, although
non fue la voluntat de Dios, nin la mi ventura, que vos pudiesse fallar fasta
15 agora, e agora que vos veo, entiendo que a° mucho más bien en vos de quanto   = **hay**
me dizían. E porque veades que non vos lo digo por lesonja,° tan bien commo   flattery
vos diré las aposturas que en vos entiendo, tan bien vos diré las cosas en que
las gentes tienen que non sodes tan apuesto. Todas las gentes tienen que la
color de las vuestras péñolas,° e de los ojos e del pico, e de los pies, e de las   feathers
20 uñas, que todo es prieto, e por que la cosa prieta non es tan apuesta commo
la de otra color, e vos sodes todo prieto, tienen las gentes que es mengua°   it is the fault
de vuestra apostura, e non entienden commo yerran en ello mucho; ca commo
quier que las vuestras péñolas son prietas, tan prieta e tan luzia° es aquella   brilliant
pretura,° que torna en india,° commo péñolas de pavón,° que es la más fremosa   blackness, indigo, pea
25 ave del mundo; e commo quier que los vuestros ojos son prietos, quanto para   cock
ojos, mucho son más fremosos que otros ojos ningunos, ca la propriedat del
ojo non es sinon° ver, e porque toda cosa prieta conorta el viso,° para los   but, sight
ojos los prietos son los mejores, e por ende son más loados los ojos de la
ganzela,° que son más prietos que de ninguna otra animalia. Otrosí, el vuestro   gazelle
30 pico e las vuestras manos e uñas son fuertes más que de ninguna ave tanmaña°   as large
commo vos. Otrosí, en l° vuestro buelo° avedes tan grant ligereza, que vos   = **el**, flight
non enbarga° el viento de ir contra él por rezio° que sea, lo que otra ave non   hinders, strong
puede fazer tan ligeramente commo vos. E bien tengo que, pues Dios todas
las cosas faze con razón, que non consintría° que, pues en todo sodes tan   he would consent
35 complido, que oviese en vos mengua de non cantar mejor que ninguna otra
ave. E pues Dios me fizo tanta merçet que vos veo,[7] e sé que ha en vos más

---

[5] **más a...** *more to his pleasure, without fear, and without bother*
[6] **muy gran...** *for a very long time*
[7] **Dios me fizo...** *God is merciful to let me see you*

bien de quanto nunca de vos oí, si yo pudiese oír de vos el vuestro canto, para siempre me ternía por de buena ventura.

E, señor conde Lucanor, 'parat mientes° que maguer° que la entençion del raposo era para engañar al cuervo, que sienpre las sus razones fueron con 5 verdat. E set° çierto que los engaños e damños° mortales siempre son los que se dizen con verdat engañosa.

E desque el cuervo vio en quantas maneras el raposo le alabava, e commo le dizía verdat en todas, creó° que asil° dizía verdat en todo lo al, e tovo que era su amigo, e non sospechó que lo fazía por levar dél el queso que tenía 10 en el pico, e por las muchas buenas razones quel avía oído, e por los falagos e ruegos quel fiziera porque cantase, avrió el pico para cantar. E desque el pico fue avierto para cantar, cayó el queso en tierra, e tomólo el raposo e fuése con él; e así fincó engañado el cuervo del raposo, creyendo que avía en sí más apostura e más complimiento de quanto era la verdat.

15 E vos, señor conde Lucanor, commo quier que Dios vos fizo assaz mercet en todo, pues beedes° que aquel omne vos quiere fazer entender que avedes mayor poder e mayor onra o más vondades de quanto vos sabedes que es la verdat, entendet que lo faze por vos engañar, e guardat vos dél e faredes commo omne de buen recabdo.°

20 Al conde plogo° mucho de lo que Patronio le dixo, e fízolo assí. E con su consejo fue él guardado° de yerro.

E porque entendió don Johan que este exiemplo° era muy bueno, fízolo escrivir en este libro, e fizo estos viessos,° en que se entiende avreviadamente° la entención de todo este exiemplo. E los viessos dizen así:
25 *QUI° TE ALABA CON LO QUE NON ES EN TI,*
SABE QUE QUIERE LEVAR LO QUE AS DE TI.

Exemplo VII
De lo que contesçió a una muger quel dizíen Doña Truhaña
30 Otra vez fablava el conde Lucanor con Patronio en esta guisa:

—Patronio, un omne me dixo una razón e amostróme° la manera commo podría seer. E bien vos digo que tantas maneras de aprovechamiento° ha en ella que, si Dios quiere que se faga assí commo me él dixo,[8] que sería mucho mi pro; ca tantas cosas son que nasçen las unas de las otras, que 'al cabo° es 35 muy grant fecho además.

E contó a Patronio la manera cómmo podría seer. Desque Patronio entendió aquellas razones, respondió al conde en esta manera:

----

[8] Word order: **él me dixo**

(marginal glosses, right column)

pay attention, although

be, dangers

= creyó, = así le

= veis

sense

it pleased

kept

tale

= versos, briefly

he who

he showed me

advantage

in the final analysis

—Señor conde Lucanor, siempre oí dezir que era buen seso° atenerse°   sense, to rely on
omne a las cosas çiertas e non a las vanas fuzas,° ca muchas vezes a los que   false hopes
se atienen a las fuzas, contésçeles lo que contesçió a doña Truana.

E el conde preguntó cómmo fuera aquello.

5   —Señor conde—dixo Patronio—, una muger fue que avíe nombre doña
Truana e era asaz° más pobre que rica; e un día iva al mercado e levava una   rather
olla de miel en la cabeça. E yendo por el camino, començó a cuidar que
vendría° aquella olla de miel e que compraría 'una partida de° huevos, e de   she would sell, a pair
aquellos huevos nazçirían° gallinas e depués, de aquellos dineros que valdrían,   would be born
10   conpraría ovejas, e assí fue comprando de las ganançias que faría, que fallóse
por más rica que ninguna de sus vezinas.

E con aquella riqueza que ella cuidava que avía, asmó° commo casaría   she thought
sus fijos e sus fijas, e commo iría aguardada° por la calle con yernos e con   escorted
nueras e commo dizían por ella commo fuera de buena ventura en llegar a
15   tan grant riqueza, seyendo tan pobre commo solía seer. E pensando en esto
començó a reír con grand plazer que avía de la su 'buena andança,° e, en   good luck
riendo, dio con la mano en su fruente° e entonçe cayól° la olla de la miel   forehead, it fell
en tierra, e quebróse. Quando vio la olla quebrada, començó a fazer muy grant
duelo, toviendo que avía perdido todo lo que cuidava que avría si la olla non
20   le quebrara. E porque puso todo su pensamiento por fuza vana, non se fizo
al cabo nada de lo que ella cuidava.

E vos, señor conde, si queredes que lo que vos dixieren e lo que vos
cuidardes sea todo cosa çierta, cred° e cuidat sienpre todas cosas tales que
sean aguisadas e non fuzas dubdosas e vanas. E si las quisierdes provar
25   guardatvos que non aventuredes,° nin pongades de lo vuestro cosa de que   you will risk
vos sintades° por fiuza° de la pro de lo que non sodes çierto.   you feel, trust

Al conde plogo de lo que Patronio le dixo, e fízolo assí e fallóse ende
bien.

E porque don Johan se pagó deste exienplo, fízolo poner en este libro
30   e fizo estos viessos:

A LAS COSAS CIERTAS VOS COMENDAT°   entrust
E LAS FUIZAS VANAS VOS DEXAT.

Exemplo XI

35   *De lo que contesçió a un deán de Sanctiago° con Don Yllán el grand maestro°*   Santiago, magician
de Toledo

Otro día fablava el conde Lucanor con Patronio, e contával su fazienda° en   business
esta guisa:

—Patronio, un omne vino a me rogar[9] quel ayudasse en un fecho que
avía mester mi ayuda, e prometióme que faría por mi todas las cosas que
fuessen mi pro e mi onra. E yo començél a ayudar quanto pude en aquel fecho.
E ante que el pleito fuesse acabado, teniendo él que ya el su pleito era librado,°   completed

5   acaesçió una cosa en que cumplía° que él la fiziesse por mí, e roguél que la   he promised
fiziesse e él púsome escusa.[10] E después acaesçió otra cosa que pudiera fazer
por mí, e púsome escusa commo a la otra; e esto me fizo en todo lo quel rogué
quel fiziesse por mí. E aquel fecho porque él me rogó, non es aún librado
nin se librara si yo non quisiere. E por la fiuza que yo he en vos e en el vuestro

10   entendimiento, ruégovos que me consejedes lo que faga en esto.

     —Señor conde–dixo Patronio–, para que vos fagades en esto lo que vos
devedes, mucho querría que sopiesedes lo que contesçió a un deán de
Sanctiago con don Yllán, el grand maestro que morava° en Toledo.   lived

     E el conde le preguntó cómmo fuera aquello.

15   —Señor conde–dixo Patronio–, en Sanctiago avía un deán que avía muy
grant talante de saber el arte de la nigromançía,° e oyó dezir que don Yllán   black magic
de Toledo sabía ende más que ninguno que fuesse en aquella sazón;° e por   time
ende vínose para Toledo para aprender de aquella sciençia. E el día que llegó
a Toledo adereçó° luego a casa de don Yllán e fallólo que estava leyendo en   he went

20   una cámara muy apartada;° e luego que legó° a él, reçibiólo muy bien e díxol   removed, = llegó
que non quería quel dixiesse ninguna cosa de lo por que venía fasta que oviese
comido. E pensó muy bien dél e fízol dar muy buenas posadas,° e todo lo   lodging
que ovo mester, e diol a entender quel plazía mucho con su venida.

     E después que ovieron comido, apartósse con él, e contól la razón porque

25   allí viniera, e rogól muy affincadamente° quel mostrasse aquella sciençia que   firmly
él avía muy grant talante de aprender. E don Yllán díxol que él era deán e
omne de grand guisa° e que podía llegar a grand estado–e los omnes que   quality
grant estado tienen, de que todo lo suyo an librado a su voluntad, olvidan
mucho aína° lo que otrie° a fecho por ellos–e él que se reçelava que, de que   quickly, other

30   él oviesse aprendido del aquello que él quería saber, que non le faría tanto
bien commo él le prometía. E el deán le prometió e le asseguró que de
qualquier vien que él oviesse, que nunca faría sinon lo que él mandasse.

     E en estas fablas estudieron° desque ovieron yantado° fasta que fue ora   = estuvieron, lunched
de çena. De que su pleito fue bien assossegado° entre ellos, dixo don Yllán   agreed upon

35   al deán que aquella sciençia non se podía aprender sinon en lugar mucho
apartado e que luego essa noche le quería amostrar do avían de estar fasta
que oviesse aprendido aquello que él quería saber. E tomól por la mano e

---

[9] order: **a rogarme**
[10] **él pusome...** *he gave me an excuse*

levól a una cámara. E en apartándose de la otra gente, llamó a una mançeba°   maid
de su casa e díxol que toviesse perdizes° para que çenassen essa noche, mas   partridges
que non las pusiessen a assar° fasta que él gelo mandasse.   to roast

     E desque esto ovo dicho, llamó al deán; e entraron entramos° por una   both
5 escalera de piedra muy bien labrada e fueron descendiendo por ella muy grand
pieça,[11] 'en guisa que° paresçía que estavan tan vaxos° que passaba el río de   in such a way, low
Tajo 'por çima dellos.° E desque fueron en cabo del escalera, fallaron una   above them
possada muy buena, e una cámara mucho apuesta que y avía, o estavan los
libros e el estudio en que avían de leer. De que se assentaron, estavan parando
10 mientes en[12] quáles libros avían de comencar. E estando ellos en esto, entraron
dos omnes por la puerta e diéronle una carta quel enviava el arçobispo, su
tío, en quel fazía saber que estava muy mal doliente° e quel enviava rogar
que sil° quería veer vivo, que se fuesse luego para él. Al deán pesó mucho   = si le
con estas nuebas:° lo uno por la dolençia de su tío, e lo al porque receló que   news
15 avía de dexar su estudio que avía comencado. Pero puso en su coraçón de
non dexar aquel estudio tan aína, e fizo sus cartas de repuesta e enviólas al
arçobispo su tío.

     E dende° a tres o quatro días llegaron otros omnes a pie que traían otras   from then
cartas al deán en quel fazían saber que el arçobispo era finado,° e que estavan   dead
20 todos los de la eglesia en su eslección° e que fiavan por la merçed de Dios   election
que eslerían° a él, e por esta razón que non se quexasse° de ir a la eglesia, ca   they would elect, he / not worry about
mejor era para él en quel esleyessen seyendo en otra parte que non estando
en la eglesia.

     E dende a cabo de siete o de ocho días, vinieron dos escuderos° muy   squires
25 bien vestidos e muy bien aparejados,° e quando llegaron a él, vesáronle° la   equipped, = le besaro
mano e mostráronle las cartas en commo le avían eslído por arçobispo. Quando
don Yllán esto oyó, fue al electo° e díxol commo gradesçía mucho a Dios   archbishop-elect
porque estas buenas nuevas le llegaran a su casa, e pues Dios tanto bien le
fiziera, quel pedía por merced que el deanadgo° que fincava vagado[13] que   deanship
30 lo diesse a un su fijo. E el electo díxol quel rogava quel quisiesse consentir
que aquel deanadgo que lo oviesse un su hermano; mas que él le faría bien
en guisa que él fuesse pagado, e quel rogava que fuesse con l para Sanctiago
e que levasse aquel su fijo. Don Yllán dixo que lo faría.

     Fuéronse para Sanctiago. Quando y llegaron, fueron muy bien recebidos
35 e mucho onradamente. E desque moraron y un tiempo, un día llegaron al
arcobispo mandaderos° del Papa con sus cartas en comol dava el obispado   messengers

---

[11] **muy gran...** *for a long while*
[12] **De que...** *when they sat down, they noted*
[13] **el deanadgo...** *the deanship that was vacant*

de Tolosa, e quel dava gracia[14] que pudiesse dar el arcobispado a qui° quisiesse. = quien

Quando don Yllán oyó esto, retrayéndol mucho affincadamente[15] lo que con
él avía passado, pidiól merçed quel diesse a su fijo; e el arcobispo le rogó que
consentiesse que lo oviesse un su tío, hermano de su padre. E don Yllán dixo
5 que bien entendíe quel fazía grand tuerto, pero que esto que lo consintía
en tal que fuesse seguro que gelo emendaría adelante. E el arzobispo le
prometió en toda guisa que lo faría assí, e rogól que fuessen con él a Tolosa
e que levasse su fijo.

E desque llegaron a Tolosa, fueron muy bien reçebidos de condes e de
10 quantos omnes buenos[16] avía en la tierra. E desque ovieron y morado fasta
dos años, llegaron los mandaderos del Papa con sus cartas en cómmo le fazía
el Papa cardenal[17] e quel fazía gracia que diesse el obispado de Tolosa a qui
quisiesse. Entonçe fue a él don Yllán e díxol que, pues tantas vezes le avía
fallescido° de lo que con él pusiera, que ya que non avía logar del poner escusa failed
15 ninguna que non diesse algunas de aquellas dignidades a su fijo. E el cardenal
rogól quel consentiese que oviesse aquel obispado un su tío, hermano de
su madre, que era omne bueno° anciano; mas que, pues él cardenal era, que very
se fuese con él para la Corte, que asaz avía en que le fazer bien. E don Yllán
quexósse ende mucho, pero consintió en lo que el cardenal quiso, e fuésse
20 con él para la Corte.

E desque y llegaron, fueron bien recebidos de los cardenales e de quantos
en la Corte eran e moraron y muy grand tiempo. E don Yllán affincando
cada día al cardenal quel fiziesse alguna gracia a su fijo, e él poníal sus escusas.

E estando assí en la Corte, finó el Papa; e todos los cardenales esleyeron
25 aquel cardenal por Papa. Estonçe fue a él don Yllán e díxol que ya non podía
poner escusa de non conplir lo quel avía prometido. El Papa le dixo que non
lo affincasse tanto, que siempre avría lugar en quel fiziesse merçed segund
fuesse razón. E don Yllán se començó a quexar mucho, retrayéndol quantas
cosas le prometiera e que nunca le avía complido ninguna, e diziéndol que
30 aquello reçelava en la primera vegadaque con él fablara, e pues aquel estado
era llegado e nol° cumplía lo quel prometiera, que ya non le fincava logar = no le
en que atendiesse del bien ninguno. Deste aquexamiento° se quexó mucho complaining
el Papa e començól a maltraer° diziéndol que si más le affincasse, quel faría to mistreat
echar en una carçel, que era 'ereje e encantador,° que bien sabía que non heretic and magician
35 avía otra vida nin otro oficio en Toledo, do él moraba, sinon bivir por aquella

---

[14] **quel dava...** *that he authorized him*
[15] **retrayéndol...** *reproaching him very firmly*
[16] **de quantos...** *many noblemen*
[17] **en cómmo...** *in which the Pope made him a Cardinal*

arte de nigromançia.

Desque don Yllán vio quanto mal le gualardonava° el Papa lo que por él avía fecho, espedióse° dél, e solamente nol quiso dar el Papa que comiese por el camino.[18] Estonçe don Yllán dixo al Papa que pues al non tenía de

5   comer,[19] que se avría de tornar a las perdizes que mandara assar aquella noche, e llamó a la muger e díxol que assasse las perdizes.

Quando esto dixo don Yllán, fallósse el Papa en Toledo, deán de Sanctiago, commo lo era quando y bino,[20] e tan grand fue la vergüença que ovo, que non sopo quel dezir. E don Yllán díxol que fuesse en buena ventura

10 e que assaz avía provado lo que tenía en él, e que ternía° por muy mal enpleado si comiesse su parte de las perdizes.[21]

E vos, señor conde Lucanor, pues veedes que tanto fazedes por aquel omne que vos demanda ayuda e non vos da ende mejores gracias, tengo que non avedes por que trabajar nin aventurarvos mucho por llegarlo a logar[22]

15 que vos de tal galardón commo el deán dio a don Yllán.

El conde tovo esto por buen consejo, e fízolo assí e fallósse ende bien.

E porque entendió don Johan que era este muy buen exiemplo, fízolo poner en este libro e fixo estos viessos que dizen assí:

AL QUE MUCHO AYUDARES E NUN TE LO CONOSÇIERE,

20 MENOS AYUDA ABRÁS DÉL, DESQUE EN GRAND ONRA SUBIERE.

Exemplo XXXII
De lo que contesció a un rey con los burladores° que fizieron el paño

25 Fablava otra vez el conde Lucanor con Patronio, su consejero, e dizíale:

—Patronio, un omne vino a mí e díxome muy grand fecho e dame a entender que sería muy grand mi pro; pero dizeme que lo non sepa omne del mundo por mucho que yo en él fíe; e tanto me encaresçe° que guarde esta poridat,° fasta que dize que si a omne del mundo digo, que toda mi

30 fazienda e aún la mi vida es en grand periglo. E porque yo sé que omne non vos podría dezir cosa[23] que vos non entendades, si se dize por vien o por algun

margin notes:
reward = se despidió
tricksters
he encourages
secret

---

[18] **nol quiso...** *the Pope refused to give him anything to eat on his journey*

[19] **pues al...** *since he didn't have anything else to eat*

[20] **fallóse el Papa...** *the Pope found that he was once in again in Toledo, once again the dean from Santiago, like he was when he got there*

[21] **que assaz...** *that he (the dean) had sufficiently proven what he was like and that he (Don Yllán) would consider it not a good use of the food if he (the dean) ate his portion of the partridges*

[22] **por lleagarlo...** *to put him in a situation*

[23] **omne non...** *no one could say anything to you*

engaño, ruégovos que me digades lo que vos paresçe en esto.

—Señor conde Lucanor —dixo Patronio—, para que vos entendades, al mío cuidar,[24] lo que vos más cumple de fazer en esto, plazerme ía que sopiésedes lo que contesçió a un rey con tres omnes burladores que vinieron
5 a él.

El conde le preguntó cómmo fuera aquello.

—Señor conde—dixo Patronio—, tres omnes burladores vinieron a un rey e dixiéronle que eran muy buenos maestros de fazer paños, e señaladamente que fazían un paño que todo omne que fuesse fijo daquel padre que todos
10 dizían,[25] que vería el paño; mas él que non fuesse fijo daquel padre que él tenía e que las gentes dizían,[26] que non podría ver el paño.

Al rey plogo desto mucho, teniendo que por aquel paño podría saber quáles omnes de su regno eran fijos de aquellos que devían seer sus padres o quáles non, e que por esta manera podría acresçentar mucho lo suyo; ca
15 los moros non heredan cosa de su padre si non son verdaderamente sus fijos. E para esto mandóles dar un palaçio en que fiziessen aquel paño.

E ellos dixiéronle que porque viesse que non le querían engañar, que les mandasse cerrar° en aquel palaçio fasta que el paño fuesse fecho. Desto   to endure
plogo mucho al rey. E desque ovieron tomado para fazer el paño mucho oro
20 e plata e seda e muy grand aver,[27] para que lo fiziessen, entraron en aquel palacio, e cerráronlos y.

E ellos pusieron sus telares° e davan a entender que todo el día texían°   looms, they wore
en l paño. E a cabo de algunos días, fue el uno dellos dezir al rey que el paño era comencado e que era la más fermosa cosa del mundo e díxol a que figuras°   symbols
25 e a que labores° lo començaban de fazer e que, si fuesse la su merçet,[28] que   work
lo fuesse ver e que non entrasse con él omne del mundo. Desto plogo al rey mucho.

E el rey, queriendo provar aquello 'ante en° otro, envió un su camarero   before
que lo viesse, pero non le aperçibió quel desengañasse.

30 E desque el camarero vio los maestros e lo que dizían, non se atrevió a dezir que non lo viera. Quando tornó al rey, dixo que viera el paño. E después envió otro, e díxol esso mismo. E desque todos los que el rey envió le dixieron que vieran el paño, fue el rey a lo veer.

E quando entró en el palaçio e vio los maestros que estavan texiendo
35 e dizían: "Esto es tal labor, e esto es tal istoria,° e esto es tal figura, e esto es   design

---

[24] **al mío cuidar...** *to my way of thinking*
[25] **que todo...** *that everyone who was a legitimate child*
[26] **que non...** *who was an illegitimate child*
[27] **e seda...** *and silk and of very great value*
[28] **si fuesse...** *it were his pleasure*

tal color," e concertavan° todos en una cosa, e ellos non texían ninguna cosa,   *they agreed*
quando el rey vio que ellos non texían e dizían de que manera era el paño,
e él, que non lo veía e que lo avían visto los otros, tóvose por muerto, ca tovo
que porque non era fijo del rey que él tenía por su padre, que por esso non
5 podía ver el paño, e receló que si dixiesse que lo non veía, que perdería el
regno. E por ende comenzó a loar mucho el paño e aprendió muy bien la
manera commo dizían aquellos maestros que el paño era fecho.

     E 'desque fue en° su casa con las gentes, començó a dezir maravillas de   *when he was in*
quanto bueno e quanto maravilloso era aquel paño, e dizía las figuras e las
10 cosas que avía en el paño, pero que él estava con muy mala sospecha.

     A cabo de dos o tres días, mandó a su alguazil° que fuesse veer aquel   *constable*
paño. E el rey contól las 'marabillas e estrañezas° que viera en aquel paño.   *wonders and marvels*
El alguazil fue allá.

     E desque entró e vio los maestros que texían e dizían las figuras e las
15 cosas que avía en el paño e oyó al rey commo lo avía visto, e que él non lo
veía, tovo que porque non era fijo daquel padre que él cuidava, que por eso
non lo veía, e tovo que si gelo sopiessen, que perdería toda su onra. E por
ende, començó a loar el paño tanto commo el rey o más.

     E desque tornó al rey e le dixo que viera el paño e que era la más noble
20 e la más apuesta cosa del mundo, tóvose el rey aún más por mal andante,
pensando que, pues el alguazil viera el paño e él non lo viera, que ya non
avía dubda que él non era fijo del rey que él cuidava. E por ende, començó
más de loar e de firmar° más la vondad e la nobleza del paño e de los maestros   *to affirm*
que tal cosa sabían fazer.

25   E otro día, envió el rey otro su privado° e conteçiól commo al rey e a   *counselor*
los otros. ¿Qué vos diré más?[29] Desta guisa, e por este reçelo, fueron engañados
el rey e quantos fueron° en su tierra, ca ninguno non osava dezir que non
veíe el paño.

     E assí passó este pleito, fasta que vino una grand fiesta. E dixieron todos
30 al rey que vistiesse aquellos paños para la fiesta.

     E los maestros traxiéronlos enbueltos en muy buenas sávanas,° e dieron   *sheets*
a entender que desbolvían° el paño e preguntaron al rey que quería que   *they unfolded*
tajassen° de aquel paño. E el rey dixo quales vestiduras quería. E ellos davan   *they cut*
a entender que tajavan e que medían el talle° que avían de aver las vestiduras,   *form*
35 e después que las coserían.

     Quando vino el día de la fiesta, vinieron los maestros al rey, con sus paños
tajados e cosidos, e fiziéronle entender quel vistían e quel allanavan° los paños.   *they arranged*
E assí lo fizieron fasta que el rey tovo que era vestido, ca él non se atrevía

---

[29] **¿Qué vos...** *a narrative device to move the story along.*

a dezir que él non veía el paño.

E desque fue vestido tan bien commo avedes oído, cavalgó para andar por la villa; mas de tanto le avino bien,[30] que era verano.

E desque las gentes lo vieron assí venir e sabían que él que non veía aquel paño que non era fijo dequel padre que cuidava, cuidava cada uno que los otros lo veían e que pues él non lo veía, que si lo dixiesse, que sería perdido e desonrado. E por esto fincó aquella poridat guardada, que non se atrevie ninguno a lo descubrir, fasta que un negro, que guardava el cavallo del rey e que non avía que pudiesse perder,[31] llegó al rey e díxol:

—Señor, a mí non me enpeçe° que me tengades por fijo de aquel padre que   it harms
yo digo, nin de otro, e por ende, dígovos que yo so çiego, o vos desnuyo ides.[32]

El rey le començó a maltraer diziendo que porque non era fijo daquel padre que él cuidava, que por esso non veía los sus paños.

Desque el negro esto dixo, otro que lo oyó dixo esso mismo, e assí lo fueron diziendo fasta que el rey e todos los otros perdieron el reçelo de conosçer la verdat e entendieron el engaño que los burladores avían fecho. E quando los fueron buscar, non los fallaron, ca se fueran con lo que avían levado del rey por el engaño que avedes oído.

E vos, señor conde Lucanor, pues aquel omne vos dize que non sepa ninguno de los en que vos fiades nada de lo que él vos dize, çierto seed que vos cuida engañar, ca bien devedes entender que non ha él razón de querer más vuestra pro, que non ha convusco° tanto debdo° commo todos los que   = con vos, obligations
conbusco biven, que an muchos debdos e bien fechos de vos, porque deven querer vuestra pro e vuestro serviçio.

El conde tovo este por buen consejo e fízolo assí e fallóse ende bien.

E veyendo don Johan que éste era buen exiemplo fízolo escrivir en este libro, e fezo estos viessos que dizen assí:

QUIEN TE CONSEJA ENCOBRIR DE TUS AMIGOS,
SABE QUE MÁS TE QUIERE ENGAÑAR QUE DOS FIGOS.[33]

---

[30] **mas de...** *but he was very fortunate*

[31] **que non...** *for he didn't have anything to lose.*

[32] **vos desnuyo ides...** *you are naked*

[33] **que dos figos...** *than two figs.* A fig signifies something of little value.

Exemplo XXXV

De lo que contesçió a un mancebo que casó con una muger muy fuerte e muy brava°　　　　　　　　　　　　　　　　　　　　　　　　　irascible

Otra vez fablava el conde Lucanor con Patronio, e díxole:

5　　—Patronio, un mío criado me dixo quel traían° cassamiento con una　　they arranged
muger muy rica e aun que es más onrada que él, e que es el casamiento muy
bueno para él, sinon por un enbargo que y ha, e el enbargo es éste: díxome
quel dixeran que aquella muger que era la más fuerte e más brava cosa del
mundo. E agora ruégovos que me consejedes si le mandaré que case con aquella
10　muger, pues sabe de quál manera es, o sil mandaré que lo non faga.

　　—Señor conde —dixo Patronio—, si él fuer tal commo fue un fijo de un
omne bueno que era moro, consejalde° que case con ella, mas si non fuera　　advise him
tal, non gelo consejedes.

　　El conde le rogó quel dixiesse cómmo fuera aquello.

15　Patronio le dixo que en una villa avía un omne bueno que avía un fijo,
el mejor mançebo que podía ser, mas non era tan rico que podiesse complir
tantos fechos e tan grandes commo el su coraçón le dava a entender que devía
complir. E por esto 'era él en grand cuidado,° ca avía la buena voluntat e non　　he was very worried
avía el poder.

20　En aquella villa misma, avía otro omne muy más onrado e más rico que
su padre, e avía una fija non más, e era muy contraria° de aquel mançebo;　　opposite
ca quanto aquel mançebo avía de buenas maneras, tanto las avía aquella fija
del omne bueno malas e revesadas[34] ; e por ende, omne del mundo non quería
casar con aquel diablo.

25　Aquel tan buen mançebo vino un dia a su padre e díxole que bien sabía
que él non era tan rico que pudiesse darle con que él pudiesse bevir a su onra,
e que, pues le convinía a fazer vida 'menguada e lazdrada° o irse daquella tierra,　　poor and suffering
que si él por bien tobiesse, quel paresçía mejor seso de catar algún casamiento
con que pudiesse aver alguna passada. E el padre le dixo quel plazía ende
30　mucho si pudiesse fallar para él casamiento quel cumpliesse.

　　Entonce le dixo el fijo que, si él quisiesse, que podría guisar que aquel
omne bueno que avía aquella fija que gela diesse para él. Quando el padre
esto oyó, fue muy maravillado, e díxol que cómmo cuidava en tal cosa: que
non avía omne que la conosçiesse que, por pobre que fuese, quisiese casar
35　con ella. El fijo le dixo quel pidía por merçed quel guisasse aquel casamiento.
E tanto lo afincó que, commo quier que el padre lo tovo por estraño, que

---

[34] **malas e revesadas...** *just the opposite*

gelo otorgó.

E él fuésse luego para aquel omne bueno, e amos° eran mucho amigos,   both
e díxol todo lo que passara con su fijo e rogól que, pues su hjo se atrevía a
casar con su fija, quel ploguiesse que gela diesse para él. Quando el omne
5   bueno esto oyó aquel su amigo, díxole:

—Por Dios, amigo, si yo tal cosa fiziesse seervos ía muy falso amigo, ca
vos avedes muy buen fijo, e ternía que fazía muy grand maldat si yo consintiesse
su mal nin su muerte; e so çierto que, si con mi fija casase, que o sería muerto
o le valdría más la muerte que la vida. E non entendades que vos digo esto
10 por non complir vuestro talante, ca si la quisierdes, a mí mucho me plaze
de la dar a vuestro fijo, o a quienquier que me la saque de casa.

El su amigo le dixo quel gradesçía mucho quanto le dizía, e que pues
su fijo quería aquel casamiento, quel rogava quel ploguiesse.

El casamiento se fizo, e levaron la novia a casa de su marido. E los moros
15 an por costumbre que adovan° de çena a los novios e pónenles la mesa e   they prepare
déxanlos en su casa fasta otro día. E fiziéronlo aquellos assí, pero estavan los
padres e las madres e parientes del novio e de la novia con grand reçelo,
cuidando que otro día fallarían el novio muerto o muy maltrecho.

Luego que ellos fincaron solos en casa, assentaronse° a la mesa, e ante   they sat down
20 que ella ubiesse° a dezir cosa, cató el novio en derredor de la mesa, e vio un   = hubiese (pudiese)
perro e díxol ya quanto bravamente:

—¡Perro, danos agua a las manos!

El perro non lo fizo. E él encomençósse a ensañar° e díxol más bravamente   to become angry
que les diesse agua a las manos. E el perro non lo fizo. E desque vio que lo
25 non fazía, levantóse muy sañudo de la mesa e metió mano a la spada e endereçó
al perro. Quando el perro lo vio venir contra sí, començó a foir,° e él en pos   to flee
él, saltando amos por la ropa e por la mesa e por el fuego, e tanto andido°   = anduvo
en pos dél fasta que lo alcançó, e cortól la cabeça e las piernas e los braços,
e fizolo todo pedaços e ensangrentó toda la casa e toda la mesa e la ropa.

30 E assí, muy sañudo e todo ensangrentado, tornóse a sentar a la mesa
e cató en derredor, e vio un gato e díxol quel diesse agua a manos; e porque
non lo fixo, díxole:

—¡Cómmo, don falso traidor!, ¿e non vistes lo que fiz al perro porque
non quiso fazer lo quel mandé yo? Prometo a Dios que, si poco nin más
35 conmigo porfías,° que esso mismo faré a ti que al perro.   you persist

El gato non lo fizo, ca tampoco es su costumbre de dar agua a manos,
commo del perro. E porque non lo fizo, levantóse e tomól por las piernas
e dio con él a la pared[35] e fizo dél más de çient pedacos, e mostrándol muy

---

[35] **dio con él...** *he threw him against the wall*

mayor saña que contra el perro.

E assí, bravo e sañudo e faziendo muy malos contenentes,° tornóse a　　faces
la mesa e cató a todas partes. La muger, quel vio esto fazer, tovo que estava
loco o fuera de seso, e non dizía nada.

5　　E desque ovo catado a cada parte, e vio un su cavallo que estava en casa,[36]
e él non avía más de aquel, e díxol muy bravamente que les diesse agua a las
manos; el cavallo non lo fizo. Desque vio que lo non fizo, díxol:

—¡Cómmo, don cavallo!, ¿cuidades que porque non he otro cavallo, que
por esso vos dexaré si non fizierdes lo que yo vos mandare? Dessa vos guardat,
10　que si, por vuestra mala ventura, non fizierdes lo que yo vos mandare, yo juro
a Dios que tan mala muerte vos de commo a los otros; e non ha cosa viva
en el mundo que non faga lo que yo mandare, que esso mismo non le faga.

El cavallo estudo quedo.° E desque vio que non fazía su mandado, fue　　quiet
a él e cortól la cabeca con la mayor saña que podía mostrar, e despedaçólo
15　todo.

Quando la muger vio que matava el cavallo non aviendo otro e que dizía
que esto faría a quiquier° que su mandado non cumpliesse, tovo que esto　　whomever
ya non se fazía por juego, e ovo tan grand miedo, que non sabía si era muerta
o biva.

20　E él assí, bravo e sañudo e ensangrentado, tornóse a la mesa, jurando
que si mil cavallos e omnes e mugeres oviesse en casa quel 'saliessen de
mandado,° que todos serían muertos. E assentósse e cató a cada parte, teniendo　　they disobeyed
la espada sangrienta en el regaço; e desque cató a una parte e otra e non vio
cosa viva, bolvió los ojos contra° su muger muy bravamente e díxol con grand　　toward
25　saña, teniendo la espada en la mano:

—Levantadvos e datme agua a las manos.

La muger, que non esperava otra cosa sinon que la despedaçaría toda,
levantóse muy apriessa e diol agua a las manos. E díxole él:

—¡A! ¡cómmo gradesco a Dios porque fiziestes lo que vos mandé, ca de
30　otra guisa, por el pesar que estos locos me fizieron, esso oviera fecho a vos
que a ellos!

Despues mandól quel diesse de comer; e ella físolo.

E cada° quel dizía alguna cosa, tan bravamente gelo dizía e 'en tal son,°　　each time, in such a
que ella ya cuidava que la cabeça era ida del polvo.[37]　　way
35　Assí passó el fecho entrellos aquella noche, que nunca ella fabló, más
fazía lo quel mandavan. Desque ovieron dormido una pieça, díxol él:

---

[36] Farm animals were often stabled in the same house as the farmer and his
family.
[37] **era ido...** *was on the floor*

—Con esta saña que ove esta noche, non pude bien dormir. Catad que
non me despierte cras° ninguno; tenedme bien adobado de comer.   tomorrow

Quando 'fue grand mañana,° los padres e las madres e parientes llegaron   was late morning
a la puerta, e porque non fablava ninguno, cuidaron que el novio estava muerto
5   o ferido.° E desque vieron por entre las puertas a la novia e non al novio,   wounded
cuidáronlo más.

Quando ella los vio a la puerta, llegó muy passo,° e con grand miedo,   quietly
e començóles a dezir:

—¡Locos, traidores!, ¿qué fazedes? ¿Cómmo osades llegar a la puerta nin
10   fablar? ¡Called, sinon todos, tan bien vos commo yo, todos somos muertos.

Quando todos esto oyeron, fueron marabillados; e desque sopieron
commo pasaron en uno, presçiaron° mucho el mançebo porque assí sopiera   they valued
fazer lo quel cumplía e castigar° tan bien su casa.   to govern

E daquel día adelante, fue aquella su muger muy bien mandada e ovieron
15   muy buena bida.

E dende a pocos días, su suegro quiso fazer assí commo fiziera su yerno,
e por aquella manera mató un gallo, e díxole su muger:

—'A la fe,° don fulán, tarde vos acordastes, ca ya non vos valdría nada   surely
si matassedes çient cavallos: que ante lo ovierades a començar, ca ya bien nos
20   conosçemos.

E vos, señor conde, si aquel vuestro criado quiere casar con tal muger,
si fuere él tal commo aquel mançebo, consejalde que case seguramente, ca
él sabrá commo passa en su casa; mas si non fuere tal que entienda lo que
deve fazer e lo quel cumple, dexadle passe su ventura. E aún consejo a vos,
25   que con todos los omnes que ovierdes a fazer que siempre les dedes a entender
en qual manera an de pasar conbusco.

El conde obo ° éste por buen consejo, e fízolo assí e fallóse dello vien.   hubo = tuvo

E porque don Johan lo tovo por buen enxiemplo, fízolo escrivir en este
libro, e fizo estos viessos que dizen assí:
30   SI AL COMIENÇO NON MUESTRAS QUI ERES,
NUNCA PODRÁS DESPUÉS QUANDO QUISIERES.

La gran conquista de Ultramar

La leyenda del caballero del Cisne

LA GRAN CONQUISTA DE ULTRAMAR, translated from French into Spanish sometime after 1300, was first printed in Salamanca in 1503. The Spanish version consists of four books and is a compilation of not only William of Tyre's history of the Crusades (written in Latin in the late XIIth C.) but also of some five poems (composed in French) that also deal with the Crusades. Those poems are *La Chanson d'Antioche*, *Les Chétifs*, *La Conquête de Jérusalem*, *Hélias o La Chanson du Chevalier au Cygne*, and *Enfances de Godefroid de Bouillon*. Also intercalated into the narration is the legendary tale concerning the youth of Charlemagne, *Berta y Mainete*.

Perhaps the most widely read portion of the work is the story of the Swan Knight that occurs in Book One. An extremely long narration of almost one hundred chapters, the purpose is to establish the lineage of Godfrey of Bouillon, one of the French heroes of the Crusades and king of Jerusalem. We include here the folkloric tale of the birth of seven boys who are miraculously turned into swans when their evil grandmother removes the golden collars that were placed on their necks soon after their birth by angels. When the boys' mother is accused of adultery, a knight is summoned to defend her. It is her oldest son, the Caballero del Cisne, who comes to her defense. The 19th C. German operatic composer, Richard Wagner used an episode of the Swan Knight's story as the basis for his opera *Lohengrin*.

CAPÍTULO XLVII

Agora dexa la estoria de fablar una pieça de todas las otras razones, por contar
del cavallero que dixieron del Cisne: cúyo fijo fue e de quál tierra vino,
e de los fechos que fizo en el imperio de Alemaña, e de cómo casó con
Beatriz, e de cómo lo llevó el Cisne a la tierra de su padre, onde lo traxiera;
5 *e de la vida que después fizo la Duqueza su muger con su fija Ida, que*
fue casada con el conde de Tolosa, de que ovo un fijo a que dixieron
Gudufre,° que fizo muchos buenos fechos en la tierra santa de Ultramar,°   Godefroy, Holy Land
ansí° como la estoria lo contará de aquí adelante.   = así

Cuenta la estoria que en una tierra que es allén° la mar, en la partida° de   on the other side of,
Asia, havía aí un rey que llamavan por su nombre Popleo, e a su muger la   area
reina, Gisanca. E avía una fija infanta, e era muy fermosa, e dezíanle° doña   they called her
Isonberta; e queríanla casar, ca era ya tiempo para ello. E la Infanta fiziérase°   had become
5   tan apuesta e tan fermosa que era maravilla; e demandávanla para casamiento
reyes e condes e nobles infançones,° e otros muchos hombres honrrados e   nobles
muy altos...

Desque la infanta Isonberta vio que no avía al° sino que la quería casar   anything else
su padre, salió sola encubiertamente° de casa de su padre, e andava por los   secretly
10   montes e por los campos. E andando assí, anduvo fasta que llegó a la ribera
de un braço° de mar, e falló allí, por aventura, un batel° que estava a la orilla,   branch, boat
atado° a un árbol. E cató° si estava en él alguno, e no vio ninguno; e llegóse   tied, she looked
a él e desatólo, e metióse en él. E cogió la cuerda a sí e dexóse ir por el mar
a su aventura, sin remos° e sin vela° e sin otro governador,° e como quien   oars, sail, person to
15   no sabía ninguna cosa de remar, ni de navío° ni de fecho de sobre mar; 'demás   steer; sailing
que° lo fazía con gran saña, por el casamiento que le querían fazer conceder   besides
por fuerça e contra su voluntad. Mas una cosa le acaesció bien a esta infanta,
ca falló en el batel vianda° que comiesse, que havían dexado los pescadores   food
cuyo era el batel.

20   E a cabo de días, yendo ella en aquella aventura sobre aquel mar, arribó°   she arrrived
a una ribera del mar, a un desierto; e salió allí del batel e atóle a un árbol,
porque cuidó° tornar a él, e començó de andar por aquel desierto por folgarse.°   she thought, to relax
E ella andando por allí 'espaciando e folgando° a su voluntad, assí acaesció   wandering and idyling
que un conde, que avía nombre Eustacio, que era señor de aquella tierra,
25   tenía aquel desierto vedado,[1] 'de guisa que° otro hombre ninguno no osava   in a way that
en él entrar a 'venar ni caçar;° e mientra que aquella infanta se asolazava°   to hunt deer nor to
por allí, andava el Conde buscando entonce venados con sus monteros° e   hunt, she enoyed her-
con sus hombres. Los canes° de la caça, que andavan delante del Conde,   self; hunters; dogs
aventaron° la donzella e fueron yendo hazia do ella estava; e desque la vieron,   they sniffed out
30   fueron contra ella ladrando muy de rezio. La Infanta, con el gran miedo que   strongly
ovo de los canes, metióse en una enzina hueca° que falló aí cerca; e los canes,   hollow
que la vieron cómo se metía allí, llegaron a la enzina e començaron a ladrar°   to bark
en derredor della. E el Conde, quando vio los canes latir° e ladrar tan de   to yelp
apriessa° e tan afincadamente,° creyó que algún venado tenían retraído° en   quickly, ardently, cor-
35   algún lugar, e fuése para allí do los oía; e quando llegó, oyó las bozes que la   nered
Infanta dava dentro en el tronco de la enzina, con el gran miedo que avía
de los canes, que la morderían de mala guisa o la comerían. El Conde, luego

---

[1] **tenía aquel...** *he prohibited entry into that desert*

que oyó bozes de muger, fue ende maravillado, ... E por aquesto començó
a creer que aquellas bozes que eran de pecado[2] que le quería engañar, e dudó
de llegarse allá.

CAPÍTULO XLVIII

*Cómo el conde Eustacio estava en gran duda si aquellas bozes que oía eran
de diablo o no.*

El Conde estando en esta duda, la donzella, con la gran afrenta° en que se   danger
veía, nombrava muchas vezes a Dios e a santa María, e tanto se les
encomendava,[3] que quando aquello oyó el Conde, entendió que era buen
cristiano. E allí sopo que no era diablo ni cosa que le quisiesse engañar aquella
que tales bozes dava e assí nombrava a Dios e a santa María. E tanto se les
encomendava, que entonce amenazó° el Conde los canes e mandó a los   he threatened
monteros que los tirassen° de allí e los atassen; e ellos fiziéronlo. E él llegóse   they take
'a essa ora° adelante, e vio la Infanta do estava metida en el tronco hueco   then
de la enzina, como muy llorosa e muy temerosa; e preguntóle qué cosa era.
Respondióle ella entonce muy humilmente que era cristiana e muger, que
acaesciera por aventura en aquel lugar. E díxole el Conde entonce que quería
saber quién era, e qué razón fuera aquella por que ella viniera allí; e aseguróla
que no se temiesse de fuerça ni de desonrra ninguna, ca él la guardaría. La
Infanta, quando oyó aquello que le dezía el Conde, agradeciógelo mucho,
e pidióle merced que lo fiziesse assí.

Entonce el conde Eustacio descendió del cavallo e llegóse a la enzina,
e tomó a la Infanta por la mano e sacóla fuera del tronco de la enzina. E
quando la tovo fuera plúgole mucho con ella, ca la vio muy fermosa e grande
e de buen donaire;° assí que se pagaría della quienquier que la viesse,[4]   gentility
comoquier que ella havía perdida de su fermosura... Mas por todo esso, de
guisa parescía ella, que bien entendió el Conde que de alto lugar era. E entonce
fuése assentar con ella, e començóla a fablar e a fazer sus preguntas por saber
della quién era; e ella puñó° e trabajó essa ora de responderle de manera,   tried
que, en quanto lo ella pudiesse, encobría° por sus palabras, que el Conde   she covered up
no supiesse la verdad de su fazienda. Mas tanto la afincó° el Conde, e en tantas   pressed
maneras, por sacar della la verdad del fecho, que no pudo ella estar que gelo
no oviesse a dezir e a descobrir; e contógelo todo en aquella manera que lo
avemos dicho. E desque gelo ovo contado, demandó essa ora el Conde por

---

[2] **de pecado...** *of the devil*
[3] **tanto se...** *she called upon them so much*
[4] **assí que...** *so that anyone who saw her would be pleased with her*

un escudero, su sobrino, en que se fiava mucho, e mandóle que la levasse
a Portemisa, que avía assí nombre; en esta ciudad estava la condessa Ginesa,
madre del Conde. E diole veinte hombres a cavallo que fuessen con él en
guarda de la donzella; e fueron, e lleváronla a la Condessa muy guardada.

5 La Condessa recibióla muy bien e honrróla mucho, e fízole dar todas las cosas
que entendió que havía menester.

E entretanto el Conde quedóse en el desierto con la otra su gente, a correr
el monte e tomar dessos venados que avía allí muchos, como aquel que lo
sabía muy bien fazer e que se pagava ende mucho. E después que acabó su
10 caça de aquella vez, fuése para aquella ciudad Portemisa, a casa de la Condessa,
su madre, allí do embiara aquella donzella. E luego, en llegando, demandó
por ella; e dixiéronle que estava con la Condessa. E él entró luego allá do
ellas estavan, e la Condessa, su madre, levantóse luego a él e recibióle muy
bien, e la donzella humillóse.° E el Conde, 'comoquier que° se omilló a su   she bowed, although
15 madre, llegóse luego a la donzella, e dixo a su madre cómo la fallara en el
desierto, e que la embiara allí a ella porque sabía que estaría con ella bien
guardada; e que quería él saber de su fazienda, e que no le pesasse, que quería
fablar con ella aparte. La Condessa tóvolo por bien e otorgógelo.° El Conde   she granted him
tomó luego la donzella por la mano e levóla, e metióse con ella en una cámara
20 e començóla a demandar° su amor muy afincadamente; e ella esquivóse°   to ask for, she avoided
mucho, en manera que conoció el Conde que no podría acabar con ella
ninguna cosa, si a pesar della no fuesse.[5] El Conde, como era muy mesurado,°   prudent
comoquier que él tenía el poder de acabar lo que quisiesse, no quiso con ella
obrar por allí, mas fuése luego para su madre, e díxole en cómo aquella
25 donzella era de alto linage° e que se pagava mucho della, e quél quería casar   lineage
con ella. Quando la Condessa, madre del Conde, esto oyó, pesóle muy de
coraçón,[6] e començóle encarecer° la razón dello e destorvarlo° quanto ella   ro ponder, to hinder it
podía, diziéndole que todo el mundo gelo ternía a mal,[7] e avrían qué dezir
dél, en casar con muger que no conocía.

30

Capítulo XLIX

Cómo el conde Eustacio casó con la infanta Isonberta.

El Conde, como ya estava muy 'agradado de° aquella donzella, e porque sabía   pleased with
35 otrosí que era de alto linaje, no quiso seguirse por aquello que la madre le

---

[5] **conoció el Conde...** *the Count found out that he could not have his way with her
if it was against her wishes.*

[6] **pesóle muy...** *it bothered her deeply*

[7] **todo el...** *everyone would consider it a bad thing*

consejava; ante se pagó de casar con ella, ca entendió que era su honrra. E
tornóse luego para la donzella e díxole que quería casar con ella, si lo ella
quisiesse fazer,[8] e que le rogava mucho que toviesse por bien, ca le faría él
tanta honrra e tanto plazer, que se ternía ella[9] por bien casada con él. E tanto
5   puñó de le dezir en esta razón, que gelo ovo ella de otorgar, entendiendo
que más su honrra era este casamiento que los que su padre le quería dar;
e demás, que según su estado a la sazón estava, entendió que le fazía Dios
mucha merced en ello. E los otorgamientos fechos de amas las partes,[10] fizieron
luego sus autos° e firmezas de casamiento, según la ley de Roma,[11] e a cabo   acts
10   de pocos días después de aquello, fizieron sus bodas acabadamente... . E en
aquella primera noche de las bodas que el Conde e la Condessa durmieron,
queda ella preñada.

15   *[In Chapter 50, the king orders Count Eustacio to report for military duty. Even*
though he is newly married, the Count cannot avoid the duty, and leaves his
wife under the care of his good friend Bandoval. When Eustacio arrives late,
the king swears that he will spend sixteen years on the war front.]

CAPÍTULO LI

20   *Cómo la infanta Isonberta parió VII fijos varones, cada uno con un collar°*   necklace
de oro al cuello.

Después que el conde Eustacio fue ido en ayuda de su señor, el rey Liconberte
el Bravo, entretanto que estava allá, llegó el tiempo que la dueña ovo de parir,°   to give birth
e parió de aquel parto siete infantes, todos varones, las más fermosas criaturas
25   que en el mundo podrían ser. E assí como cada uno nacía, venía un ángel
del cielo e ponía a cada uno un collar de oro al cuello. E el cavallero en cuyo
poder avía dexado el Conde su muger e toda su fazienda, desque esto vio,
fue muy maravillado; e pesóle mucho,[12] e fazíalo con razón, ca en esse tiempo,
toda muger que de un parto pariesse más de una criatura era acusada de
30   adulterio, e matávanla por ello. E por ende, pesava mucho al cavallero en
cuya encomienda° la dueña quedara; pero conortava él en sí por razón que   trust
él creía que los infantes nascieran con los collares de oro, e semejávale que

---

[8] **si lo...** *if she wanted to*
[9] **que se...** *for she would consider herself*
[10] order: **de las dos partes**
[11] **la ley de Roma...** *canon law of the Church of Rome*
[12] **e pesóle...** *and it worried him a great deal*

era cosa que venía de la mano de Dios, e por aventura que no devía morir, mas escapar de muerte por este miraglo.

E fizo sus cartas para el Conde su señor, e trabajó en fazerlas lo mejor notadas° que él pudo, e en cómo pariera la Condessa; e contóle en ellas todo   written
5   su fecho della e de lo que pariera, e embiólas al Conde con un su escudero. E el escudero fuése luego con ellas, e yéndose, fízose el camino[13] por aquel castillo a do estava la madre del Conde; e fue assí que ovo de la ver aí. E la madre del Conde, quando vio aquel escudero, fue muy alegre e plúgole mucho con él. E sacólo luego aparte e començóle a preguntar, e la primera pregunta
10   fue si pariera su nuera. E el escudero díxole que sí, e que pariera siete infantes, e cada uno dellos nasciera con un collar de oro al cuello; e que tales cartas e tal mandado° levava al Conde. E la condessa Ginesa, quando esto oyó, tóvolo   errand por maravilla, e pesóle mucho, porque entendió que era fecho de Dios; ca no havía plazer de ningún bien que oyesse dezir que a su nuera viniesse, e
15   assí lo dio a entender, que la no quería bien, según adelante oiredes.

CAPÍTULO LII
Cómo Bandoval, aquel cavallero en cuya guarda havía quedado la dueña, escrivió cartas a su señor el Conde, e cómo la condessa Ginesa, madre
20   *del Conde, furtó° las cartas al mensagero, e escrivió otras falsas.*   she stole

La Condessa, desque ovo fechas sus preguntas al escudero, mandó llamar a su mayordomo,° e díxole cómo curasse° muy bien de aquel escudero, e le   steward, to take care of diesse de comer e de bever quanta quisiesse. E desque el escudero ovo bien comido, mandóle dar 'a sabiendas° de muchos vinos, cada uno 'de su natura,°   knowingly, excellent
25   con voluntad de embrodarle;° e esto fazía la Condessa por amor que desque   to make him drunk fuesse beodo,° gele furtasse las cartas que levava. E el escudero, después que   drunk fue bien farto,° ... bevió tanto, que se ovo de dormir allí do estava. E la   full Condessa, desque vio que el escudero dormía, fue a él e furtóle las cartas de la barjoleta° do las traía, e leyólas; e mandó fazer otras contrarias de aquéllas   knapsack
30   para el Conde, su fijo, en que dixo que le fazía saber que su muger pariera siete podencos,° todos de un parto, e cada podenco, que naciera con un collar   hounds de oropel° al cuello. E no quiso mentarle° ninguna cosa de los collares de   brass, to mention to oro; ca ella puñava, en quanto podía, en desfazer el bien e lo que a la dueña   him su nuera aprovechara.° E desque estas cartas ovo fechas e cerradas, metiólas   had done
35   en la mesma barjoleta, assí como las el escudero ante levava.

E el escudero no sabía desto ninguna cosa, ni pensava de tal traición

---

[13] **fízose el...** *he went*

como ésta. E quando amanesció,° levantóse muy seguro, 'no se guardando°   it dawned, not think
de ningún engaño semejante, e fuése para la Condessa a despedirse della,   about
ca assí le convenía de fazer. E dixo la Condessa que se fuesse a la gracia de
Dios, e puñasse quanta pudiesse en ser aína con el Conde e levarle bien e
5   lealmente el mensaje que le era encomendado; e mandóle que a la tornada,°   return
que viniesse por aí e no fiziesse otra cosa. E el escudero díxole que le plazía
e que lo faría de buena mente. E entonce començóse de ir lo más aína quél
pudo, como quien avía gana de aver respuesta de su señor; mas desto iva él
engañado.

10   CAPÍTULO LIII

Cómo aquel mensagero dio las cartas falsas al Conde, e de la respuesta que
traxo, e de cómo se vino por aquel castillo de la madre del Conde.

Con esta embaxada° que avemos dicho, fue aquel mensagero al conde Eustacio,   errand
a una villa do estava por frontero° en aquella guerra; e aquella villa dizíanle   border fighter
15   Ancisona. E assí como llegó el escudero e lo vio el Conde, plúgole mucho
con él, ca sabía que le traía nuevas de la cosa del mundo que él más amava.
Mas tanto plazer no ovo en[14] aquella vista del escudero que° tanto pesar—e   for
aun mucho más—no recibió, desque las cartas falsas ovo leídas, ca le parecía
la más estraña cosa que en el mundo podría ser... . E apartóse entonce el
20   Conde, e mandó fazer sus cartas como él tovo por bien; e maguer que el pesar°   grief
que de la razón de las cartas tenía era muy grande, no quiso, en la respuesta
que a su muger embiava, recontar ninguna cosa de que le fuera embiado dezir
por las cartas, salvo° que embió dezir a Bandoval, el cavallero a quien él dexara   except
su muger e su fazienda encomendada, que, 'ora sapos,° ora podencos, que   whether toads
25   los fiziesse muy bien guardar fasta que él fuesse. E las cartas fechas, diolas
al escudero, que las levasse e las diesse en secreto a aquel cavallero Bandoval.

[The messenger stops at the palace and Countess Ginesa again feeds him, makes
him drunk, and exchanges the Count's letter with her own that orders the boys
and their mother killed. The squire departs the next morning unawares.]

30

                            CAPÍTULO LIIII

Cómo aquel mensagero dio las cartas falsas a Bandoval.

Aquel cavallero Bandoval, después que ovo recebidas las cartas, pensando
que eran de su señor el Conde, abriólas, e desque las ovo leído, fue muy triste

---

[14] **Mas tanto...** But he was not so happy about

e muy cuitado° por aquello que en ellas mandava que fiziesse. E pesóle muy   troubles
de coraçón, que más no podría ser, ca le parescía gran crueza° matar dueña   cruelty
tan apuesta e tan fermosa; e demás, que era muger de su señor, e su señora,
e quedando a él encomendada. E sabía él muy bien, como quien la tenía en
5 guarda, que ella era sin yerro e sin culpa[15] para passar por tal fecho, e en matar,
otrosí, a aquellos siete infantes, que eran las más fermosas criaturas que en
el mundo pudiessen ser. E por estas razones fue secretamente el cavallero
a mostrar las cartas a la dueña; e la dueña, desque oyó aquel mandado tan
cruel e tan mortal, fue por ello tan triste, que en poco estuvo que se le no
10 salió el alma.[16] E desque entró en su acuerdo,[17] començó a rogar al cavallero,
e diziéndole que por amor de Dios, que le fiziesse tanto bien, que si a morir
avían algunos de sus fijos, que matassen a ella e no a ellos; ca si pena alguna
aí avía de aver, que ella la merescía, e que ella la padeciesse,° e no las criaturas,   she suffered
que no avían pecado. Entonce dixo el cavallero:
15 —Señora, esto no era razón que yo lo hiziesse; mas atreviéndome en la
merced de mi señor el Conde, dexaré a vos a vida, e mandaré matar los
infantes.
La dueña, quando aquello oyó, fue muy triste, e obedescíale, ca en tiempo
estava que no podía al fazer.
20

Capítulo LV

Cómo aquel cavallero Bandoval tomó aquellos VII infantes e los levó al monte.
Avidas estas razones, aquel cavallero Bandoval tomó los niños e mandólos
llevar al desierto; e fue con ellos, él llorando muy rezio, porque le parescía
25 grande crueldad en matar aquellos niños; mas él no podía al fazer sino complir
el mandado de su señor. E en este fecho andava él engañado, aunque no tenía
él ninguna culpa. E desque fueron en el desierto con los niños él e los
escuderos que los levavan con él, començólos a mirar; e pensando en el fecho
que quería fazer, e cómo no se podía desviar,° dolióse mucho dellos, tanto,   to avert
30 que no podía llegar al fecho para degollarlos.[18] E catándolos° muchas vezes,   looking at them
veyéndolos tan fermosos e tan apuestos, ovo mayor lástima de los fazer matar.
Entonce consideró en sí que era mejor e mayor piedad dexarlos allí en el
desierto a su ventura e a la voluntad de Dios, que no matarlos e ensuziar°   to dirty
sus manos e su alma. E aunque la mala costumbre lo mandasse, los niños
35 no havían fecho ninguna cosa por que deviessen morir; e, sobretodo, que

---

[15] **sin yerro...** *innocent*
[16] **que en...** *that she almost died*
[17] **desque entró...** *when she came to*
[18] **que no...** *for he could not bring himself to behead them*

eran fijos de su señor, como lo sabía él muy bien que toviera a su madre en
guarda. E dexólos enstonce allí en el desierto, todos siete juntos, ca ellos no
avían poder de se partir uno de otro[19] —como aquellos que no sabían aún
andar, ni se podían levantar ni bolver a ninguna parte, ni otra cosa fazer sino
5   estar llorando queditos°—; e allí do yazían,° no se parescía a otra cosa tanto   quietly, they lay
como lechigada° de podencos, quando nascen e yazen todos en su cama   litter
embueltos unos con otros. E dexólos allí desta guisa, e encomendólos a Dios
e fuése su carrera.°   way
     E quando tornó a la villa, fuése luego derechamente° por ver a su madre   directly
10 dellos. E quando entró a ella, fallóla muy desconortada° e muy llorosa e sin   disconsolate
ningún acuerdo ni conorte, como quien estava sin esperança de jamás ver
a sus fijos, que era la cosa del mundo que más amava, como madre que los
pariera. E de quanto ella podía de tan estraño hecho comprehender, era que
le parecía secreto de Dios; pero con todo esto, desperado era ya de nunca
15 los más ver.[20]

Capítulo LVI

Cómo nuestro Señor Dios acorrió a aquellas criaturas, e les embió una cierva,°
que los crió fasta que los falló el hermitaño.   doe

20 Las criaturas estando en el desierto, como es dicho, Dios, que nunca
desampara° a ninguna cosa de las que él faze, e quiere siempre levar sus cosas
adelante, e que no quiere que los fechos suyos perescan por falsedad, embió   forsakes
allí a aquellos niños do yazían, una cierva con leche, que les diesse las tetas
e los governasse° e los criasse. E ellos yaziendo allí, vino la cierva a ellos. E
25 venía dos o tres vezes cada día, e fincava los inojos cerca dellos e dávales a   she feed
mamar, en manera que los crió assí un tiempo; e desque los tenía fartos,
'lamíalos e alimpiávalos.°

     E a cabo de días, acaescióse por aí un hermitaño, que avía nombre Gabriel;   she licked and cleane
e era hombre de santa vida, e havía en aquel desierto su hermita en que   them
30 morava. E andando en essa montaña e veniendo por allí, óvose de encontrar
con aquellas criaturas. E quando las vio maravillóse mucho, como aquel que
nunca otra tal cosa viera en aquel lugar ni aun en otro, e començóse a
santiguar° mucho, pensando que eran pecados que le querían engañar; pero
todavía ívalos catando, e llegóse más a ellos. E desque se les llegó bien cerca,   to cross himself
35 puso la mano en ellos uno a uno e entendió que eran cuerpos e cosa carnal,
e parescióle que era fecho de Dios. E entonce tomólos todos en su hábito
e començólos a levar hazia aquella su hermita do él morava. E en levándolos,

---

[19] **de se...** *to separate themselves from each other*
[20] **desperado era...** *he was despairing because he would never see them again*

comencó la cierva a ir 'empós dél,° e él maravillóse mucho; e desque vio que   after him
le seguía la cierva e no se quería partir de su rastro,° pensó que aquella cierva   trail
avía criado aquellas criaturas fasta en aquel tiempo.

    E entonce puso los niños muy quedo en el campo e arredróse° dellos   he went way
5 un poco; e la cierva, desque vio que el hermitaño avía assí dexado las criaturas
allí, e le vio arredrado dellos, fuése luego para ellos. E llegóse muy quedo,
e fincó los inojos, como solía, e dioles a mamar, assí como fazía en el tiempo
de fasta allí. E desque los ovo dado a mamar, començóles a lamer e alimpiarlos
muy bien; e desí arredróse dellos un poco. Viendo todo esto el hermitaño,
10 entonce vino a ellos, e tornólos a levar[21] en su hábito e fuése con ellos para
su hermita. La cierva, otrosí, començó a ir en pos dél, e vio todo aquello el
hermitaño; e desque ovo andado un rato, entendió que las criaturas avrían
gana de mamar. Púsolas quedo en el campo, como la otra vez, e arredróse
dellos; e llegóse la cierva luego e dioles a mamar quanto quisieron. E assí fue
15 yendo empós del hermitaño aquella cierva, governando aquellas criaturas,
fasta que el hermitaño llegó a su hermita.

    E desque fue con ellos en su posada, por amor de no espantar[22] la cierva
ni desfazerla de sí,[23] e que conosciesse la casa e se fiziesse al lugar, puso luego
las criaturas a la puerta de la hermita, de guisa que las pudiesse ver la cierva,
20 e 'tiróse dende.° E llegó luego la cierva a ellos, e fincó los inojos, assí como   he went inside
solía, e dioles a mamar; e desque los tuvo bien fartos, echóse cerca dellos e
asseguró° aí un rato. E entonce el hermitaño no se quiso llegar, por no fazer   she became calm
enojo a la cierva e por amor de la assosegar más, e porque adelante oviesse
gana de venir allí. E la cierva, por no se partir de las criaturas (porque cuidava°   she thought
25 que el hermitaño gelas pornía en algún lugar donde no las podría ella después
fallar, e lo otro, porque venía ella muy cansada del camino que avía andado),
estuvo con ellos muy gran pieça del día, fasta que le tomó gana de comer,
e entonce levantóse e salió fazia un prado que estava aí, por do corría un
arroyo,° e començó a pacer.° E desque la cierva fue arredrada de la hermita,   stream, to graze
30 vino el hermitaño e tomó las criaturas e metiólas en la hermita, e fízoles su
cama aí luego en la entrada de la hermita, porque, quando viniesse la cierva,
viesse luego a los niños, e después que los viesse a ojo, que entrasse luego
a ellos.

    E la cierva, después que ovo andado paciendo por aquel campo e se fartó,
35 como aquella que 'se membrava de° las criaturas que avía de governor, començó   she remembered
a venir muy apriessa° para aquel lugar do los havía dexado; e desque fue allá,   quickly
'paró mientes° por ellos e no los vio allí do los ella dexara. E desque los no   she looked

---

[21] **e tornólos...** *and he took them again*
[22] **por amor...** *so as not to frighten*
[23] **ni desfazerla...** *nor to drive her crazy*

falló en aquel lugar, començó a mirar a todas partes; e después que los no
vio a ninguna parte, començó a bramar° muy fieramente e buscarlos e mirar   to bellow
por ellos. E en todo esto, veníase contra la hermita. E los niños, como havía
rato que no mamaran e lo avían gana, començaron a llorar; e la cierva de
5   que los oyó, conosciólos, ca muchas otras vezes los viera llorar, e començóse
de llegar hazia allá muy passo,° e fue entrando 'a duda,° assí como aquella   slowly, cautiously
que nunca en otro tal lugar entrara, ca biviera siempre en yermo° e era brava,°   desert, wild
e por ende dudava de entrar en poblado. 'Mas empero,° por todo esso, aunque   but
ella era animalia brava, tan grande era el amor que con ellos tenía, que ovo
10 de entrar a ellos. E desque fue dentro en la hermita començó a catar a todas
partes; que no podía asegurar, e estava como espantada, como cosa que nunca
oviera entrado en casa, ni en lugar poblado sino allí. E al cabo vio los niños,
e no pudo más tardarse ni fazer otra cosa, e llegóse a ellos muy quedo, e
començóles a dar la leche e a governarlos como solia. E después que ellos
15 ovieron mamado e callado echóse ella cerca dellos, e anocheció le° allí con   night came upon her
ellos, e assossegóse ya. E otro día, el sol ya entrado,[24] salía a andar por el campo
a pacer; e desque avía 'curado de sí° de correr e de bever, venía a curar de   taken care of herself
las criaturas. E assí las fue criando fasta gran tiempo, a tanto que las criaturas
sabían ya comer de otra vianda; e ella, en todo esto, ívase arredrando dellos,
20 en manera que no acudía a ellos tantas vezes como solia, fasta que los ovo
a dexar.

Entonce el hermitaño, desque vio que la cierva havía dexado aquellos
niños, creyó que de otra vianda se podrían governor ya. Començó luego a
curar dellos muy bien, de lo que él tenía e podía aver, e salía e iva andar por
25 el desierto; e do fallava buenas yervas de que se solía governor, traíalas e cozía
dellas e dávagelas a comer. E assí fue passando su tiempo con ellos, fasta que
los moços fueron criados e sabían ya andar e comer de todas viandas.

CAPÍTULO LVII

30 *Cómo el hermitaño andava a pedir° con aquellos niños, e cómo le preguntavan*   begging
quién gelos diera, e él no lo quería dezir.

Desque estos niños començaron a andar, e entendían ya, procuravan de fazer
todavía armas; e dellos fazían sus bofordos,° que cogían dessos árboles que   short lances
havía aí en el desierto, e los otros fazían sus espadas. E començavan todo el
35 día a andar por el desierto e pelear unos con otros, e movían unos juegos
tales, que parecían de guerra. E en quanto tiempo les esto assí duró, el
hermitaño trabajó de curar dellos muy bien: lo uno, porque los quería muy
bien....

---

[24] **el sol...** *when the sun was already up*

E desque vio que eran ya para andar, por amor de ganar algo con ellos,
dexó el uno en casa e tomó los seis; e salió e levólos consigo, que anduviessen
con él por aquellos lugares por do solía él andar, e pedía con ellos. E dexando
el uno dellos que era el mayor de cuerpo e más entendido,° anduvo con los   understanding
5   otros seis por la tierra. E ansí andando con ellos, a cabo de tiempo ovo de
acaescer a venir en aquel castillo que dizían Castielforte, do estava la condessa
Ginesa, madre de aquel conde Eustacio, padre destos VII niños. E andando
por la villa, la gente del castillo, que conoscían al hermitaño (que avía allí
venido otras vezes, e nunca con él vieron otro andar, sino él solo),
10   maravillávanse adónde oviera aquellos niños que veían tan apuestos e tan
fermosos. E començávanle a preguntar muy afincadamente quién gelos avía
dado o cúyos fijos eran; e el hermitaño nunca lo quiso dezir a hombre ninguno.
E desque la gente entendió que a ellos no lo quería dezir, pensaron que
ninguno no lo podría saber dél sino la Condessa, e tomaron los más dellos
15   e fuéronlo dezir a la Condessa de cómo aquel hermitaño, que solía andar
por aquella tierra solo, andavan agora con él seis moços,° que eran las más   boys
fermosas criaturas que nunca hombre viera, e que traía cada uno dellos un
collar de oro al cuello. E fue la Condessa muy maravillada desto, e pensó
que aquellos moços podrían ser sus nietos, por quien ella mandara fazer las
20   cartas falsas, para que los matassen.

[In Chapter 58, Countess Ginesa sends for the hermit, who tells her all about
the boys. She realizes that her grandsons were not killed. When the Countess
begs him to bring them to her palace so she can raise them, the hermit acquiesces,
but only takes six to her. The oldest boy is left at the hermit's cabin. Once the
25   boys are in the palace she has two of her henchmen remove their golden collar,
to be made into a goblet for her, and kill them. No sooner have the collars been
removed than the boys become swans and fly off. A silversmith is called to melt
the collars into a drinking goblet for the Countess. One collar, however, is sufficient
for the goblet and the jeweler saves the remaining five.]

30   ## CAPÍTULO LIX
Cómo los niños, después que fueron cisnes, volaron e se fueron para un lago
que estava cerca del hermitaño do se avían criado.

Cuenta la istoria adelante, después que ha contado de las cosas que en esta
razón acaescieran de la copa que fue fecha del collar, según avedes oído. Cuenta
35   agora de los moços, después que fueron fechos cisnes, cómo volaron para
un lago e passaron aí su tiempo, como agora oiredes. Aquellos cisnes, después
que de la cámara de la Condessa fueron salidos, como es dicho, ¹dieron consigo
en° aquel lago muy grande e muy fundo,° que era a la orilla de aquel desierto   they went deep
do ellos fueran criados con el hermitaño quando eran niños. E andando en

aquel lago governándose del pescado que aí fallavan—aunque 'tomavan gran enojo,° ca no fueran ellos criados a tal vianda—, estando ellos assí allí, acaesció ⟨they got very angry⟩ quel hermitaño ovo a salir a andar por la tierra, como solía, a ganar por los pueblos para pedir su limosna,° de que biviesse en su hermita. E aquella vez ⟨alms⟩
5 levava consigo a aquel otro moço, hermano de aquellos cisnes, que avía quedado en casa que guardasse la hermita, quando dio los otros a la Condessa. E a la tornada, quando se venía para la hermita, óvoseles de fazer el camino por la ribera de aquel lago do estavan aquellos cisnes; e a la hora que 'emparejaron con° el lago e passavan cerca dél por un sendero,° como los ⟨they came even with, ⟩
10 vieron los cisnes, conosciéronlos luego, e començaron todos a salir del lago ⟨path⟩ muy apriessa e irse para ellos. E el hermitaño e el moço, assí como los vieron de aquella forma e venir a ellos, fueron muy maravillados. Mas el moço, con el plazer grande que avía de los ver, fuése assentar cerca dellos; e los cisnes, otrosí, con el plazer que avían del hermitaño, que conoscían, fuéronse a sobir, 15 dellos° en el regaço e dellos° en los ombros, e començaron muy fuertemente ⟨some, others⟩ a 'ferir de las alas° e a fazer muy grandes alegrías. E el moço, otrosí, desque ⟨to beat their wings⟩ vio aquellas alegrías e que tan seguramente 'se allegavan° a él, metió mano ⟨they came up to⟩ a una talega° en que traía pan e carne que les avían dado por Dios en aquellos ⟨money pouch⟩ lugares por do andavan, e començóles dar de comer. E los cisnes sabían comer 20 de todas las viandas que les el moço dava,[25] ca a tales como aquéllas fueran ellos criados. E desque les ovo dado assaz, dixo el hermitaño que se fuessen, ca tiempo era de 'se acoger para° su hermita. E el hermitaño—como que lo ⟨to take shelter in⟩ no mostrava al moço—maravillávase mucho de aquellos cisnes, que assí venían a ellos tan seguros; e demás, que nunca en ningún tiempo tales aves viera 25 en aquel lugar ni en aquella tierra. E pensava entre sí qué podría ser aquello de aquellos cisnes; mas nunca en ello pudo caer. Empero después lo supo, e él los mostró al conde Eustacio, su padre, según adelante oiredes. E por amor de aquellos cisnes, cada vez que salía para ir alguna parte, nunca por otro camino quería ir sino por allí, por amor de verlos e de los dar de comer. 30 E cada vez que por aí passava, los cisnes salían luego a ellos a rescebirlos fuera del lago; e el moço assentávase luego cerca dellos, e dávales a comer, e curava bien dellos de aquello que traía. E assí los governaron un tiempo, fasta que vino de la hueste el conde Eustacio, su padre, con voluntad del Rey, su señor; ca mucho avía caído en su saña,[26] como havéis oído. E desque llegó a su tierra, 35 supo las nuevas e supo la verdad por la virtud de Dios, que lo mostró, según lo contará la estoria adelante.

---

[25] Word order: que el moço les dava
[26] **ca mucho...** for he was very angry with him

[*In Chapter 60, Count Eustacio returns from his sixteen-year absence. When he sees Isonberta, he is happy and then asks about the seven hounds that were born. She explains that they were boys, not dogs, and that she thinks they are dead because of his letter. The Count then asks Bandoval about the letters, which he shows the count. He soon discovers that his mother has had a hand in this and goes directly to her. When she realizes that she cannot lie to him, she tells the truth.*

In Chapter 61, the Countess tries to extricate herself from the matter by telling him that she changed the letters to save his honor. She believes that the law must be followed and that Isonberta must be accused of adultery. In addition, the Countess will provide a knight to fight the defender of her daughter-in-law.]

CAPÍTULO LXII

Cómo el conde Eustacio se tornó para Portemisa, e de cómo era juzgada su muger que la matassen si no diesse cavallero que la defendiesse.

Ordenado era de la voluntad de Dios todo este fecho. E luego otro día de gran mañana cavalgó el conde Eustacio e tornóse para la cibdad de Portemisa, e contó todo este fecho a Isonberta, su muger, assí como lo avedes oído, e díxole assí: que no se podía salvar de aquella acusación sino de aquella manera que oístes ya. E ella, quando aquello oyó, fue muy cuitada, no porque ella se sentía por culpada de aquel fecho, mas porque no podía aver quien tomasse su boz para lidiar por ella.

[*Letters are sent asking for a defender for Isonberta, but none appear. She then prays that God send her a deliverer.*]

CAPÍTULO LXIII

Cómo nuestro Señor acorrió a la condesa Isonberta.

La condesa Isonberta estando en este peligro, nuestro Señor quiso guardar el fecho e lo que en ella avía començado, e levarlo adelante. Embió Él su ángel al hermitaño Gabriel, a la primera hora de la noche, que le dixiesse cómo el primer domingo que venía avian de quemar a su madre de aquel moço que estava con él, e que supiesse que el moço era fijo del conde Eustacio e de la condesa Isonberta, e que por aquel acusación del adulterio, porque la Condesa pariera a este moço con los otros seis quél criara, que por esso querían en ella fazer justicia; mas que embiasse este moço que hiziesse armas con el cavallero que la condesa Ginesa, madre del Conde, dava por reptador,° e que supiesse que vencería aqueste moço, e assí salvaría a su madre de aquel peligro en que estava. E el moço, después que al cavallero oviesse vencido, que fuesse luego para el Conde e le besasse las manos e los pies, e quel' dixiesse

° challenger

dixesse cómo era su fijo, e que nasciera con los otros seis, sus hermanos, por que la condesa Ysonberta era acusada de aquel adulterio. E sobre esto avisó mucho el ángel al hermitaño que no tardasse de embiar a aquel moço, mas que le embiasse luego antes que amanesciesse; e el moço que no fiziesse sino irse quanto más pudiesse, ca supiesse que Dios era con él.

E quando el ángel esto ovo dicho al hermitaño, no se detovo poco ni mucho de lo dezir al moço, assí como el ángel lo dixiera a él. E desque el moço oyó este mensage quel hermitaño le dixo, fue muy alegre por ello, e no se detuvo de se ir quanto él pudo, e el hermitaño con él para guiarle, en manera que quando llegaron a la cibdad de Portemisa era ya noche tarde, e posaron debaxo de un portal de una iglesia. E quando vino fazia la mañana, paresció le el ángel al moço; e el moço, quando lo vio, ovo muy gran miedo. E el ángel le dixo:

—Amigo de Dios, no temas. Sepas que Dios es contigo e te ha prometido gracia que seas defensor de las biudas° e por las huérfanas,° e por las que fueran acusadas a tuerto o deseredadas° de lo suyo sin derecho.

widows, orphan girls
disinherited women

Quando esto oyó el moço, ovo muy gran alegría en su coraçón, e esforçóse e dixo al ángel:

—Señor, ¿quién sois vos, que esto me dezides, o cómo avéis nombre? Respondióle el ángel e díxole:

—¿Qué quieres tú saber de mi nombre?, ca maravilloso es; mas cree firmamente que esta gracia te ha Dios otorgado, e mañana salvarás a tu madre, e éste será el comienço de gracia que te ha otorgado Jesucristo.

E desque esto le ovo dicho, desaparescióle, e el moço quedó muy conortado... .

[In the remainder of the chapter, the boy goes to mass and when he comes out of the church he sees his mother being led away to be burned. He understands the angel's words, goes to the Count, and volunteers to save Isonberta. The Count, not knowing that the boy is his son, doesn't think much of the proposal of such a young boy. Bondoval convinces the Count to accept the offer.]

CAPÍTULO LXIIII

Cómo el moço, su fijo del Conde, entró en campo con el lidiador de la condesa Ginesa, e lo mató.

Desque fue muy bien armado el moço, fue muy esforçadamente e metióse en el campo con el cavallero reptador que avía de lidiar por la condesa Ginesa; e en estando ellos assí, mandó luego el Conde poner fieles° que guardassen el campo e la raya.° Entonce aguisó° el moço contra el cavallero, e teníanlo todos por gran maravilla porque aquel moço tan pequeño se atrevía contra aquel cavallero tan grande e tan valiente; e fuéronse a ferir uno a otro, e

loyal men
boundary, he spurred

diéronse muy grandes golpes en los escudos, en manera que las rachas° dellos   *din*
saltaron muy altas. E quando vio el cavallero que el moço no le podía bolver
en la silla, poco ni mucho, a ninguna parte, por su golpe grande que le dio,
e que tan firme lo fallava en su cavalgar,° entendió que quanto él sabía, todo   *riding*
5   le era menester. Entonces se arredraron el uno del otro, e tornaron de
comienço otrosí el uno para el otro, e fuéronse ferir, e diéronse grandes golpes,
veyéndolo el Conde e toda la gente que estava al derredor. Mas el moço tovo
la lança tan fuerte e empuxóla° tanto adelante, que le falsó el perpunte[27] e   *he pushed it*
la loriga, ca lo ferió en descubierto del escudo e entróle por el cuerpo; assí
10   que le echó la lança a la otra parte por las espaldas bien un codo[28] e dio con
él en tierra. Entonce descendió priado° e metió mano a la espada, e llegó   *quickly*
a él e cortóle la cabeça con su yelmo.° E desque esto ovo fecho, miró a los   *helmet*
fieles e preguntóles si avía allí más que fazer; e los fieles dixieron que bastava
lo que fecho avía. E allí juzgaron luego a la condesa Isonberta e diéronla por
15   quita.° Entonces el moço sobió en su cavallo e fuésse para el Conde; e desque   *free*
fue acerca dél, descendió del cavallo e fincó los inojos ante el conde Eustacio,
e abaxóse e besóle las manos e los pies, e díxole:

    —Señor Conde, yo so vuestro fijo de aquella dueña de quien vos queriedes
fazer esta justicia; e conmigo nascieron otros seis infantes, mis hermanos,
20   e son vuestros fijos, por cuya razón fue acusada de adulterio, de que ella se
salvó oy por la merced de Dios.

    E diziendo esto el moço, llegó el hermitaño e començó de abraçarlo e
besarle los ojos e la cara, e llorar de gran alegría que avía con él. E desque
esto vio e oyó el Conde, fue dello muy alegre a gran maravilla, e llamó a todos
25   sus privados e a todos sus cavalleros que eran en su corte e contóles todo aquel
fecho como avía passado por él, según que ya oístes; e fablaron todos de 'tan
maño° milagro como Dios avía mostrado sobre ello.   *so great*

    El Conde embió luego por la Condesa su muger; e desque llegó, díxole
assí:
30   —Condesa, mucho devéis gradescer a Dios el bien e la merced que vos
oy fizo en vos salvar de tan gran peligro como estávades; e demás, que quiso
que fuesse este fecho por vuestro fijo mesmo. E vedes aquí este moço que
vos salvó; este mesmo es vuestro fijo, e no devedes dudar en ello poco ni
mucho, ca trae ende señales ciertas[29]. E quando otra señal no traxiesse sino
35   el collar de oro que trae al cuello, por aquello lo devemos creer.

    Quando esto oyó la condesa Isonberta, ¿quién vos podría dezir la gran

---

[27] the **perpunte** is the quilted under-waistcoat worn under the **loriga**, the coat
of mail
[28] **codo** is a cubit, a linear measurement the length of a forearm, about 17-21
inches.
[29] **ca trae...** *for he brings sure signs of it*

alegría que ovo? E fue luego al moço corriendo e començóle a besar en la
boca e en la cara e en los ojos, e en las manos e en los pies; e fazía tan gran
alegría, que semejava loca. E començaron entonce a fazer todos la mayor alegría
que podría ser.

5   *[In Chapter 65, Count Eustacio asks his son about the other six boys. He says*
he doesn't know, but that the hermit does know. The hermit then tells the Count
about leaving them with his mother. The three go to the Countess who denies
that she knows the hermit and anything about the boys.

     In Chapter 66, the Count summons the hermit to speak in front of the Coun-
10   *tess. She then confesses everything. When Eustacio demands the collars, she tells*
him about the goblet. He calls the silversmith who produces the five collars. The
boy then tells him about the swans at the lake. The hermit confirms the report.
The Count orders his mother to be walled up in a room with no food and water
to die.]

15

Capítulo LXVII

Cómo el Conde fue con los collares donde estavan los cisnes, e levó consigo
a Gabriel el hermitaño, e a su fijo.

20   Aquel conde Eustacio, fecha aquella justicia, cavalgó e levó consigo aquel
hermitaño Gabriel e a su fijo; e otrosí, levó consigo sus cavalleros. E levaron
consigo sus açores,° falcones,° e sus canes para andar a caçar, pues que ivan   hawks, falcons
a las montañas; otrosí fizo levar sabuesos° e alanos° e monteros para correr   hounds, mastiffs
monte e para andar a su plazer muy vicioso. E anduvo assí fasta que llegaron
25   a aquel lago quel' dixiera el hermitaño. en que estavan los cisnes; e en
llegándose a la orilla de aquel lago, vieron a ojo los cisnes. E luego el Conde,
quando los vio, preguntó a su fijo si eran aquéllos los cisnes que él dixiera;
e él dixo que sí. E entonce preguntó al hermitaño que cómo farían. E él díxole:
     —Señor Conde, si vos toviéssedes por bien, que descendiéssedes vos e
30   el moço, e yo con vosotros, e que nos fuéssemos llegando más al lago. E el
Conde tóvolo por bien e descendió; e tomó su fijo delante de sí, e el hermitaño
con él, e fuéronse llegando contra el lago. E assí como el Conde se iva más
llegando a la ribera deste lago, ansí los cisnes ivan saliendo más a la orilla
dél, e el Conde e las otras compañas mirando los cisnes cómo fazían, fasta
35   que salieron por el campo fuera del lago, yendo contra° el hermitaño e contra   up to
el moço, e otrosí contra el Conde, por rescebirlos. E quando fueron arredrados
del agua quanto podría ser quatro passadas,° fuéronse para el Conde; e   paces
abaxaron las cabeças cada uno dellos, e llegaron a él e besáronle las manos
con los picos.° E desí fuéronse para el moço, su hermano, e para el hermitaño,   beaks
40   e fizieron con ellos muy gran alegría, como fazían las otras vezes quando por
allí passavan, e los veían e salían a ellos; e començáronles a sobir en los ombro

e a ferir muy fuertamente de las alas, e a fazer muy gran alegría.

El Conde, quando estas señales vio, entendió muy bien que aquéllos eran sus fijos, e ovo ende muy gran plazer. E demandó el Conde luego allí por los collares; e diérongelos muy aína. El Conde, desque los tovo, assentóse
5 en tierra; e los cisnes, desque lo vieron assí assentado, fuéronse para él, e llegáronse más e besáronle las manos. E assí como ivan llegando por besarle las manos, assí les ponía él su collar de oro a cada uno al cuello, e luego se tornava moço. E acaesció una gran maravilla entonce: que ninguno de aquellos cinco cisnes que se tornaron moços, como ante eran, ninguno dellos no quiso
10 recebir otro collar sino aquel que fuera suyo, antes que gelos quitassen. E assí les puso el Conde los cinco collares a los cinco cisnes, e tornáronse moços de la edad del otro moço, su hermano; e cumplía cada uno diez e seis años, e tanto avía morado su padre, el Conde, en la frontera, como ya oístes.

15 CAPÍTULO LVIII
Cómo se tornaron los cinco cisnes niños con los collares, e cómo el otro quedó cisne.

Tornados aquellos cisnes en moços, e cobrados el Conde sus fijos, salvo uno, que fincava cisne por razón del collar que le fallesciera (de que el platero fiziera
20 la copa), començó a dar grandes gritos, e 'tirarse de° sus péñolas° e messarse   to pull out, feathers
todo; e tan grandes eran las bozes e los gritos que dava, que todo el lago
reteñie,° que no avía hombre que cerca del lago estuviesse, que lo no atronasse°   it reosunded, it stun-
e le no fiziesse doler la cabeça. Pero desque vio que se ivan sus hermanos,   ned
començóse a ir con ellos; e quando esto vio el Conde, plúgole mucho. E mandó
25 fazer sobre una azémila° una cama muy buena; e descendió él mesmo, e tomó   pack mule
el cisne muy passo e púsolo en la azémila sobre aquella cama. Quando esto
vio el cisne, començó a ferir de las alas como en manera de alegría; e el Conde
mandó al hermitaño que subiesse en el azémila con él. E desta guisa cobró
el conde Eustacio todos sus siete fijos. E fuésse luego con ellos para Portemisa,
30 e mostrólos luego a la condessa Isonberta, su madre dellos. E quando los ella
vio, tan grande fue el alegría, que por poco no saliera de su seso; mas desque
vio el cisne, e le contaron por quál razón fincara cisne, ovo ende tamaño pesar,
que 'cayó amortescida.° E quando acordó, contóle Conde cómo los fallara   she fainted
en aquel lago que le mostrara el hermitaño Gabriel. E díxole, otrosí, todo
35 lo que le contesciera con la condessa Ginesa, su madre, e cómo avía fecho
en ella aquella justicia que oístes; e contóle todas las otras cosas que le
acaescieran e por que passara por amor de cobrar sus fijos. E quando esto
oyó la condessa Isonberta, mandó llamar al hermitaño Gabriel. E desque
le vio, fue por besarle los pies; e él alçóla e besóle las manos. E desí despidióse
40 della e del Conde, e bendixo° a sus criados uno a uno, e tornóse para su   he blessed
hermita.

Entonces començaron a venir a essa ciudad todos los ricos hombres e
todos los otros cavalleros de su tierra, tan bien vassallos como otros de fuera
de su tierra, a ver aquellos moços e aquella maravilla, e aquel miraglo que
sonava que Dios fiziera en ellos. E allí fazía él con todos ellos muy grandes
5   alegrías a maravilla; e allí dio luego el Conde a cada uno de sus fijos tierras
que toviessen, e cavalleros que los serviessen e los guardassen. E estos moços
salieron todos muy buenos cavalleros de armas; e conquirió el Conde, su
padre, con ellos muy gran tierra de moros, e acrescentó mucho en su condado.

Mas, comoquier que todos los otros eran buenos e muy esforçados en
10 fecho de armas, el moço que lidió por salvar a su madre fue el mejor dellos,
e era el mayor dellos de cuerpo e el más apuesto, e el que nació primero; ca
su madre los mandara señalar quáles eran los mayores, e quál el menor de
todos. E este cisne, desque vio su madre, fuéle besar las manos con su pico,
e començó a ferir de las alas, e fazer gran alegría e subirle en el regaço, e nunca
15 todo el día se quería partir della; e era tan bien acostumbrado, que nunca
comía sino quando ella.[30] E nunca se quitava de los hombres, e todo el día
quería estar con ellos; e no le menguava° otra cosa para ser hombre sino la   lacked
palabra e el cuerpo, que no avía de hombre, ca bien tenía entendimiento.
E aquel moço que lidió por su madre, ovo esta gracia de nuestro Señor Dios
20 sobre todas las otras gracias que él le fiziera: que fuesse vencedor de todos
los pleitos° e de todos los reptos° que se fiziessen contra dueña que fuesse   disputes, challenges
forçada de lo suyo, o reptada como no devía; e aquel su hermano que quedó
hecho cisne, que fuesse guiador de le levar a aquellos lugares do tales reptos
o tales fuerças se fazían a las dueñas, en cualquier tierra que acaesciesse. E
25 por esso ovo nombre el Cavallero del Cisne, e assi le llamavan por todas las
tierras do iva a lidiar, e no le dizían otro nombre sino el Cavallero del Cisne,
pero que ovo otro nombre quando lo bautizaron, ca le mandara su madre
poner Pompleo, ca ovo assí nombre su abuelo, padre de su madre. Mas porque
le diera Dios esta gracia, e le diera a aquel cisne, su hermano, por guardador
30 e por guiador, nunca quiso que le llámassen sino el Cavallero del Cisne.

E quando este cisne lo levava, ivan en un batel pequeño, e levávanlo en
esta guisa: tomavan aquel batel e levávanlo a la mar, que era muy cerca de
aquella tierra do havía el condado su padre; e desque era en la mar, atavan
al batel una cadena de plata muy bien fecha, e demás desto, ponían al cisne
35 un collar de oropel al cuello, e tomava el cavallero su escudo e su 'fierro de
lança° e su espada, e un 'cuerno de marfil° a su cuello. E desta guisa le levava   lance head, ivory hor[n]
el cisne por la costera de la mar, fasta que llegavan a qualquier de aquellos
ríos que corriesse por aquellas tierras do él oviesse a lidiar.

---

[30] Add *comía* to complete the sentence.

[The Swan Knight goes to Germany and fights with a duke in Saxony. When the Swan Knight wins, the Emperor marries him to his daughter, Beatriz, who must promise never to ask who he is or where is from. They have a daughter, Ida, who later becomes the mother of Godfrey of Bouillon, hero of the First Crusade(late 11th C.) and Ruler of Jerusalem.]

5

El libro de los gatos

EL LIBRO DE LOS GATOS represents one of the earliest Spanish texts that criticizes the evils of society. The anonymous author directs his moralizations to clergy and laity alike in a collection of sixty-five fables. The direct source for the majority of the *exempla* is *Fabluae* or *Narrationes* by the thirteenth-century English cleric Odo of Cheriton. The Spanish author in turn translated stories from Odo's Latin and also added some from other sources. Critics consider *El libro de los gatos* to be a work from the fifteenth century, principally because the manuscript that we have dates from that century.

Aquí comiença el libro de los gatos e cuenta luego un enxienplo° de lo   moral tale
     que acaesçió entre el galápago° e el águila   turtle

El galápago seyendo en los lugares del mar fondos,[1] rrogó al águila que lo
sobiesse al alto, ca deseava ver los campos e las montañas; e el águila otorgó°   granted

5   quanto° el galápago demandava, e subiólo° muy alto e díxole: ¿Vees agora   whatever, took him u
lo que cobdiciaste° ver, montes e valles?   you wanted

     E dixo el galápago : 'Págome que lo° veo, mas querría estar en mi forado°   I am pleased with, ho
en la arçilla.°   clay

     E rrespondió el águila: Cunple aver visto lo que cobdiçiaste.[2]

10   E dexólo caer en manera que fue todo quebrantado.° E el galápago se   shattered
entiende en algunos ombres que son pobres lazadros° en este mundo, o por   suffering
aventura que han asaz° según su estado, 'mas non se tienen por° contentos   enough, the don't co
con ello, e desean sobir en lo alto, e bolan° en alto en el aire, e rruegan al   sider themselves; =
diablo que los suba en alto en qualquier manera; ansí que por derecho o por   **vuelan**

15   tuerto° o con grandes falssedades, por fechizos° o por traiçiones, o por otras   rightly or wrongly,
artes malas, algunas veçes fáçelos sobir el diablo[3] e súbelos muy alto; e después   magic
quando ellos entienden que su estado es muy peligrosso, cobdiçian estar en
el estado de antes donde pidieron. Estonçe° el diablo déxalos caer en la muerte,   then
e después caen en el infierno do todos son quebrantados si se non arrepienten[4]

20   de antes de la muerte; ansí que suben por escalera de pecados e caen en

---

[1] order: **los lugares hondos del mar**
[2] **Cunple ver...** *You have seen what you wanted to see.*
[3] **fá çelos...** *the devil makes them climb up*
[4] Word order: **no se arrepienten**

mal logar mal de su grado.[5]

Enxiemplo de los mures[6]   mice

Un mur que vivía en una casa preguntó a otro mur que vivía en los canpos
5   que qué era lo que comía.

El rrespondió: —Con duras favas° e secos granos de trigo e de ordio.°   fava beans, barley

E dixo el mur de casa: —Amigo ¡muchas son tus vianda° duras! ¡Maravilla   food
es commo non eres muerto de fanbre[7] !

E preguntó el de fuera al de casa: —Pues tú ¿qué comes?

10   Rrespondió el de casa: —Dígote que como buenas viandas, e buenos
bocados° e bien gordos, 'a vegadas° pan blanco; por ende rruégote que vengas   morsels, sometimes
a mi posada, e comerás muy bien comigo.

El mur de fuera plúgole° mucho e fuése con él para su casa; e fallaron   it pleased him
que stavan los ombres comiendo, e los que comían a la messa echavan migas°   crumbs
15   de pan e otros bocados fuera de la messa.

El mur de casa dixo al estraño: —Sal del forado, e verás quantos bienes
caen° aquellos ombres de la messa—. Estonçe salió el mur estraño del forado   drop
e tomó un bocado; e él tomando el bocado, fue el gato 'en pos del° mur, que   behind
mala bes uyó[8] entrar el mur en el forado.

20   E dixo el mur de la posada: —¿Viste? ¿Viste que buenos bocados? Muchas
vegadas los como tales, e rruégote que finques° aquí comigo° algunos   stay
días.Rrespondió el estraño: —Buenos son bocados, mas dime si as cada día
tal conpaña.°   company

E dixo el mur de la posada: —¿Quál?

25   E dixo el estraño: Un gato. Me afogara, onde tan gran fue el miedo que
ove que se me cayó el bocado de la boca e óvelo a dexar.

Estonçe dixo el de la posada: -Aquel gato que vees, aquel mató a mi padre
e a mí mismo muchas vezes he estado a peligro de muerte, que mala ves soy
escapado[9] de sus uñas.

30   E dixo el estraño: —Çiertamente non quería que todo el mundo fuese
mío si siempre oviese de bevir en tal peligro. Fíncate con tus bocados, ca mas
quiero vivir en paz con pan e agua que non[10] aver todas las riquezas del mundo
con tal conpaña commo as.

Ansi es de muchos benefiçiados° en este mundo de iglesia, que son   curates

---

[5] **mal de...** *much to their displeasure*
[6] This is the fable of the Town Mouse and the Country Mouse
[7] **eres muerto...** *estás muerto de hambre*
[8] **que mala...** *for he was barely able*
[9] **que mala...** *I have barely escaped*
[10] An instance of the pleonastic **non**, that is, it is not translated.

usureros o que façen simonía[11] que con tamaño peligros comen los bocados
mal ganados, que sobre cada bocado está el gato, que se entiende por el diablo
que asecha° las ánimas; e más les valdría comer pan de ordio con buena   lies in ambush for
conçiençia, que non aver todas las riquezas deste mundo con tal conpaña.
5   Otrosí esto mesmo se entiende a los rreyes o a los señores o a los çibdadanos
onrrados,° cada uno en su estado que quieren tomar por fuerça algo de sus   honorable citizens
vezinos,° o de sus vasallos,° o de amigos, o de enemigos en qualquier guisa   neighbors, vassals
que lo puedan tomar a los ombres a tuerto o a sinrreçón° o faz otros pecados   without reason
mortales. Estos tales sienpre está el diablo cabellos° para los afogar comoquier   near them
10   que algunos sufre Nuestro Señor algunos días[12] cuydando que 'se emendarán;°   they will correct them
mas 'al cabo,° si non se emiendan, viene el diablo e mátalos e liévalos al   selves; in the end
infierno, onde más se les valdría en este mundo ser pobres e lazrados que
non después sofrir las penas para sienpre.

15   *Enxienplo de lo que acaesçió entre la gulpeja°[13] e el lobo*   vixen
Acaesçió 'una vegada° que la gulpeja entró en una ferrada,° e apesó° la ferrada,   once, wooden pail, s[...]
e cayó en el poço.° E estava en el poço que non podría salir dende,° e vino   weighed; well, from
a ella el lobo e preguntóle que qué façía.   there
     E ella le rrespondió: —Conpadre, bien sto aquí que fallo unos pescados
20   muy grandes de comer, e si aquí quisieredes entrar comigo, averedes muy
buena parte dellos.
     Rrespondió el lobo: —Comadre ¿cómo podré yo desçender allá?
     Dixo la gulpeja: —'Allá suso° está otra ferrada. Ponte dentro en ella e   up there
desçindirás° luego acá.   you will come down
25   En aquel poço avía dos poçales:° quando el uno sobía, el otro desçendía.   pails
El lobo entró en la ferrada que estava ençima. Commo era pessado,° desçendió   heavy
luego la ferrada a fondón del poço, e la gulpeja subióse suso; e quando se
encontraron en medio del poço, dixo:
     —¿'Do is,° comadre?   where are you going?
30   Rrespondió ella: —Asaz he comido e súbome suso, mas tu descende e
verás maravillas.
     El 'malandante del° lobo desçendió al poço e non falló otra cosa sinon°   unlucky, except
agua. E quando vino la mañana, vinieron los del aldea e fallaron el lobo en
el poço; e sacáronlo e diéronlo 'tantos de palos° que lo dexaron por muerto.   such a beating
35   La gulpeja significa el diablo que diçe al ombre: "Desciende acá a mí

---

[11] Usurers lend money at high interest. Simony, named after Simon the
Magician who wanted to buy from St. Peter the gift of being able to confer the Holy
Spirit, is the sin of selling spiritual things for money.
[12] **algunos sufre...** *some for whom our Lord suffers a few days*
[13] In the animal fable tradition, the vixen (she fox) is a clever trickster.

en el pecado. Fallarás riquezas e muchos bienes." E los locos créenlo e fazen
los pecados que le pone el diablo en el coraçón; e desque los han fechos, nin
fallen bien en ellos de que se puedan aprovechar. Ansí que vienen los enemigos
e sacan al pecador del poço. Atorméntanlo.

5

Enxienplo de la gulpeja con el gato

La gulpeja una vegada iva por un camino. Encontró al gato e díxole: —Amigo
¿quántas maestrías° sabes?

10   E rrespondió el gato:—Non sé 'sino una.°   but one trick
    E dixo la gulpeja: —¿Quál?
    Dixo el gato: —Quando los canes me van por alcançar,° súbome en los   to catch dogs
árboles altos.
    —E dixo el gato a la gulpeja: E tú ¿quántas sabes?
15   Dixo la gulpeja: —Diez e siete, e aun tengo un saco lleno. E si quisieres,
ven comigo e mostrarte he todas mis maestrías que° los canes non te puedan   = para que
tomar.
    E al gato plúgole mucho e otorgógelo, e 'fuéronse amos en uno.° Ellos   they went off together
que se fueron oyeron los ladridos de los perros e de los caçadores.°   hunters
20   E dixo el gato: —Amigo, oyo los perros e he gran miedo que nos alcançen.
    E dixo la gulpeja: —Non quieras aver miedo, ca yo te amostraré muy bien
commo puedes escapar dellos.
    E ellos fablando, ívanse acercando los canes e los caçadores.
    —¡Ciertamente—dixo el gato—non quiero ir más contigo! Mas quiero usar
25 de mi arte.
    Estonçe el gato saltó en un árbol, e los canes que vieron estar el gato
en el árbol dexáronle e fueron en pos de la gulpeja, e siguiéronla tanto fasta
que la alcançaron. E el un perro por las piernas, e el otro por el espinaço,°   spine
el otro por la cabeça, començáronla de despedaçar.°   to tear apart
30   Estonçe començó dar bozes el gato que estaba en el alto:
    —Gulpeja abre tu saco de todas tus maestrías, ca non te valdrán nada.
    Por el gato se entiende los simples e los buenos que non saben usar sinon
de verdad e de servir a Dios e façer obras para sobir al çielo. E por la gulpeja
se entiende bozeros° e los abogados o por otros ombres de mala verdad que   debaters
35 saben façer diez e siete engaños e más un saco lleno. E después viene la muerte
que lieva a todos, tan bien a justos commo a pecadores. El ombre justo salta
en el árbol que se entiende por los çielos. E los engañosos e los males son
tomados de los diablos e llevados a los infiernos. Estonçe puede deçir el justo:
"Gulpeja, gulpeja, abre el costal. Con todos tus engaños non te podrían
40 'guaresçer de° los diablos."   to ward off
    Dize Jhesu Christo en el Euvangelio:° "'Que se ensalça° será humillado,   gospel, he who exalts
e quien se humilla será ensalçado. Qualquier que en este mundo quesiere   himself

ser onrrado con sobervia o con pecado, en aquel otro mundo será abaxado;
e aquellos que en este mundo se quisieren humillar por su amor, serán en
el otro mundo ensalçados en la gloria del paraísso."

5   *Enxienplo del mur que cayó en la cuba* °   pail

*1.° El mur una vegada cayó en una cuba de vino. El gato pasava por y e oyó el mur
do façía grand rroído en el vino e non podía salir.*

E dixo el gato: —¿Por qué gritas tanto?

Rrespondió el mur: —Porque non puedo salir.

10   E dixo el gato: —¿Qué me darás si te saco?

Dixo el mur: —Darte he quanto tú me demandares.

E dixo el gato: —Si te yo saco, quiero que des esto: que vengas a mí quantas
vegadas te llamare.

E dixo el mur: —Esto vos prometo que faré.

15   E dixo el gato: —Quiero que me jures.

E el mur prometiógelo. El gato sacó el mur del vino e dexólo ir para su
forado; e un día el gato avía grand fanbre e fue al forado del mur e díxole
que viniese.

E dixo el mur: —¡Non lo faré si Dios quisiere!

20   E dixo el gato: —¿Non lo juraste tú a mí que saldrías quando te llamasse?

E rrespondió el mur: —Ermano, beodo era quando lo dixe.

Ansí conteçe a muchos en este mundo. Quando son dolientes e son en
prisión e an algún reçelo[14] de muerte, estonçes ordenan sus façiendas° e ponen   affairs
sus coraçones de emendar los tuertos que tienen a Dios fechos[15] e prometen

25   de ayunar e dar limosna° e de guardarse de pecados en otras cosas semejantes
a estas. Mas quando Dios los libra de peligros en que están, non han cuydado
de° conplir el voto que prometen a Dios.

Antes dizen: "En peligro era e non estava bien en mi seso.°" O: "Tan   mind
bien me sacara Dios de aquel peligro aunque non prometiera nada."[16]

30

2.° Ansí cuenta de una pulga° que tomó° un abbad° en su pescueço.°   flea, found, abbot, n

Començó deçir: —¡Agora te tengo! Muchas vegadas me mordiste e me
despertaste, mas nunca escaparás de mi mano antes te quiero luego matar.

E dixo la pulga: —Padre santo, pues tu voluntad es de matar, ponme en

35   tu palma por que pueda mejor confessar mis pecados, e desque fuere

---

[14] **e an...** *and they are a little afraid*

[15] **que tienen...** *that they have made to God*

[16] **Tan bien...** *God would also get me out of that danger even if I had not made him
any promise.*

confessada, poderme as matar.[17]

El abbad movióle piedad. Puso la pulga en la mano. E la pulga, desque
se vio en la palma, dio un grand salto e fuése. E el abbad començóla de llamar,
mas nunca la pulga se quiso tornar.° Ansí es de muchos en este mundo que   to return
5 quando son escapados, non pagan nada.

---

[17] **e desque...** *and since I will have made my confession, you can kill me.*

El libro de los exenplos por A.B.C.

CLEMENTE SÁNCHEZ DE VERCIAL, Archdeacon of Valderas, compiled his collection of short stories in the fifteenth century. *El libro de los exenplos por A.B.C.*, with almost five-hundred tales, is the longest collection of its kind in medieval Spanish. They are arranged in alphabetical order according to beginnings of the Latin maxims. The Archdeacon of Valderas was well acquainted with a wide variety of stories, for he includes stories that also appear in earlier collections such as *Disciplina clericalis*, *Calila e Digna*, *El libro de los engaños*, *Barlaam e Josafat*, among others. As with all medieval brief narrative, the themes run the gamut from pious to titillating. It appears that the author wrote his book not only for the instruction of various listeners but also for pleasure reading. Each tale closes with a moralization that provides insights into the faith and idiosyncrasies of persons of the fifteenth century.

ADULATORES MINIME EST CREDENDUM[1]

> *Non creas lisonjero° engañoso,*   flatterer
> *si non fallarte has perdedoso[2]*

Dízese por manera de fablilla° del cuervo° e de la rrapossa° que, levando   story, crow, fox
5   el cuervo un queso fresco en la boca para comer, púsose encima de un
árbor.° E la rraposa lisonjera, passando por allí, ovo grand cobdicia° del   = árbol, had a great (sire)
queso e dixo assí al cuervo:

—O, ave muy fermosa sobre todas las aves, paréscesme más blanca
que el çisne° e más fermosa que el pavón,° e si el tu canto me aplaziese,°   swan, peacock, pleas(ed)
10   tú seríes sobre todas las aves. E he entendido que has la boz muy clara e
que fazes fermosas melodías mucho mejores que los que 'tañen
estormentos.° E, ¿por qué non me muestras el tu canto tan dulçe e la   they play instrument(s)
concordança° del oír tan suave, el qual copdicio grandes tienpos ha de   harmony
oír[3]?

15   El cuervo aviendo plazer de las palabras lisonjeras, non entendiendo
el engaño del coraçón, apretado° un poco el rrostro, por que non se le   wrinkled

---

[1] "Flatters must not be believed at all"
[2] **si non...** *if you don't want to find out that you have lost*
[3] **el qual...** *which I have wanted to hear for a long time*

cayesse el queso, començó a cantar a media boz.

E dixo la rraposa: —Por cierto verdat es lo que oí de tu canto dulçe, e si con toda la boz cantasses, que sería muy más fermoso tu canto que de rruiseñor.° — nightingale

5 Estonçe° el cuervo creyó ser verdat la mentira que le dezía e abrió la — = entonces
boca para cantar e cayósele el queso en tierra e tomólo luego la rraposa e comiólo e començó a 'escarnesçer del° cuervo. E ansí non es de creer a — to make fun of
los lisonjeros, porque quieren sacar algo de aquellos que lisonjan, e des-
que lo han avido,[4] es carnesçen dellos. E 'estos atales° prometen cosas — such as these
10 para traer a la muerte.

DIABOLUS POTEST ECIAM EXCOMUNICARI[5]
El diablo, porque es malo,
15 del ombre puede ser excomulgado.° — excommunicated

Es un diablo que llaman incubo° que tienta° a los ombres e a las — evil spirit, tempts
mugieres de luxuria,° e al ombre faze parescer que duerme con mugier — to lust
verdaderamente, e a la mugier con ombre. E acaesció a una mugier que
este diablo tanto la atormentava de ardor° de luxuria que por gran dolor — desire
20 quería morir e non podía fallar rremedio. E un santo ombre fue en aquel
lugar en manera de mensajero.

E el diablo dixo a la mugier:—¡Guárdate° que non digas cosa alguna — beware!
a este ombre! 'En otra manera° yo que sienpre te amé mucho sería tu — if not
enemigo, e él non te podría ayudar, e yo tomaría de ti gran vengança.[6]

25 E la mugier 'non curó de° sus palabras e fuése para el santo ombre e — did not consider
demandóle rremedio contra aquel tormento del diablo que padescía. E
diole él su brachio° que traía e mandóle que lo posiesse açerca de sí en el — staff
lecho e el diablo que feziesse lo peor que podiesse. E ella en la noche
fízolo assí, e el diablo luego vino e non pudo ir a la obra[7] que solía, antes
30 estava a lueñe e[8] le dezía muchas amenazas que después que se fuese el
santo ombre él se vengaría della e le faría muchos males. E ella rrecontó-
lo al santo ombre el qual fizo ayuntar° a todo el pueblo e con candelas — to assemble
ençendidas e muertas° en el agua, lo qual nunca fue visto,[9] excomulgó al — extinguished
diablo e púsole entredicho° delante todo el pueblo que non llegasse a — prohibition
35 aquella mugier, e así fue fecho que después nunca a ella tornó.

---

[4] **e desque...** *and after they have done it*
[5] "The Devil Can Also Be Excommunicated"
[6] **e yo...** *and I would take great vengeance on you*
[7] **e non...** *and he couldn't do*
[8] **antes estava...** *before he went away*
[9] **nunca fue...** *never had been seen*

DONANS OMNIA ANTE MORTEM CUM CLAVA PERCUCIATUR IN FRONTEM[10]

Quien da todo lo suyo ante de su muerte
meresçe que le den con un maço[11] en la fruente.°   mace, forehead

5　Un ombre que avía nonbre Johan Ganaņa muy rrico e 'non tenía más
de° dos fijas e casólas con dos cavalleros nobles de la cibdat° donde era   he had only, city
natural.° E desque las levaron a sus casas, el padre dellas tanto amava a   native
los yernos que poco a poco les dio todo el oro e la plata e los otros bie-
nes. E 'de mientra° duró el dinero e el dar,° los yernos éranle muy corte-   = **mientras**, giving
10　ses e muy agradescidos e le fazían muchas honrras. E vino 'a tiempo que,°   the time
dados todos los bienes a las fijas e a los yernos, Johan Gananç̧a quedó
pobre e los que primeramente le eran agradescidos después non curavan°   they thought
dél e assí fueron desagradescidos.° El buen ombre era sabio e discreto, e   ungrateful
queriendo acorrer° a su pobreza, fue a un mercader, su amigo antiguo, e   to help
15　rrogóle que le prestasse diez mil libras° fasta° tres días, e diógelas e llevól-   pounds, for
as a su casa e un día de gran fiesta convidó° a los yernos e a las fijas, e   he invited
toda aquella moneda que tenía en una arca nueva con tres çerraduras,° e   locks
çerrada su puerta, sacóla toda e púsola en tapetes° en su cámara por que   rugs
las fijas por algunas aberturas de la puerta lo podiessen ver. Esto fecho
20　tornó toda su moneda al mercader. Otro día los yernos e las fijas
preguntaron al padre quánta moneda era aquélla que tenía en su cámara
en el arca de tres cerraduras. E él fingió con engaño° que eran veinte e   he pretended
çinco mil libras que tenía 'en guarda° para fazer su testamento e dexarlas   in reserve
a las fijas e a sus yernos si bien se oviessen con él e con sus fijas.[12] E ellos
25　desque esto oyeron, fueron muy alegres e desde allí feziéronle muchas
honrras en vestir e en comer e en todas las otras cosas se trabajaron de lo
servir[13] en toda su vida. E veniendo al tiempo de la muerte llamó a las
fijas e a los yernos e díxoles:

—Yo non entiendo° fazer otro testamento salvo lo que dexé en el   I plan
30　arca çerrado con tres llaves para vos e çient libras para los frailes
predicadores[14] e otras cient libras para los menores,[15] e desque yo fuere
enterrado,[16] demandares las llaves del arca a los dichos frailes que tienen

---

[10] "He who gives away everything before his death should be pierced with a nail in his forehead."
　　[11] Notice the inconsistency in gender of this word. It is masculine here and at the end of the selection it is feminine.
　　[12] **si bien...** *if they treated him and his daughters well*
　　[13] order: **de servirlo**
　　[14] **los frailes prediadores** are the Dominicans
　　[15] **los menores** are the Franciscans
　　[16] **e desque...** *and after I am buried*

en guarda. E estando allí en la cama, demandó a los yernos que le diess-
en çierta quantía° de dineros lo qual ellos fezieron luego de buena   then
voluntad esperando lo que avían de heredar del que esperavan en breve.
E dende° ovo de morir e feziéronle muy solepnes obsequias e onrras,[17] e   then
5   acabados° los siete días, demandaron las llaves a los frailes e diérongelas e   at the end of
abrieron el arca donde creían que estava el dinero en guarda, e non
fallaron ende cosa alguna salvo una maça muy grande e en 'el astil e
mango° della stava escripto:° "Yo Johan Gananςa fago este testamento   the handle and shaft, =
que qualquier que menosprecia° a sí por dar lo suyo a otro commo fizo   escrito; disdains
10 Juan Gananςa, que en la fruente le den con esta maça."

JUDICIA DEI JUSTA ET ABISSUS MULTA[18]

Los juizios de Dios, justos e ascondidos,°
15 *por ombres del mundo non pueden ser sabidos.*   secret

Un santo ombre, padre viejo, rrogó a Dios que le mostrasse de sus jui-
zios° al qual un día aparesçió el ángel en figura de hermitaño viejo e
díxole: judgments
—Vamos visitar estos padres que están en el yermo e rrescibamos la
20 bendición dellos.

E yéndose venieron a una cueva e llamaron, e salió a ellos un viejo
de santa vida e rrescebiólos con alegría. E desque ovieron fecho oraçión[19]
lavóles los pies e púsoles mesa e dioles de comer, e rreposaron ende aquella noche. E de mañana enbiólos° con buena voluntad.

25 El ángel ascondidamente° tomó el escodilla° en que comía e levósel-   he sent them away
a, e veyéndolo el monje entre sí dixo: "¿Por qué feziera a este santo   secretly, plate
ombre esto, el qual nos rrescebió con gozo? ¡Le furtó la escodilla!"

E yéndose, enbió a su fijo en pos dellos que le diessen la escodilla. El
ángel le dixo:
30 —Delante de nos va a quien la di; ven e tomarla has.

E yendo con ellos el ángel desde una altura derribólo[20] e morió. E
veyendo esto el monje, fue muy triste e ovo temor e pensó: "¿Qué cosa
era ésta? ¿E non abastava° que furtó el escodilla, e agora mató al fijo?"   it was enough

E dende a dos días venieron a una çelda° donde estava un hermita-   cell
35 ño viejo con dos discípulos, e quando llamaron a la puerta, enbió el un
discípulo a dezir:

---

[17] **muy solepnes...** *very solemn funeral rites*
[18] "The judgments of God are very just and hidden"
[19] **e desque...** *and after thay had prayed*
[20] **E yendo...** *And the boy going with them, the angel threw him off a high point*

—¿Quién sodes, o que demandades?

E dixieron:—Venimos de trabajar e querríamos aver bendición.

E enbióles dezir que non convenía.

E dixieron: —Pues rresçebitnos[21] esta noche que posemos aquí.

5   E mandóles que se fuessen que non podía ser, deziendo:

—¿Por qué andades vagabundos?

E ellos començaron a suplicarle deziendo: —Ya es noche. Rescibitnos por que non nos coman aquí animalias.

E 'a duro° los rescebió. E rrogáronles diesse un poco de lunbre,° e   grudgingly, light
10   non ge lo dio; e dende a poco rrogáronle que les diesse un poco de agua. Estonçe uno de los discípulos dioles un poco de pan e una poca de agua ascondidamente, e rrogóles que non lo sopiesse el abbat. E en la mañana dixo el ángel:

—Rruega al abbat que diga misa, ca le queremos ofresçer.

15   E luego el abbat vino presto, e el ángel ofrecióle la escodilla que avía furtado. E veyendo esto el monje que iva con él, con gran saña[22] díxole:

—Amigo, vete, que yo non quiero más ir contigo. Furtaste la escodilla al santo ombre e matástele el fijo, e a este 'malduto e male,° que non   cursed and evil man
teme a Dios nin ha piedat de los ombres, diste la escodilla.

20   E díxole el ángel: —Tú bien sabes que rrogaste a Dios que te mostrasse sus juizios, e yo soy enbiado a te los mostrar.[23] Sabe que la escodilla que yo tomé al santo ombre non era bien ganada.[24] E maté yo a su fijo porque la noche seguiente° avía de matar a su padre. E di la escodilla que   = siguinlete
era mal ganada a este malo para añadir a su dapnaçion.°   damnation

25   Lo qual dicho, el ángel desaparesçió, e estonçe conoció el monje que los juizios de Dios eran justos e verdaderos, aunque algunos paresçe son contra justiçia.

30   *MARIA ECIAM INFIDELIBUS ADJUVAT ET SECURRIT*[25]
     La Virgen María ayuda a los cristianos
     e aún a los infieles e paganos.

En la çibdat de Berri el año del Señor de quinientos e veinte años acaesçió que el día de Pascua,° comulgando los cristianos, un moço judío fue   Easter
35   'que enbuelta de° los moços cristianos, llegó al altar e tomó el Cuerpo de   concealed among
Dios e tornóse para su casa, preguntándole su padre donde venía.

---

[21] Here the subject **vos** is singular

[22] **con gran...** *with great anger*

[23] order: **mostrártelos**

[24] **non era...** *was not obtained rightfully*

[25] "Mary also helps and succors unbelievers"

El dixo que fuera a la iglesia con los moços de las escuelas e que comulgara con ellos. El padre con gran saña arrebatólo° e lançólo° en el forno° ardiendo que estava allí. E luego la imajen de la Virgen que avía visto sobre el altar le aparesció allí e lo libró del fuego.

snatched him, threw him; furnace

5 E a las bozes de la madre del moço ayuntáronse muchos judíos e vieron el moço sin lisión° e sin dampno° e sacáronlo dende e preguntáronle cómmo escapara. E díxoles que una dueña muy honrrada que estava sobre el altar le librara e quitara todo el fuego.

injury, hurt

Estonçe los cristianos, entendiendo que era la imajen de la Virgen
10 María, tomaron al padre del moço e lançaronlo en el forno, el qual fue luego quemado.

Esopete ystoriado

WHILE ÆSOPIC FABLES CIRCULATED in Spain as early as the twelfth century, there was no Castilian version of the collected stories until the late fifteenth century, when the printing press was introduced into Spain (in Valencia in 1480). It is not known if there was a real person named Æsop. According to the *Life of Aesop*, a "biography" of the storyteller written in Greek, Æsop was a unattractive slave who lived in the early sixth century B.C. This *Life* along with a collection of fables from many different sources first appeared in Greek in the early fourteenth century. By the mid fifteenth century the *Life* and fables were translated into Latin, and soon thereafter into Castilian. Curiously enough the Castilian version is based on a German translation of the Latin.

The Spanish version of *Life of Æsop* appeared in 1489 in Zaragosa. "Ystoriado" means that pictures, in this case woodcuts, formed an integral part of the text. The collection, divided into eight parts or "books," includes over 160 fables that come not only from Æsop but from several other sources as well.

Del perro & del pedaço de la carne

A las vezes pierde el cubdicioso° lo que tiene en su poder queriendo to-   covetous one
mar 'lo ageno,° de lo qual se dize tal fábula: another's

     El perro teniendo vn pedaço de carne passaua por vn rrío en el qual
5   vio la sombra de la carne que él leuaua. Et[1] paresciéndole aquélla mayor
que la que él tenía, abrió la boca para tomar la sombra que parescía en el
agua. Et assí se le cayó el pedaço de la boca & leuógelo el rrío & quedó
sin lo vno et lo otro, perdiendo lo que tenía pensando de alcançar lo
otro que le parescía mayor, lo qual non pudo aver.
10   Esta fábula significa que non deve ombre, cudiciando lo ageno et
dubdoso, dexar lo suyo que es cierto, avnque lo que cubdicia le paresca
más. E assí segund el prouerbio común: Quien todo lo quiere, todo lo
perde.°   = pierde

---

[1] Note the variations: *et, e, &*.

Del cueruo & de la raposa

Los que dessean & han gozo° en ser alauados° por palabras arrepiéntense   enjoy, praised
dello como se veen engañados, de lo qual se pone tal figura:°   fable

Un cueruo, tomando de vna ventana vn queso, leuólo encima de vn
5   árbol, lo qual como viesse el rraposo, desseando el queso, con palabras
engañosas començóla de alauar et dezir en esta manera:

—¡O aue muy fermosa! Non ay en todas las volatilias° quien sea se-   flying animals
mejante a ti, assí en rresplandor° de color como en disposición et forma   brilliance
muy dispuesta.° Si tú uviesses boz clara, non avría en las aves quien te   elegant
10   leuasse auentaja nin primor.²

E ella, gozándose de la vana alauança° & queriendo complazer° al   praise, to please
rraposo & mostrarle su boz, comença cantar. Et abriendo la boca, cayósele el queso que tenía en ella. E non era bien en el suelo³ quando el rraposo lo tenía ya & cubdicioso del queso en su presencia lo comió luego.
15   Entonçes el cueruo gemió engañado de la vana alauança con grand pesar
que avía, el qual non le aprouechaua.°   it profited

Amonesta° esta fábula que ninguno deve oír nin creer las palabras   warns
engañosas & de vana alauança, ca la vana & falsa gloria causa et trae verdadero enojo & dolor.

20

De la golondrina° & de las otras aves   swallow

Quien non oye buen consejo arrepentirse ha dello, de que fabla esta figura:

Como las aves todas vieron arar° & sembrarse el lino,° non uvieron   to plow, to sow, hemp
25   por nada esto.⁴ E la golondrina entendiendo esto, llamadas las otras aves,
rrelatóles como esto era vn grand mal para ellas. Después, viendo como
nascía & crescía la semiente,° díxoles: seed

—Como 'de cabo° esto se faze & cresce en nuestro grand prejuizio &   nearby
detrimento, venid & quitémoslo, ca como cresciere, farán 'rredes & la-
30   zos° dende & los ombres nos tomarán 'por artificios° que farán de lino.   nets and ropes, with / things

Menospreciando° el consejo della todas, non curaron de prouecher
en ello.⁵ La golondrina, viendo como non querían las aves tomar nin vsar
del buen consejo, 'passóse para° los ombres para que pudiesse viuir so° su   went to, under
'amparo & defensión° en sus casas & las otras que non curaron del buen   care and defense
35   consejo siempre con cuidado viuiessen cayendo en los lazos et rredes.

Esto se dirige contra aquellos que quieren rregirse° por sus proprias   to be guided

---

² **quien te...** *who would have the advantage over you in beauty.*
³ **non era...** *it was hardly on the ground*
⁴ **non uvieron...** *they thought nothing of it*
⁵ **non curaron...** *they didn't think about taking advantage of it.*

opiniones & non quieren tomar el buen consejo de otro. El que esto
dexa de fazer toma mal consejo et quando menos se cata,[6] por rrazón cae
en rredes & lazos.

De la muger & del marido muerto

Aquella muger es casta, segund pienso, la qual non es vencida del impor-
tuno° & solícito amador, segund prueua esta fábula: persistent

Una muger moriendo su marido[7] fuése a vna granja° donde su mari-   tomb
do estaua enterrado para que passasse ende sus días del luto et tristeza.
Estando ende ella, cometió vn ombre crimen & maleficio, por el qual
fue por la justicia enforcado° & fue puesto en guarda vn cauallero por-   hanged
que non lo quitassen sus parientes dende. El qual 'fatigado de sed° se   very thirsty
llegó en aquella granja, donde rrogó que le diessen vna poca de agua, la
qual fallando ende rreparó° su necessidad de sed. E porque el cauallero   she took care of
vio aquella muger ende tornó otra vegada para la granja por ver que mu-
ger fuesse. Dende conosciéndola, comiença la consolar & aver conuersa-
ción con ella & dende continuando la amistad tornó a ella por más vezes
en tanto grado que vn día mientra que fue él para la granja furtáronle el
enforcado. El cauallero como° tornasse non falló el justiciado° & assi   when, criminal
fuyendo viene a los pies de la muger & con grand cuidado començósele a
quexar. La qual le dize:

—Pésame de tu mal, mas non sé que faga por ello.

Respóndele el cauallero:

—Ruégote que me ayudes & de ti mesma pido consejo.

Ella aviendo misericordia dél, desenterró a su marido et púsolo en la
forca & assí encubrió al cauallero su defecto con tanta misericordia. El
cauallero viendo tanto amor en la muger contra sí, él la rrequirió° & fi-   courted
nalmente ella consentió en su rruego et avnque avía seido casta fasta
aquel tiempo, cometió furto et estupro,° vn crimen 'en pos de otro.°   fornication, after
     another
E assí non falta a los muertos de que se duelan & a los viuos° de que
teman.

De la rraposa & de las uvas

La rraposa viendo los rrazimos° de las uvas maduras, cubdiciando de co-   bunch
mer dellas, imaginaua & temptaua° toda manera de subir al parral° por   tried, vine
alcançar & comer dellas. Mas como todos sus pensamientos & temptaçio-
nes° fuessen valdíos° et non pudiesse alcançar ni satisfazer a su desseo,   attempts, in vain

---

[6] **quando menos...** *when he least expects it*
[7] **moriendo...** *when her husband died*

tornando en tristeza començó dezir assí:

—Aquellos rrazimos avn mucho son verdes & agrazes° & caso° que   sour, in case
los pudiesse alcançar, non los comería et assí non me da nada.

Significa esta fábula que es prudençia et sabiduría simular° et mos-
5 trar que non ha gana nin quiere algunas cosas que las dessea en la verdad
quando él conosçe que non las podría alcançar.

De la formiga° & de la cigarra°   ant, cicada

En el tiempo del ivierno la formiga secava al sol el trigo que en el verano
10 uviera cogido. E la cigarra llegando a ella con fambre rrogava que le diesse vn poco de aquel trigo porque non muriesse. A la qual dixo la formiga:

—Amiga, ¿qué fiziste en el estío?°   summer

Responde la çigarra:

15 —Non tuve para coger espacio porque andava por los setos° cantan-   hedges
do.

La formiga, rriéndose della & metiendo su trigo en su casilla,° díxo-   house
le:

—Si cantaste en el verano, dança agora en el ivierno.

20 Esta fábula enseña al perezoso que trabaje quando puede et es tiempo, porque después faltándole de comer non pida a otros, los quales antes se rreirán de que darle algo.

Del dragón & del villano°   peasant

Acaesce a las vegadas[8] que los ombres tornan malas cosas por las buenas
25 & a los que les ayudan dapñifican,° segund paresce por esta figura: they hurt

El dragón moraua en vn rrío & como cresció, él seguió por el rrío
abaxo, en tanto que el rrío menguando° se lo dexó en vn arenal,° donde   went down, sand bank
yazía non pudiendo ir sin agua. E passando por allí vn labrador° dixo: peasant

—O dragón, ¿cómo estás aquí desta forma?°   way

30 Respondióle el dragón:

—He seguido el rrío que cresció por la agua abaxo & agora como
menguasse el agua, dexóme en este lugar seco & non puedo ir sin agua.
Mas si tú me atasses° et leuasses sobre tu asno° para mi casa, rrescibirías   you tie, ass
oro et plata et otros muchos bienes de mí.

35 Entonçes el labrador, induzido° por cubdicia, ató al dragón et púso-   persuaded
lo sobre su asno et leuólo et puso en su cueva. Et abaxándolo el labrador

---

[8] **Acaesce a...** *it happens sometimes*

del asno, púsolo desatado en su libertad & assí le demandaua que le diesse lo que le avía prometido. Entonces dixo el dragón al aldeano:°   *peasant*

—¿Cómo? ¿Por atar me demandas oro et plata?

El rrústico° le dixo: *peasant*

5   —Tú mesmo me rrogaste que te atasse.

Al qual dixo el dragón:

—Non estamos en eso,[9] mas antes te quiero comer porque he fambre.

Dixo el labrador:

10   —Segund eso por el bien me quieres tornar mal.

E estando ellos en estas palabras, contesció que estaua ende vna rraposa, la qual oyó todas estas cosas. E dízeles:

—¿Qué cosa es esa que avéis entre vosotros discordia & 'sois diferen-
tes?°   *you have different*

15   E començó fablar el dragón et dize: *opinions*

—Este villano me ató muy fuertemente & poniendo sobre su asno
tráxome fasta aquí et agora me demanda non sé qué cosas.

Después dixo el ombre:

—Oídme, mi señora rraposa. Este dragón que fue leuado por el rrío
20 fue echado en vn arena seco &, passando yo por allí, él me rrogó que lo
atasse et lo pusiesse sobre el asno & lo traxiesse para su casa prometién-
dome por ello oro & plata & otras cosas muchas & agora non solamente
quiere complir comigo, mas antes me quiere comer.

Dixo la rraposa:

25   —Locamente fiziste porque lo ataste, mas muestra me agora como lo
ataste et después yo juzgaré.

Entonces comiença el labrador de atarlo & pregunta la rraposa al
dragón:

—¿Cómo? ¿Tan fuertamente te ató el villano?

30   Responde:

—¡Non solamente tanto, mas çient vezes tanto!

E la rraposa dize al labrador:

—Apriétalo.°   *tighten it*

E el labrador, como era valiente, apretólo & ató segund lo más fuer-
35 temente que pudo. Et preguntó la rraposa al dragón:

—¿Tan rreziamente te ató?

Responde el dragón:

—Por çierto sí, mi señora.

Ella dize al aldeano:

---

[9] **non estamos...** *We're not talking about that*

—Añúdalo,° pues que assí es, bien fuerte & aprieta los lazos, ca   tie a knot in it
quien bien ata, bien desata, et tórnalo poner sobre el asno et buélvelo al
lugar donde lo tomaste et déxalo allí atado así como está et non te podrá
comer.

5   Et complió el labrador como juzgó la rraposa.

E assí los que tornan por el bien mal a las vezes rresciben su justo
gualardón.°   reward

Amadís de Gaula

AMADÍS DE GAULA IS undoubtedly the best known Spanish romance of chivalry. In Cervantes' masterpiece, *Don Quijote*, the barber saves *Amadís* from the flames (I,6) during the episode of the burning of Don Quijote's library, when he states that "es el mejor de todos los libros que de este género se han compuesto." Don Quijote chooses Amadís as his model of knight-errantry and made every effort to imitate him as the perfect lover.

Amadís was first printed in 1508 in Zaragoza. Garci Rodríguez de Montalvo published the first three volumes of the work by an anonymous author and wrote volume four himself. Montalvo, in the "Prólogo," states that he "corregióle de los antiguos originales que estavan corruptos y mal compuestos en antiguo estilo."[1] Montalvo went on to write the sequel, *Las Sergas de Espandián*.

Amadís is the son of the secret marriage between Elisena, daughter of King Garinter of "Pequeña Bretaña" and Perión, King of Gaula. When Perión leaves Garinter's court he does not know that Elisena is pregnant. Aided by her faithful maid Darioleta, Elisena sets Amadís adrift in a tar-sealed chest with a ring, sword, and parchment that identifies him as "Amadís Sin Tiempo, hijo de reyes." He is rescued from the sea by Gandales, a knight from Scotland, on his way home. He brings up Amadís, called Donzel del Mar (*Boy from the Sea*), in his palace along with his son Gandalín. As a young squire, Amadís sees Oriana, daughter of King Lisuarte of Scotland. The two fall madly in love, but in secret. When Amadís becomes a knight, it is his own father who, unbeknownst to them both, dubs him. Amadís then goes on to win fame and glory as a knight. The chapter given here narrates Amadís' encounter with the evil monster Endriago.

---

[1] *Amadís de Gaula*, ed. Juan Manuel Cacho Blecua (Madrid: Cátedra, 1987), p.225.

CAPÍTULO LXXIII.

De cómo el noble cavallero de la Verde Spada[2], después de partido de Grasinda[3] para ir a Constantinopla, le forçó fortuna° en el mar de tal manera que le arribó° en la ínsola° del Diablo, donde falló una ' bestia fiera° llamada Endriago, y al fin huvo el vencimiento° della.

Por la mar navegando el cavallero de la Verde Spada con su compaña 'la vía de° Constantinopla, como oído havéis, con muy buen viento, súbitamente° tornando al contrario, como muchas vezes acaeçe, fue la mar tan embraveçida,° tan 'fuera de compás,° que ni la fuerça de la fusta,° que grande era, ni la sabiduría de los mareantes° no pudieron tanto resistir que muchas vezes en peligro de ser anegada° no fuesse. Las lluvias eran tan espessas° y los vientos tan apoderados,° y el cielo tan escuro,° que en gran desesperación estavan de ser las vidas remediadas por ninguna manera,[4] assí como el maestro Elisabad[5] y los otros todos podían creer, si no fuesse por la gran misericordia° del muy alto Señor. Muchas vezes la fusta, assí de día como de noche 'se les hinchía de° aqua que no podían sossegar,° ni comer ni dormir, sin grandes sobresaltos,° pues otro concierto alguno en ella no havía sino aquel que la fortuna le plazía que tomassen.

Assí anduvieron ocho días, sin saber ni atinar° a qual parte de la mar anduviessen, sin que la tormenta un punto ni momento cessasse; en cabo de los quales con la gran fuerça de los vientos, una noche antes que amanesciesse, la fusta a la tierra fue llegada tan reziamente° que por ninguna guisa de allí la podrían despegar.° Esto dio gran consuelo° a todos como si de muerte a la vida tornados fueran.[6] Mas la mañana venida, reconociendo los marineros en la parte que stavan,[7] sabiendo ser allí la ínsola que del Diablo se llamava, donde una bestia fiera toda la havía despoblado,° en 'dobladas angustias° y dolores sus ánimos° fueron, teniéndolo en muy mayor grado de peligro qu'el que en la mar esperavan. Y feriéndose con las manos en los rostros,[8] llorando fuertemente, al cavallero de la Verde Spada se vinieron sin otra cosa le dezir.[9] El, muy

Margin glosses: storm / he arrived. island / fierce beast, victory / on the way to / suddenly / angry, out of control, / boat; sailors / destroyed / thick, powerful, dark / mercy / it filled with / to rest, surprises / to ascertain / strongly / to unlodge, consolation / depopulated, doubled / anguish

---

[2] A title given to Amadís as he begins his adventures in Germany.

[3] Niece of the king of Bohemia who falls in love with Amadís in the previous chapter.

[4] **las vidas...** *they would never be saved*

[5] A doctor-priest who accompanies Amadís.

[6] **como si...** *as if they had been returned to life from death*

[7] **stavan = estaban.** Notice that most forms of **estar** in this selection omit the initial **e-**

[8] **feriéndose...** *beating their faces with their hands*

[9] order: **sin dezirle otra cosa**

maravillado de ser assí su alegría en tan gran tristeza tornado, no sabiendo la causa dello, stava como embaraçado° y preguntándoles qué cosa tan
súpita° y breve tan presto su plazer en gran lloro mudara.°

—¡O cavallero! —dixeron ellos—, tanta es la tribulación que 'las fuer-
5 ças° no bastan para la recontar, mas cuéntela esse maestro Elisabad[10] que
bien sabe por qué razón esta ínsola del Diablo tiene nombre.

El maestro, que no menos turbado° que ellos era, esforçado por el
cavallero del Enano, temblando sus carnes, turbada la palabra, con
mucha gravedad y temor contó al cavallero lo que saber quería, diziendo
10 assí:

—Señor cavallero del Enano,[11] sabed que desta ínsola a que 'aportad-
os somos° fue señor un gigante Bandaguido llamado, el qual con su
braveza grande y esquiveza° fizo sus tributarios a todos los más gigantes
que con él comarcavan.° Este fue casado con una giganta mansa° de
15 buena condición; y tanto quanto el marido con su maldad de enojo y
crueza fazía a los christianos matándolos y destruyéndolos, ella con piedad los reparava cada que podía.[12] En esta dueña ovo Bandaguido una fija
que, después que 'en talle de° donzella fue llegada, tanto la natura la
ornó° y acreçentó° en hermosura que en gran parte del mundo otra
20 mujer de su grandeza ni sangre que su igual fuesse no se podía hallar.
Mas como la gran hermosura sea luego junta con la vanagloria,° y la
vanagloria con el pecado, viéndose esta donzella tan graciosa y loçana,° y
tan apuesta y digna de ser amada de todos, y ninguno, por la braveza del
padre, no la osara emprender,° tomó 'por remedio postrimero° amar de
25 amor feo y muy desleal a su padre; assí que muchas vezes, siendo levantada la madre 'de cabo° su marido, la hija veniendo allí, mostrándole
mucho amor, burlando riendo con él, lo abraçava y besava. El padre
luego al comienço aquello tomava con aquel amor que de padre a fija se
devía, pero la muy gran continuación y la gran fermosura demasiada
30 suya, y la muy poca conçiencia y virtud del padre dieron causa que, sentido por él a que tiraba el pensamiento de la fija,[13] que aquel malo y feo
desseo della oviesse efecto. De donde devemos tomar enxemplo que ningún hombre en esta vida tenga tanta confiança de sí mismo que dexe de
esquivar y apartar la conversación y contratación,[14] no solamente de las
35 parientas y hermanas, mas de sus propias fijas; porque esta mala passión
venida en el estremo de su natural encendimiento, pocas vezes el jui-

---

[10] **mas cuéntele...** *but let Master Elisabad tell it*
[11] Another of the titles that Amadís was given in Germany.
[12] read: **cada vez que podía**
[13] **a que...** *to which the thought of the daughter inclined him*
[14] **dexe de...** *that he stop shunning and avoiding conversation and dealings with*

io, la conçiencia, el temor son bastantes de le poner tal freno° con que la   brake
retraer° puedan. Deste pecado tan feo y yerro° tan grande se causó luego   to stop, error
otro mayor, assí como acaeçe aquellos que olvidando la piedad de Dios y
siguiendo la voluntad del enemigo malo[15] quieren con un gran mal
5   remediar otro, no conoçiendo que la melezina° verdadera del pecado es   medicine
el arrepentamiento° verdadero y la penitencia, que le faze ser perdonado   repentance
de aquel alto Señor que por semejantes yerros se puso después de much-
os tormentos en la cruz, donde como hombre verdadero murió y fue como verdadero Dios resuscitado. Que siendo este malaventurado padre en
10 el amor de su hija encendido y ella assí mesmo en el suyo, porque más
sin empacho° el su mal desseo pudiessen gozar, pensaron de matar aque-   embarrassment
lla noble dueña, su mujer dél y madre della. Seyendo el gigante avisado
de° sus falsos ídolos, en quien él adorava, que si con su fija casasse, sería   by
engendrado° una tal cosa en ella la más brava y fuerte que en el mundo   born
15 se podría fallar, y poniéndolo por obra, aquella malaventurada fija que su
madre más que a sí mesma amava, andando por una huerta con ella
hablando, fingiendo la fija ver en un pozo una cosa estraña y llamando a
la madre que lo viesse, diole de las manos,[16] y echándola 'a lo hondo,° en to the bottom
poco spacio ahogada° fue. Ella dio bozes, diziendo que su madre cayera   drowned
20 en el pozo. Allí acudieron° todos los hombres y el gigante, qu'el engaño   they rushed
sabía; y como vieron la señora, que muy amada de todos ellos era, muer-
ta, hizieron grandes llantos.° Mas el gigante les dixo: "No fagáis duelo,[17]   laments
que esto los dioses lo han querido; y yo tomaré muger en quien será
engendrado tal persona por donde todos seremos muy temidos y
25 enseñoreados° sobre aquellos que mal nos quieren." Todos callaron con   domineered
miedo del gigante, y no osaron fazer otra cosa. Y luego esse día
públicamente ante todos tomó por mujer a su fija Bandaguida, en la qual
aquella malaventurada noche fue engendrado una animalia por
ordenança° de los diablos en quien ella y su padre y marido creían, de la   order
30 forma que aquí oiréis. Tenía el cuerpo y el rostro cubierto de pelo, y encima havía conchas° sobrepuestas° unas sobre otras, tan fuertes que ningu-   scales, placed
na arma° las podía passar, y las piernas y pies eran muy gruessos y rezios.°   weapon, sturdy
Y encima de los ombros° havía alas tan grandes que fasta los pies le   shoulders
cubrían, y no de péndolas,° mas de un cuero° negro como la pez,   feathers, skin
35 luziente,° velloso,° tan fuerte que ninguna arma las podía empeçer,° con   shiny, hairy, to harm
las quales se cubría como lo fiziesse un hombre con un escudo. Y debaxo
dellas le salían braços muy fuertes assí como de león, todos cubiertos de

---

[15] **el enemigo malo** is the Devil.
[16] **diole de...** *she hit her*
[17] **No fagáis...** *don't mourn*

conchas más menudas° que las del cuerpo; y las manos 'había de fechura · smaller
de° águila con cinco dedos, y las uñas° tan fuertes y tan grandes que en el · resembling, talons
mundo podía ser cosa tan fuerte que entre ellas entrasse, que luego no
fuesse desfecha. Dientes tenía dos en cada una de las quixadas,° tan fuert- · jaws
5 es y tan largos que de la boca un codo le salían; y los ojos grandes y
redondos, muy bermejos° como brasas,° assí que de muy lueñe,[18] siendo · red, embers
de noche, eran vistos y todas las gentes huían dél. Saltava y corría tan
ligero que no había venado° que por pies se le pudiesse escapar; comía y · deer
bevía pocas vezes, y 'algunos tiempos ningunas,° que no sentía en ello · sometimes never
10 pena ninguna. Toda su holgança° era matar hombres y las otras animali- · pleasure
as bivas; y quando fallava leones y ossos° que algo se le defendían, torna- · bears
va muy sañudo,[19] y echava por sus narizes un humo tan spantable que
semejava llamas de huego,° y dava unas bozes roncas° espantosas de oír; · = fuego, gruff
assi que todas las cosas bivas huían ant'él como ante la muerte. Olía tan
15 mal que no había cosa que no emponçoñasse;° era tan espantoso quando · it poisoned
sacudía las conchas unas con otras y hazía cruxir° los dientes y las alas, · to crunch
que no parecía sino que la tierra fazia estremeçer.[20] Tal es esta animalia
Endriago llamado—dixo el maestro Elisabad—. Y aún más vos digo, que la
fuerça grande del pecado del gigante y de su fija causó que en él entrasse
20 el enemigo malo, que mucho en su fuerça y crudeza acreçienta.

Mucho fue maravillado el cavallero de la Verde Spada desto qu'el
maestro le contó de aquel diablo Endriago llamado, nascido de hombre y
de muger, y la otra gente muy spantados; mas el cavallero le dixo:

—Maestro, ¿pues cómo cosa tan dessemejada° pudo ser naçida de · deformed
25 mujer?

—Yo vos lo diré—dixo el maestro—según se falla en un libro que el
emperador de Constantinopla tiene, cuya fue esta ínsola, y hala perdido[21]
porque su poder no basta para matar este diablo. Sabé[22]—dixo el maestro—que sintiéndose preñada aquella Bandaguida, lo dixo al gigante; y él
30 ovo dello mucho plazer, porque vía ser verdad lo que sus dioses le dixeran, y assí creía que sería lo ál. Y dixo que eran menester tres o quatro
amas° para lo que pariesse,° pues que había de ser la más fuerte cosa que · nursemaids, she gave
oviesse en el mundo. Pues creçiendo aquella mala criatura en el vientre de · birth to
la madre, como era fechura° y obra del diablo hazíala adoleçer° muchas · doings, to be in pain
35 vezes, y la color del rostro y de los ojos eran jaldados,° de color de col · yellowish

---

[18] **de muy...** *from very far away*
[19] **tornava...** *he became very angry*
[20] **fazía...** *was trembling*
[21] order: **la ha perdido**
[22] **vos** command: **sabed**

ponçoña;° mas todo lo tenía ella por bien,[23] creyendo que, según los dios-   poison
es lo havían dicho, que sería aquel su fijo el más fuerte y más bravo que
se nunca viera,[24] y que si tal fuesse, que buscaría manera alguna para matar a su padre, y que se casaría con el hijo, que éste es el mayor peligro de
5 los malos: 'enviciarse y deleitarse° tanto en los pecados que aunque la gra-   to be corrupt and to
cia del muy alto Señor en ellos espira,° no solamente no la sienten ni la   take delight; it inspires
conoçen, mas como cosa pesada y estraña la 'aborreçen y desechan,° te-   they hate and reject
niendo el pensamiento y la obra en siempre creçer en las maldades como
sujetos y vencidos dellas. Venido, pues, el tiempo, parió un fijo, y no con
10 mucha premia,° porque las malas cosas fasta la fin siempre se muestran   difficulty
agradables. Quando las amas que para le criar aparejadas° estavan[25] vie-   prepared
ron criatura tan desemejada, mucho fueron espantadas; pero haviendo
gran miedo del gigante, callaron y embolviéronle en los paños que para
él tenían; y atreviéndose una dellas más que las otras, diole la teta° y él la   breast
15 tomó, y mamó tan fuertemente que la hizo dar grandes gritos; y quando
se lo quitaron, cayó ella muerta de la mucha ponçoña que la penetrara.
Esto fue dicho luego al gigante, y viendo aquel su fijo maravillóse de tan
desemejada criatura; y acordó de preguntar a sus dioses por qué le dieran
tal hijo, y fuése al templo donde los tenía, y eran tres, el uno figura de
20 hombre y el otro de león, y el tercero de grifo.[26] Y faziendo sus sacrificios
les preguntó por qué le havían dado tal fijo. El ídolo que era figura de
hombre le dixo: "Tal convenía que fuesse,[27] porque assí como sus cosas
serán estrañas y maravillosas, assí conviene que lo sea él, specialmente en
destruir los christianos que a nosotros procuran de destruir; y por esto yo
25 le di de mi semejança en le hazer conforme al alvedrío° de los hombres,   free will
de que todas las bestias careçen.°" El otro ídolo le dixo: "Pues yo quise   they lack
dotarle de gran braveza y fortaleza, tal como los leones lo tenemos." El
otro dixo: "Yo le di alas y uñas y ligereza sobre quantas animalias serán
en el mundo." Oído esto por el gigante, díxoles: "¿Cómo lo criaré, que el
30 ama fue muerta luego que le dio la teta?" Ellos le dixeron: "Faz que las
otras dos amas le den de mamar, y éstas también morirán; mas la otra
que quedare, críelo con la leche de tus ganados° fasta un año, y en este   cattle
tiempo será tan grande y tan fermoso como lo somos nosotros, que he-
mos sido causa de su engendramiento. Y cata que te defendemos que por

[23] **mas todo...** *but she considered it all a good sign*
[24] **que se...** *that had ever been seen*
[25] Word order: **que estavan aparejadas para criarle**
[26] The griffin is a mythological monster with the head and wings of an eagle
and the body of a lion
[27] **Tal convenía...** *It was necessary for it to be so*

ninguna guisa tú, ni tu muger, ni otra persona alguna no lo vean[28] en
todo este año, sino aquella muger que te deximos que dél cure." El gigante mandó que lo hiziessen assí como los sus ídolos ge lo dixeron, y desta
forma fue criada aquella esquiva° bestia como oís. 'En cabo del° año que   *scornful, at the end*
5   supo el gigante del ama cómo era muy crecido y oíanle dar unas vozes
roncas y espantosas, acordó con su hija, que tenía por muger, de ir a ver-
lo; y luego entraron en la cámara donde estava, y viéronle andar corriendo y saltando. Y como el Endriago vio a su madre, vino para ella, y sal-
tando echóle las uñas al rostro y fendióle° las narizes y quebróle° los ojos;   *it split her, it burst h*
10   y antes que de sus manos saliesse, fue muerta. Quando el gigante lo vio,
puso mano a la spada para lo matar, y diose con ella 'en la una pierna° tal   *in one of his own leg*
ferida que toda la tajó; y cayó en el suelo, y a poco rato fue muerto. El
Endriago saltó 'por cima dél,° y saliendo por la puerta de la cámara,   *on top of*
dexando toda la gente del castillo emponçoñados, se fue a las montañas.
15   Y no passó mucho tiempo que los unos muertos por él, y los que barcas y
fustas podieron haver para fuir por la mar, que la ínsola no fuesse
despoblada[29]; y assí lo está passa ya de quarenta años. Esto es lo que yo sé
desta mala y endiablada bestia—dixo el maestro.
—Maestro, grandes cosas me havéis dicho, y mucho sufre Dios nuest-
20   ro Señor a aquellos que le desirven; pero al fin si se no emiendan, dales
pena tan creçida como ha sido su maldad.[30] Y agora os ruego, maestro,
que digáis de mañana missa, porque yo quiero ver a esta ínsola, y si El
me endereçare,° tornarla a su santo servicio.   *he guides*
Aquella noche passaron con gran spanto, assí de la mar, que muy
25   brava era, como del miedo que del Endriago tenían, pensando que saldría a ellos de un castillo que allí cerca tenía,[31] donde muchas vezes
alvergava.° Y el alva° del día venida, el maestro cantó missa y el cavallero   *he lodged, dawn*
de la Verde Spada la oyó con mucha humildad, rogando a Dios le
ayudasse en aquel peligro que por su servicio se quería poner, y si su
30   voluntad era que su muerte allí fuesse venida, Él por la su piedad le
oviesse merced al alma. Y luego se armó y hizo sacar su cauallo en tierra,
y Gandalín[32] con él; y dixo a los de la nao:°   *ship*
—Amigos, yo quiero entrar en aquel castillo, y si allí hallo el Endriag-
o, combatirme con él; y si no le fallo, miraré si está en tal disposición°   *state, lodged*

---

[28] **Y cata...** *And notice that we prohibit you, your wife, and any other person from seeing it*
[29] **que la ínsola...** *so that the island was depopulated*
[30] **a aquellos...** *to those who do disservice to him; but in the end, if they don't correct their lives, he gives them as great a pain as their evil has been*
[31] **que allí...** *that was nearby*
[32] Amadis' squire. He is the son of Gandales, the Knight of Scotland.

para que allí seáis aposentados° en tanto que la mar faze bonança.° Y yo   good weather
buscaré esta bestia por estas montañas; y si della escapo, tornarme he a
vosotros; y si no, fazed lo que mejor vierdes.[33]

Quando esto oyeron ellos, fueron muy espantados más que de ante
5   eran, porque aún allí dentro en la mar todos sus ánimos no bastavan para sufrir el miedo del Endriago, y por más afrenta° y peligro que la brave-   insult
za grande de la mar le tenían, y que abastasse° el de aquel cavallero que   it would provide
de su propia voluntad le fuesse a lo buscar para se con él combatir.[34] Y
por cierto todas las otras grandes cosas que dél oyeran y vieran que en
10   armas fecho havía, en comparación désta en nada lo estimavan. Y el
maestro Elisabad, que como hombre de letras y de missa fuésse, mucho
se le estrañó,° trayéndole a la memoria que las semejantes cosas seyendo   he warned
fuera de la natura de los hombres, por no caer en omicida de sus ánimas
se havían de dexar.[35] Mas el cavallero de la Verde Spada le respondió que
15   si aquel inconveniente qu'él dezía tuviesse en la memoria, escusado le
fuera salir de su tierra para buscar las peligrosas aventuras; y que si por él
algunas havían passado, sabiéndose que ésta dexava, todas ellas en sí
quedavan ningunas[36]; assí que a él le convenía matar aquella mala y
dessemejada bestia o morir, como lo devían fazer aquellos que dexando
20   su naturaleza, a la agena ivan para ganar prez° y honrra. Estonces miró a   glory
Gandalín, que en tanto qu'él fablava con el maestro y con los de la fusta
se havía armado de las armas que allí falló para le ayudar; y viole estar en
su cavallo llorando fuertemente, y díxole:

—¿Quién te ha puesto en tal cosa? Desármate, que si lo fazes para me
25   servir y me ayudar, ya sabes tú que no ha de ser perdiendo la vida, sino
quedando con ella para que la forma de mi muerte puedas recontar en
aquella parte que es la principal causa y membrança° por donde yo la   reminder
recibo.

Y faziéndole por fuerça desarmar, se fue con él la vía del castillo, y
30   entrando en él falláronlo yermo,° si no de las aves; y vieron que havía   empty
dentro buenas casas, aunque algunas eran derribadas,° y las puertas   fallen down
principales, que eran muy fuertes, y 'rezios candados° con que se cerras-   strong locks
sen; de lo qual le plugo mucho. Y mandó a Gandalín que fuesse llamar a
todos los de la galea° y les dixiesse el buen aparejo° que en el castillo   ship, preparedness
35   tenían; y él assí lo fizo. Todos salieron luego, aunque con gran temor del
Endriago, pero que la mar no cessava de su gran tormenta; y entraron en

---

[33] **fazed lo...** *do what you think best.* **Vierdes** is the **vos** form of the future
subjunctive of **ver.**

[34] order: **para combatirse con él**

[35] **por no caer...** *they had to avoid suicide for their souls' sake*

[36] **todas ellas...** *all of them were for nothing*

el castillo, y el cavallero de la Verde Spada les dixo:

—Mis buenos amigos, yo quiero ir a buscar por esta insola al Endriago, y si me fuere bien,[37] tocará esta bozina° Gandalín, y estonces   horn creed qu'él es muerto y yo bivo; y si mal me va, no será menester de fazer-
5 os seña alguna. Y en tanto, cerrad estas puertas y traed alguna provisión de la galea, que aquí podéis estar fasta que el tiempo sea para de navegar más endereçado.°   favorable

Estonces se partió el cavallero de la Verde Spada dellos, quedando todos llorando. Mas las cosas de llantos y amarguras° que Ardián[38] su   bitterness
10 enano fazía, esto no se podría dezir, qu'él messava° sus cabellos y fería   he pulled out con sus palmas en el rostro, y dava con la cabeça a las paredes, llamándo-se cativo° porque su fuerte ventura lo traxera a servir a tal hombre, que   wretched mil vezes él llegava al punto de la muerte mirando las estrañas cosas que le vía acometer, y en el cabo aquella donde el emperador de
15 Constantinopla con todo su gran señorío no osava ni podía poner remedio. Y como vio que su señor iva ya por el campo, subióse por una escalera de piedra en somo del muro,[39] quasi° sin ningún sentido, como   = casi aquel que mucho se dolía de su señor. Y el maestro Elisabad mandó po-ner un altar con las reliquias que para dezir missa traía, y fizo tomar ci-
20 rios encendidos° a todos, y hincados 'de rodillas° rogavan a Dios que   kneeling guardasse aquel cavallero que por su servicio dÉl, y por escapar la vida dellos, assí conoçidamente a la muerte se ofreçía.

El cavallero de la Verde Spada iva como oís con aquel esfuerço y semblante° que su bravo coraçón lo otorgava,° y Gandalín 'em pos dél°   appearance, it gave, l
25 llorando fuertemente, creyendo que los días de su señor con la fin de   hind him aquel día la havrían ellos.[40] El cavallero bolvió a él, y díxole riendo:

—Mi buen hermano, no tengas tan poca esperança en la misericordia de Dios, ni en la vista° de mi señora Oriana, que assí te desesperes; que   sight no solamente tengo delante mí la su sabrosa membrança,[41] mas su propia
30 persona; y mis ojos la veen, y me está diziendo que la defienda yo desta bestia mala. Pues ¿qué piensas tú, mi verdadero amigo, que devo yo fazer? ¿No sabes que en la su vida y muerte está la mía? ¿Consejarme has tú que la dexe matar y que yo ante tus ojos muera? No plega a Dios que tal pensasses.[42] Y si tú no la vees, yo la veo, que delante mí está. Pues si su
35 sola membrança me fizo passar a mi gran honrra las cosas que tú sabes,

---

[37] **y si...** *and if all goes well for me*
[38] Ardián is a dwarf who accompanies Amadís in his exploits.
[39] **en somo...** *at the highest part of the wall*
[40] **creyendo que...** *believing that that day would be the end of his lord's life*
[41] **delante mí...** *the sweet memory of her before me*
[42] **No plega...** *May it please God for you not to think like that.*

qué tanto más deve poder su propia presencia.

Y diziendo esto creçióle tanto el esfuerço que muy tarde se le fazía en no fallar[43] el Endriago. Y entrando en un valle de brava° montaña y peñas de muchas concavidades,[44] dixo:　　　　　　　　　　　　　　　　wild

5　　—Da bozes, Gandalín, porque por ellas podrá ser que el Endriago a nosotros acudirá;° y ruégote mucho que si aquí muriere, procures de llev-　　he will come ar a mi señora Oriana aquello que es suyo enteramente, que será mi coraçón. Y dile que ge lo embío por no dar cuenta ante Dios de cómo lo ageno levava comigo.[45]

10　　Quando Gandalín esto oyó, no solamente dio bozes, mas messando sus cabellos, llorando dio grandes gritos, deseando su muerte antes que ver la de aquel su señor que tanto amava. Y no tardó mucho que vieron salir de entre las peñas el Endriago muy más bravo y fuerte 'que lo nunca fue,° de lo qual fue causa que como los diablos viessen que este cavallero　　than ever

15　　ponía más esperança en su amiga Oriana que en Dios, tuvieron lugar de entrar más fuertemente en él y le fazer más sañudo, diziendo ellos:

　　—Si déste le escapamos, no ay en el mundo otro que tan osado ni tan fuerte sea que tal cosa ose acometer.

　　El Endriago venía tan sañudo, echando por la boca humo mezclado

20　　con llamas de fuego, y firiendo° los dientes unos con otros, faziendo gran　　grinding espuma y faziendo cruxir° las conchas y las alas tan fuertemente que gran　　to creak espanto era de lo ver. Assí lo huvo el cavallero de la Verde Spada, specialmente oyendo los silvos° y las spantosas bozes roncas que dava; y 'comoquiera que° por palabra ge lo señalaran, en comparación de la vista　　even though

25　　era tanto como nada. Y quando el Endriago lo vido,° començó a dar　　= vio grandes saltos y bozes, como aquel que mucho tiempo passara sin que hombre ninguno viera, y luego vino contra ellos. Quando los cavallos del de la Verde Spada y de Gandalín lo vieron, començaron a fuir, tan espantados que apenas los podían tener,° dando muy grandes bufidos.° Y　　to restrain, bellows

30　　quando el de la Verde Spada vio que a cavallo a él no se podía llegar, deçendió muy presto, y dixo a Gandalín:

　　—Hermano, tente afuera° en esse cavallo porque ambos no nos　　stand aside perdamos, y mira la ventura que Dios me querrá dar contra este diablo tan espantable; y ruégale que por la su piedad me guíe cómo le yo quite

35　　de aquí y sea esta tierra tornado a su servicio; y si aquí tengo de morir, que me aya merced del ánima. Y en lo otro faz como te dixe.

---

[43] **que muy...** *for it seemed very late to him to try to find*
[44] **peñas de...** *many hollowed out rocks*
[45] **Y dile...** *And tell her that I sent it to her so as not to give an accounting to God of why I was carrying something that was not mine*

Gandalín no le pudo responder, tan reziamente llorava porque su
muerte vía tan cierta, si Dios milagrosamente no lo scapasse.° El cavallero   *he save*
de la Verde Spada tomó su lança y cubrióse de su escudo. Como hombre
que ya la muerte tenía tragada,° perdió todo su pavor;° y lo más que pu-   *sawllowed, fear*
5 do se fue contra el Endriago, assí a pie como estava.

El diablo, como lo vido, vino luego para él, y echó un fuego por la
boca con un humo tan negro que apenas se podían ver el uno al otro. Y
el de la Verde Spada se metió por el humo adelante, y llegando cerca dél,
le encontró con la lança 'por muy gran dicha° en el un ojo, assí que ge lo   *with great luck*
10 quebró. Y el Endriago echó las uñas en la lança y tomóla con la boca, y
hízola pedaços, quedando el fierro con un poco del asta° metido por la   *shaft*
lengua y por las agallas,° que tan rezio vino que él mismo se metió por   *gills*
ella. Y dio un salto por le tomar, mas con 'el desatiento del° ojo quebra-   *the lack of feeling in*
do no pudo, y porque el cavallero se guardó con gran esfuerço y biveza
15 de coraçón, assí como aquel que se vía en la misma muerte. Y puso mano
a la su muy buena spada y fue a él, que estava como desatentado,° assí del   *careless*
ojo como de la mucha sangre que de la boca le salía; y con los grandes
'resoplidos y resollos° que dava, todo lo más della entrava por la garganta   *snorting and breathi*
de manera que quasi el aliento° le quitara, y no podía cerrar la boca ni   *breath*
20 morder con ella. Y llegó a él por el un costado° y diole tan gran golpe por   *side*
cima de las conchas, que le no pareçió sino que diera en una peña dura,
y ninguna cosa le cortó. Como el Endriago le vio tan cerca de sí, pensó le
tomar entre sus uñas, y no le alcançó sino en el escudo, y levógelo tan
rezio que le fizo dar de manos en tierra.[46] Y en tanto que el diablo lo
25 despedaçó todo con sus muy fuertes y duras uñas, ovo el cavallero de la
Verde Spada lugar de levantarse; y como sin escudo se vio, y que la spada
no cortava ninguna cosa, bien entendió que su fecho° no era nada si   *deed*
Dios no le endereçasse a que el otro ojo le pudiera quebrar, que por otra
ninguna parte no aprovechava nada trabajar de lo ferir. Y como león
30 sañudo, pospuesto todo temor,[47] fue para el Endriago, que muy
desfalleçido° y flaco estava, assí de la mucha sangre que perdía y de ojo   *faint*
quebrado. Y como las cosas passadas de su propia servidumbre° se caen y   *servitude*
pereçen, y ya enojado nuestro Señor qu'el enemigo malo oviesse tenido
tanto poder y fecho tanto mal en aquellos que, aunque pecadores, en su
35 santa fe cathólica creían, quiso darle esfuerço y gracia special, que sin ella
ninguno fuera poderoso de acometer ni osar esperar tan gran peligro, a
este cavallero para que sobre toda orden de natura diesse fin aquel que a
muchos la havía dado, entre los quales fueron aquellos malaventurados

---

[46] **que le...** *that he made him fall to the ground*
[47] **pospuesto...** *having put aside all fear*

su padre y madre; y pensando acertarle° en el otro ojo con la spada,   *to strike him*
quísole Dios guiar a que ge la metió por una de las ventanas° de las nari-   *nostrils*
zes, que muy anchas las tenía. Y con la gran fuerça que puso y la qu'el
Endriago traía, el espada caló,° que le llegó a los sesos. Mas el Endriago,   *it pierced*
5 como le vido tan cerca, abraçóse con él, y con las sus muy fuertes y agu-
das uñas rompióle todas las armas de las spaldas, y la carne y los huesos
fasta las entrañas; y como él estava afogado° de la mucha sangre que be-   *drowning*
vía, y con el golpe de la spada que a los sesos le passó, y sobre todo la sen-
tencia que de Dios sobr'él era dada y no se podía revocar, no se podien-
10 do ya tener, abrió los braços y cayó a la una parte como muerto sin ningún sentido. El cavallero, como assí lo vio, 'tiró por° la spada y metiósela   *he thrust with*
por la boca quanto más pudo tantas vezes que lo acabó de matar. Pero
quiero que sepáis que antes qu'el alma le saliesse, salió por su boca el
diablo, y fue por el aire con muy gran tronido,° assí que los que estavan   *thunder*
15 en el castillo lo oyeron como si cabe° ellos fuera; de lo qual ovieron gran   *next to*
espanto, y conoçieron como el cavallero estava ya en la batalla. Y
comoquiera que encerrados stuviessen en tan fuerte lugar y con tales 'al-
dabas y candados,° no fueron muy seguros de sus vidas y si no porque la   *door handles and locks*
mar todavía era muy brava, no osaran allí atender° que a ella no se fue-   *to wait*
20 ran. Pero tornáronse a Dios con muchas oraciones que de aquel peligro
los sacasse, y guardasse aquel cavallero que por su servicio cosa tan estraña acometía.

Pues como el Endriago fue muerto, el cavallero 'se quitó afuera,° y   *stood outside*
yéndose para Gandalín, que ya contra él venía, no se pudo tener, y cayó
25 amortecido° cabe un arroyo de agua que por allí passava. Gandalín, co-   *faint*
mo llegó y le vio tan espantables heridas, cuydó° que era muerto, y   *he thought*
dexándose caer del cavallo, començó a dar muy grandes bozes,
messándose. Estonces el cavallero acordó ya quanto,[48] y díxole:

—¡Ay, mi buen hermano y verdadero amigo!, ya veis que soy muerto.
30 Yo te ruego por la criança que de tu padre y madre huve, y por el gran
amor que te siempre he tenido, que me seas bueno en la muerte como
en la vida lo has sido; y como yo fuere muerto, tomes mi coraçón y lo
lleves a mi señora Oriana. Y dile que pues siempre fue suyo, y lo tuvo en
su poder desde aquel primero día que la yo vi, mientra en este cuitado°   *distressed*
35 cuerpo encerrado estuvo, y nunca un momento se enojó de la servir, que
consigo la tenga en remembrança de aquel cuyo fue, aunque como ajeno
lo posseía, porque desta memoria allá donde mi ánima stuviere recibirá

---

[48] **acordó...** *somewhat came to*

descanso.[49]

Y no pudo más hablar. Gandalín, como assí lo vio, no curó de le
responder; antes, cavalgó muy presto en su cavallo, y subiéndose en un
otero,° tocó la bozina lo más rezio que pudo en señal qu'el Endriago era   hill
5   muerto. Ardián el enano, que en la torre stava, oyólo, y dio muy grandes
bozes al maestro Elisabad que acorriesse a su señor, qu'el Endriago era
muerto; y él, como estava apercebido,° cavalgó con todo el aparejo° que   ready, equipment
menester era, y fue lo más presto que pudo por el derecho que el enano
le señaló. Y no anduvo mucho que vio a Gandalín encima del otero; el
10   qual, como el maestro vio, vino corriendo contra él y dixo:

    —¡Ay, señor, por Dios y por merced acorred a mi señor, que mucho
es menester, que el Endriago es muerto!

    El maestro, quando esto oyó, ovo un gran plazer con aquellas buen-
as nuevas que Gandalín dezía, no sabiendo el daño del cavallero, y agui-
15   jó° quanto más pudo, y Gandalín le guiava fasta que llegaron donde el   he hastened
cavallero de la Verde Espada estava. Y halláronlo muy desacordado° sin   out of his mind
ningún sentido y dando muy grandes gemidos, y el maestro fue a él, y
díxole:

    —¿Qué es esto, señor cavallero? ¿Dónde es ido el vuestro gran esfuer-
20   ço a la ora y sazón que más menester lo aviades? No temáis de morir, que
aquí es vuestro buen amigo y leal servidor maestro Elisabad, que os
socorrerá.

    Quando el cavallero de la Verde Espada oyó al maestro Elisabad,
comoquiera que muy desacordado estuviesse, conosciólo y abrió los ojos
25   y quiso alçar la cabeça, mas no pudo; y levantó los braços como que le
quisiesse abraçar. El maestro Elisabad quitó luego su manto y tendiólo
en el suelo, y tomáronlo él y Gandalín; y poniéndolo encima, le
desarmaron lo más quedo° que pudieron. Y quando el maestro le vido   calmly
las llagas, aunque él era uno de los mejores del mundo de aquel menes-
30   ter° y avía visto muchas y grandes heridas, mucho fue espantado y   office
desafuciado° de su vida; mas como aquel que lo amava y tenía por el me-   despairing
jor cavallero del mundo, pensó de poner todo su trabajo por le guarescer.°   ro cure
Y catándole las heridas vio que todo el daño estava en la carne y en los
huessos, y que no le tocara en las entrañas.° Tomó mayor esperança de lo   entrails
35   sanar, y concertóle° los huessos y las costillas, y cosióle la carne y púsole   he arranged his
tales melezinas, y ligóle° tan bien todo el cuerpo al deredor, que le fizo   he tied him
restañar° la sangre y el aliento que por allí salía. Y luego le vino al cavalle-   to stop

---

[49] **que consigo...** *for may she have it with her as a reminder of whose it was, although
he possessed it as belonging to someone else, because of this memory, wherever my soul may be,
she will have peace of mind*

ro mayor acuerdo y esfuerço, de guisa que pudo fablar, y abriendo los ojos dixo:

—¡O Señor Dios todopoderoso que por tu gran piedad quisiste venir en el mundo y tomaste carne humana en la Virgen María; y por abrir las
5 puertas del paraíso que cerradas las tenían quisiste sofrir muchas injurias, y al cabo muerte de aquella malvada y malaventurada gente!; pídote, Señor, como uno de los más pecadores, que ayas merced de mi ánima, que el cuerpo es condenado a la tierra.

Y callóse, que no dixo más. El maestro le dixo:
10 —Señor cavallero, mucho me plaze de os ver con tal conoscimiento, porque de Aquel que vos pedís merced os ha de venir la verdadera melezina, y después de mí como de su siervo que porné mi vida puesta por la vuestra, y con su ayuda yo os daré guarido.[50] Y no temáis de morir esta vez, solamente que os esforçéis vuestro coraçón, que tenga esperança
15 de bivir como la tiene de morir.

Entonces tomó una esponja confacionada° contra la ponçoña, y   medicated
púsosela en las narizes, assí que le dio gran esfuerço. Gandalín le besava las manos al maestro, hincado de rodillas ante él, rogándole que oviesse piedad de su señor. El maestro le mandó que cavalgando en su cavallo
20 fuesse presto al castillo y traxesse[51] algunos hombres para que en andas°   stretchers
llevassen al cavallero ante que la noche sobreviniesse.° Gandalín assí lo   it came upon
hizo; y venidos los hombres, hizieron unas andas de los árboles de aquella montaña como mejor pudieron. Y poniendo en ellas al cavallero de la
Verde Espada, en sus ombros al castillo lo levaron; y adereçando° la me-   preparing
25 jor cámara que allí avía de ricos paños que Grasinda allí en la nave mandara poner, le pusieron en su lecho con tanto desacuerdo que lo no sentía; y assí estuvo toda la noche, que nunca habló, dando grandes gemidos como aquel que bien llagado estava, y queriendo hablar, mas no podía.

El maestro mandó fazer allí su cama, y estovo con él por consolarle,
30 poniéndole tales y tan convenientes melezinas para le sacar aquella muy
mala ponçoña que del Endriago cobrara,° que al alba del día le hizo venir   he got
un muy sossegado° sueño, tales y tan buenas cosas le puso. Y luego man-   tranquil
dó quitar todos afuera porque lo no despertassen, porque sabía que
aquel sueño le era mucha consolación. Y a cabo de una gran pieça el sue-
35 ño rompido, començó a dar bozes con gran pressurança,° diziendo: affliction

—¡Gandalín, Gandalín, guárdate deste diablo tan cruel y malo, no te mate!

---

[50] **yo os...** *I will cure you*
[51] Notice here the past subjunctive form is spelled without -i- while several paragraphs later the -i- appears.

El maestro, que lo oyó, fue a él riendo de muy buen talante,° mejor   manner
que en el coraçón lo tenía, temiendo todavía su vida; y dixo:

—Si así os guardárades vos como él, no sería vuestra fama tan
divulgada° por el mundo.   spread out

5 El alçó la cabeça y vio al maestro, y díxole:

—Maestro, ¿dónde estamos?

El se llegó a él, y tomóle por las manos, y vio que aún desacordado
estava; y mandó que le traxiessen de comer, y diole lo que vio que para le
esforçar era necessario. Y él lo comió como hombre fuera de sentido. El
10 maestro estuvo con él poniéndole tales remedios, como aquel que era de
aquel oficio el más natural° que en el mundo hallarse podría; y antes que   excellent
ora de bísperas fuesse, le tornó en todo su acuerdo, de manera que a todos conoscía y hablava. Y el maestro nunca dél se partió, curando dél y
poniéndole tantas cosas necessarias a aquella enfermedad, que assí con
15 ellas como principalmente con la voluntad de Dios, que lo quiso, vio
conoscidamente en las llagas que lo podría sanar. Y luego lo dixo a todos
los que allí estavan, que muy gran plazer ovieron, dando gracias aquel
soberano Dios porque assí los avía librado de la tormenta de la mar y del
peligro de aquel diablo. Mas sobre todos era el alegría de Gandalín, su
20 leal escudero, y del enano, como aquellos que de' coraçón entrañable° lo   deep in their hearts
amavan, que tornaron de muerte a vida. Y luego todos se pusieron al
derredor, con mucho plazer, de la cama del cavallero de la Verde Espada
consolándole, diziéndole que no toviese en nada el mal que tenía, según
la honrra y buenaventura que Dios le avía dado, la qual hasta entonces
25 en caso de armas y de esfuerço nunca diera a hombre terrenal que igual
le fuesse. Y rogaron muy ahincadamente° a Gandalín les quisiesse contar   ardently
todo el hecho como avía passado, pues que con sus ojos lo avía visto,
porque supiessen dar cuenta de tan gran proeza° de cavallero. Y él les   prowess
dixo que lo faría de muy buena voluntad a condición que el maestro le
30 'tomasse juramento° en los santos Evangelios, porque ellos lo creyessen y   he swear
con verdad lo pusiessen por escrito, y una cosa tan señalada° y de tan   noted
gran fecho no quedasse en olvido de la memoria de las gentes. El maestro Elisabad assí lo hizo, por ser más cierto de tan gran hecho. Y Gandalín se lo contó todo enteramente assí como la istoria lo ha contado; y
35 quando lo oyeron, espantávanse dello como de cosa de la mayor hazaña
de que nunca oyeran hablar. Y aún ninguno dellos nunca viera el Endriago, que entre unas matas° estava caído; y por socorrer al cavallero no   bushes
pudieron entender en ál.[52]

Entonces dixeron todos que querrían ver el Endriago. Y el maestro

---

[52] **no pudieron...** *they couldn't worry about anything else*

les dixo que fuessen, y dioles muchas confeciones° para remediar la   medicines
ponçoña. Y quando vieron una cosa tan espantable y tan dessemejada de
todas las otras cosas bivas que fasta allí ellos vieran, fueron mucho más
maravillados que ante, y no podían creer que en el mundo oviesse tan
5 esforçado coraçón que tan gran diablura osasse acometer. Y aunque cierto sabían que el cavallero de la Verde Espada lo avía muerto, no les
parescía sino que lo soñavan. Y desque una gran pieça lo miraron,[53]
tornáronse al castillo, y razonando° unos con otros de tan gran hecho   talking
poder acabar aquel cavallero de la Verde Espada. ¿Qué vos diré?[54] Sabed
10 que allí estuvieron más de xx. días que nunca el cavallero de la Verde
Espada ovo tanta mejoría que del lecho donde estava le osassen levantar.
Pero como por Dios su salud permitida estuviesse,[55] y la gran diligencia
de aquel maestro Elisabad la acrescentasse, en este medio tiempo fue tan
mejorado que sin peligro alguno pudiera entrar en la mar. Y como el
15 maestro en tal disposición le viesse, habló con él un día y díxole:

—Mi señor, ya por la bondad de Dios, que lo ha querido, que otro
no fuera poderoso, vos sois llegado a tal punto que yo me atrevo con su
ayuda y vuestro buen esfuerço de os meter en la mar, y que vais donde
vos pluguiere. Y porque nos faltan algunas cosas muy necessarias, ansí
20 para lo que toca a vuestra salud como para sostenimiento de la gente, es
menester que se dé orden para el remedio dello, porque mientra más
aquí estuviéremos, más cosas nos faltarán.

El cavallero del Enano le dixo:

—Señor y verdadero amigo, muchas gracias y mercedes doy a Dios
25 porque ansí me ha querido guardar de tal peligro, más por la su sancta
piedad que por mis merecimientos; y al su gran poder no se puede
comparar ninguna cosa, porque todo es permitido y guiado por su
voluntad, y a Él se deven atribuir todas las buenas cosas que en este mundo passan. Y dexando lo suyo aparte, a vos, mi señor, agradesco yo mi
30 vida, que ciertamente yo creo que ninguno de los que oy son nascidos en
el mundo no fuera bastante para me poner el remedio que vos me
posistes.° Y comoquiera que Dios me aya hecho tan gran merced, mi   = pusiste
ventura me es muy contraria, que el galardón de tan gran beneficio como
de vos he recebido no lo pueda satisfazer sino como un cavallero pobre
35 que otra cosa sino un cavallo y unas armas posee, assí rotas como las veis.

El maestro le dixo:

—Señor, no es menester para mí otra satisfación sino la gloria que yo

---

[53] **desque una...** *after they looked at it for a long while*
[54] **¿Qué vos diré?** is a narrational device to move the story along.
[55] **Pero como...** *But since God permitted his health to return*

comigo tengo, que es aver escapado de muerte después de Díos el mejor
cavallero que nunca armas traxo[56]; y esto oso lo dezir delante por lo que
delante mí avéis fecho. Y el galardón que yo de vos espero es muy mayor
que el que ningún rey ni señor grande me podría dar, que es el socorro
5 que en vos hallarán muchos y muchas cuitados que os avrán menester
para su ayuda, a los quales vos socorreréis, y será para mí mayor ganancia
que otra ninguna seiendo causa,[57] después de Dios, de su reparo.

El cavallero de la Verde Espada ovo vergüença de que se oyó loar, y
dixo:

10 —Mi señor, dexando esto en que hablamos, quiero que sepáis en lo
que más mi voluntad se determina. Yo quisiera andar todas las ínsolas de
Romanía, y por lo que me dexistes de la fatiga de los marineros mudé el
propósito[58] y bolvimos la vía de Constantinopla; la qual el tiempo tan
contrario que vistes nos la quitó. Y pues que ya es abonado,° todavía ten-   *favorable*
15 go desseo de a él tornar y ver aquel grande emperador, porque, si Dios
me tornare donde mi coraçón dessea, sepa contar algunas cosas estrañas
que pocas vezes se puede ver sino en semejantes casos. Mi señor maestro,
por el amor que me avéis, os ruego que en esto 'no rescibáis enojo,° por-   *don;t be angry*
que algún día será de mí galardonado;° y de allí que nos tornemos,   *rewarded*
20 plaziendo al soberano Señor Dios, al plazo que aquella muy noble señora
Grasinda me puso; porque me es fuerça de lo cumplir, como vos bien
sabéis, para que, si pudiere, según el desseo tengo, le pueda servir algunas
de las grandes mercedes que della, sin ge lo merescer, tengo recebido.

---

[56] **que nunca...** *who ever bore arms*
[57] **será para...** *it will be my greater reward than being any other cause*
[58] **mudé el...** *I've changed my mind*

Spanish-English Glossary

The specific meaning of words listed in the margin is generally given only once. If the word appears again with another meaning, the new meaning is listed in the margin. This glossary gives all the meanings of the glossed words, along with others that you may or may not know.

We list adjectives in the masculine singular form, verbs in the infinitive form. We also include other forms that are either irregular or variants.

If you find a definition that is not helpful or think that there is a better one, we would appreciate hearing from you (burtond@ohio.edu).

abastar to suffice; to provide
abaxar to descend, lower
abbad, abbat n., abbot
abertura n., opening
abiltadamente adv., debasedly
ábito n., habit
abondado, por abondado de adj., abundant, plentiful
abondamiento n., abundance
abondar to abound
abondar que to see that
aborreçer to hate
acabadamente adv., completely
acabados adj., at the end of
acabdellar to lead
acaesçer to happen, occur
açada n., hoe
açafrán n., saffron
acaloñar to condemn
acatamiento n., appearance
açertar to strike
açetar to accept

acogerse para to go into, take refuge in
acomendar to entrust
açor n., hawk
acorrer to help, aid, come to the rescue
acresçentar to grow, increase
açúcar n., sugar
acuçioso adj., diligent
acudir to come
acuerdo n., agreement; senses, consciousness
acuestas adv., on the back
acusar to accuse
adereçar to fit out, adorn
adobar (de) to compose; to stock with; to prepare
adoleçer to pain
adurar to persist in
aduzir to lead; to carry, take
afán n., trouble
afeytar (afeynte) to make beautiful,

put on cosmetics

afincado adj., efficient

afincar, affincar to torment; to insist; to press

affincadamente adv., firmly; ardently, earnestly

afogar to drown, to choke

afrenta n., danger

agallas n., gills

ageno: lo ageno adj., another's

agradado de adj., pleased with

agradecer to be thankful

agora adv., now

agraz adj., sour

agraz n., displeasure

aguardado adj., escorted

aguijar, aguisar to hasten; to spur on

águila n., eagle

aguisado adj., convenient

ahé interj., behold

aí adv., there

aína adv., rapid, quickly

al pro., other, other things

alano n., mastiff

aláraues n., Arabs

alarido n., shout

alauado adj., praised

alauança n., praise

albedrío n., will

alberguería n., lodging district

alcalle n., justice of the peace

alcançar to reach; to achieve, attain, catch

alçar to raise, raise up, lift

alcaueta n., go between

aldaba n., door handle

aldeano n., peasant, villager

aleue, aleve adj., treacherous

aleue, aleve n., treachery; traitor

aleuosía n., treachery

alguazil n., constable

aliento n., breath

alinpiar, alimpiar to cleanse

aljófar n., pearl

alongadamente adv., at a distance; for a long time

allanar to arrange

allegar to reach, approach; refl. to join, mingle with

allén, allende prep., beyond, on the other side of

almagra n., red earth

alteza n., height; highness

alunbrado adj., enlightened

alumbre n., alum

alua, alva n., dawn

alvergar to lodge

ama n., nurse maid

amanescer, amanesçer to dawn

amargo adj., bitter

amargura n., bitterness

amariello adj., yellow

amasar to knead

amenazar to threaten

amigo n., friend; lover

amonestar to admonish, warn

amos adj., both, the two

amos en uno adj., together

amostrar to show; to teach

amparanza n., help

amprar, anparar to protect

amparo n., care

andança *n.*, luck
andante: mal andante *adj.*, unlucky
anegado *adj.*, destroyed
animalia *n.*, animal
anochecer to become night
ansí *adv.*, so, thus
antuuiado *adj.*, rash, eager
añudar to join, unite, to tie a knot
aparejado *adj.*, equipped
aparejar to prepare
aparejo *n.*, outfitting
apartadamente *adv.*, removed, apart, secretly
apartar to take aside
aperçebir to perceive
apercibido *adj.*, ready
apesar to step on; to weight down
aplazer to please
apremiar to urge, to advise
apretar to squeeze, tighten; to wrinkle
apriessa *adv.*, quickly
apoderar to empower
aponer to accuse
aportar to arrive
apostura *n.*, nobility, gentility
aprovechar, aprouechar to make good use of, profit
apuesto *adj.*, elegant; appropriate
apuradamente *adv.*, punctually, exactly; precisely
aquend, aquén *prep.*, on this side of
aqueste *adj.*, this
arambre *n.*, copper
arar to plough
árbor *n.*, tree
arçilla *n.*, clay

arcorcoles *n.*, cork-soled sandals
ardor *n.*, passion
arenal *n.*, sand bank
argamasa *n.*, mortar, cement
argent vivo *n.*, mercury
arma *n.*, weapon
arqueta *n.*, small box, chest
arras *n.*, pledge, security
arrebatar to carry off, to snatch
arredrado *adj.*, separate
arredrarse to go away, to separate oneself from
arremenbrar to remember
arremessa *n.*, headlong conflict
arrepentamiento *n.*, repentance
arribar to arrive
arroyo *n.*, stream
art *n.*, slyness
artería *n.*, slyness, craftiness; wickedness
artificio *n.*, artifice, article
arugada *adj.*, wrinkled
asaz, assaz *adv.*, enough
asconder to hide
ascondidamente *adv.*, secretly
ascondido *adj.*, secret
asechar to be on the watch for; to lie in ambush
asentarse to sit down
asmable *adj.*, believable
asmante *pres. part. of* asmar, thinking
asmar to consider, think; to value, judge
asno *n.*, ass
asolazar to comfort, to cheer up; to enjoy oneself

asomar to appear

áspero *adj.*, harsh

assegurar to become calm; to assure

assemeiarse to appear like

assentar to sit; *refl.* to sit down

assoora *adv.*, at its own time

assossegado *adj.*, quiet, peaceful, calm

asta *n.*, shaft of a lance

atado *adj.*, tied

atar to tie

astil *n.*, handle of a hatchet

atal *adj.*, such a

atanto *adj.*, so much

atassar to tie

atender to wait

atenerse to depend on, rely on

aterramiento *n.*, ruin

atinar to ascertain

astragado *adj.*, undone

atreguado *adj.*, defended

atreuimiento *n.*, daring

atreuudamientre *adv.*, daringly

atormentar to torment, bother

atronar to stun

auenturado *adj.*, fortunate

auer *n.*, property, means

auer, aver to have

auer menester to need

auenimiento, avenimiento *n.*, arrival;
   event

auentaja *n.*, advantage

auenturar to hazard, risk

auiuar to arise

auoleza *n.*, depravity

auto *n.*, act

avenidero, avinidero *adj.*, future,
coming

avenir to happen

aventar to fan; to smell, sniff

aver sabor to wish, desire

aver solaz to be comforted

ayuntamiento *n.*, coming together, a
   joining; council

ayuntarse to join, to come together

ayuso *adj.*, down

azémila *n.*, pack mule

azes *n.*, battle lines

balde: de balde *n.*, in vain

baldío *adj.*, in vain

ballesta *n.*, crossbow

bando *n.*, gang

barjotea *n.*, knapsack

batel *n.*, small boat

bedel *n.*, beadle

bendezir to bless

benefiçiado *n.*, curate

bermejo *adj.*, red

beodo *adj.*, drunk

bibda *n.*, widow

bienaventoradamente *adv.*, luckily

bienfecho *n.*, benefit, favor

biésperas *n.*, evening, Vespers

bocado *n.*, morsel

bofordo *n.*, short lance

bolver to return

bonança *n.*, good weather

boz *n.*, voice

bozero *n.*, lawyer, debater

bozina *n.*, horn

brachio *n.*, staff

bramar to bellow

brasa *n.*, coal, ember
bravo, brauo *adj.*, wild
brioso *adj.*, lively
bufido *n.*, bellow
buho *n.*, owl

ca *conj.*, because
cabdal *n.*, principal
cabdillo *n.*, chief, head, boss
cabeçal *n.*, cushion
cabo *n.*, end, limit; *prep.*, near
cabo: al cabo at last, in the end
cabo: con de cabo again
cabo: de cabo at the beginning
cabo: en cabo, en cabo de at the end,
  at the end of
caça *n.*, hunt
caçador *n.*, hunter
caçar to hunt
caer amortecido to faint
calar to pierce
calze *n.*, chalice
camiar to change
can *n.*, dog
candado *n.*, lock
candela *n.*, light
cano *n.*, grey hair
careçer to lack
carniça *n.*, carnage, dead meat
carrera *n.*, roadway; way
carsçiente *adj.*, lacking
casilla *n.*, house
castigar to advise; to govern
castigo *n.*, advice
catiuo *n.*, captivity
cativo *adj.*, wretched

catar to look, observe
caualgar to ride horseback
cauallero, cavallero *n.*, gentleman
cauallo, cavallo *n.*, horse
cavaña *n.*, shepherd's hut
çeçina *n.*, dried, smoked beef
çelda *n.*, cell
çeloso *adj.*, jealous
çella *n.*, cell
çeniza *n.*, ash
cera *n.*, wax
çerca *adv.*, near
çerradura *n.*, lock
çerraja *n.*, lock
çertificar, çerteficar to assure
çeruiz *n.*, neck
çetero *n.*, trusted person
çibdadano *n.*, citizen
çibdat, çiudat *n.*, city
cierva *n.*, doe
cigarra *n.*, cicada
çima *n.*, top
cinquaenta *n.*, fifty
cirio *n.*, candle
çisne *n.*, swan
cobdiciar, cobdiçiar to desire, want
cobrar to get, to collect from; to
  retake; to recover
codicia, copdicio, cubdicio *n.*, desire
codo *n.*, cubit (a linear measurement
  of between 17-21 inches)
cofradía *n.*, brotherhood
coitado *adj.*, distressful
collar *n.*, necklace
comadre *n.*, friend
comarcar to border on

comigo *prep. pro.*, with me

commo *adv.*, how, as, since, like, How?, what

commo quier que, comoquier que *conj.*, although

complazer to please

conbidar, convidar to invite

conbrir, combrir to eat

concertar to agree upon; to arrange

conçiencia *n.*, conscience

concordança *n.*, harmony

concha *n.*, scale

confacionado *adj.*, medicated

confeción *n.*, medicine

confonder to confound, confuse

conort *n.*, consolation

conortar to console, comfort; to encourage

conosçençia *n.*, gratefulness; thankfulness

conpadre *n.*, friend

conpaña *n.*, company

conpañero *n.* companion, friend

conplesión *n.*, constitution, nature

conpletas *n.*, Compline

conplidamente *adv.*, completely

conplido *adj.*, perfect; full, complete

conplimiento *n.*, perfection

conplir, cunplir to complete, realize, accomplish; to be convenient

conprar to buy

conquerir to conquer

consuelo *n.*, consolation

contecer, conteçer to happen, occur

contenente *n.*, gesture

contienda *n.*, struggle

contraria *adj.*, opposite

convinible *adj.*, convenient

coraioso *adj.*, valiant

corredura *n.*, skirmish

corronpido *adj.*, corrupt

coruo, corvo *adj.*, bent, crooked

costa *n.*, cost

costado *n.*, side

costal *n.*, sack

costunbre *n.*, custom

cras *adv.*, tomorrow

crebantar to break

criatura *n.*, baby, creature

crisma *n.*, chrism

crobir to cover

cruamente *adv.*, cruelly; crudely

crueza *n.*, cruelty

cruxir to crunch

cuba *n.*, vat; pail

cubdicioso, cudicioso *adj.*, coveting; *n.*, covetous one

cubilla *n.*, pail

cubierto *adj.*, covered

cuervo *n.*, crow

cuende *n.*, count

cuerdo *n.*, intelligent, wise

cuerno *n.*, horn

cueyta, cueta, cuita *n.*, grief; anxiety, distress

cuidar, cuedar to think, believe

cuidado *n.*, care, concern

culpado *adj.*, condemned, guilty

curar to care for

choros *n.*, chorus

damño *n.*, harm

dampno *n.*, damage, harm, hurt
dannoso *adj.*, dangerous
dante *pres. part. of* **dar**
dapnación *n.*, damnation
dapñificar to hurt
dar bozes to shout
dar garpios to cry from pain; to curse
deanadgo *n.*, deanship
debda *n.*, debt
debdo *n.*, debt, obligation
decretos *n.*, canon law
defender to prohibit
defendido *adj.*, forbidden, prohibited
defensión *n.*, defense
degollar to behead
delectaçión *n.*, pleasure, delight
deleitarse to take delight in, to enjoy
deligentemente *adv.*, diligently
della, dello *prep. pro.*, de ella, de ello
demanda *n.*, request
demandar to ask
demás *adv.*, besides, moreover, enough
dende *adv.*, thence, hence; from there; now
denostar to insult
denosto: en denosto *adj.*, insulted
denuesto *n.*, insult
departimiento *n.*, discussion, conversation
departir to comment, argue
derechamente *adv.*, directly
derecho *n.*, right
derribado *adj.*, fallen down
derribar to throw from
desabenencia *n.*, disagreement

desacordado *adj.*, out of one's mind or senses
desafuciado *adj.*, despairing
desagradecido *adj.*, ungrateful
desaguisado *n.*, injustice
desanparar, desamparar to forsake, abandon
desatentado *adj.*, careless
desauenturadamientre *adv.*, unluckily
desbaratado *adj.*, disorderly
desbolver to unwrap
descabollir to liberate
desçender to descend
desconortado *adj.*, disconsolate
descubrir to tell on someone
descustunbre *n.*, unfamiliarity
desdeñar to scorn
desechar to reject
desenbargar to relieve
desembargado *adj.*, uninhindered
desende *adv.*, therefore, then
deseredado *adj.*, disinherited
desesperar to worry
desfalleçido *adj.*, faint
desfazer to undo
desfazerse to become very upset
desgastar to lay waste to
desguisado *adj.*, disorderly
desí *adv.*, thence, so, thus
desora: a desora *adv.*, suddenly
departir to differentiate
departido *adj.*, different
despecho *n.*, contempt
despedaçar to pull limb from limb
despegar to loosen
despender to spend; to waste

despoblado *adj.*, depopulated

despreçiar to disdain, scorn

desque *conj.*, as soon as, when

dessemejado *adj.*, deformed

dessolado *adj.*, deserted

dessouno *adv.*, together

deste *prep.*, of this

desterramiento *n.*, exile

destorbo *n.*, nuisance, disturbance

destoruar, destorvar to remove; to hinder

desuiar, desviar to turn aside; to avert, avoid

desuso *adv.*, above

desvariado *adj.*, various

devinal *adj.*, divine, holy

dexar to leave, permit, allow

dezir to ask, say

diestra *n.*, right hand

discreto *adj.*, genteel; discrete

disposición *n.*, state

distención *n.*, difference

divulgado *adj.*, spread out

do *adv.*, where

doliente *adj.* in pain

don, dona *n.*, gift

donaire *n.*, grace, gentility, elegance

donzel *n.*, young man, lad

donzella *n.*, young woman, maiden

doze *n.*, twelve

dubdar to doubt, question

dubdoso *n.*, doubtful

duecho *adj.*, accustomed

duelo *n.*, lament

dueña *n.*, lady

duro *adj.*, hard

duro: a duro *adv.*, with difficulty; begrudingly

e *conj.*, and

eglesia *n.*, church

egual *n.*, equal, peer

egualeza *n.*, equality

embaraçado *adj.*, confused

embargo, enbargo *n.*, difficulty, problem

embaxada *n.*, errand, mission

embrodar to make drunk

emendar, enmendar to correct, amend

emiente *n.*, memory

empacho *n.*, embarrassment

emparejar con to come even with

emponçoñar to poison

empos de *adv.*, behind

emprender to court

empuxar to push

enagenado *adj.*, alienated

enardesçer to fire with passion, inflame, burn

enbargar to hinder

enbiar to send

enbuelto *adj.*, wrapped; mixed in with; concealed

encantador *n.*, magician

encaresçer to ponder, weigh, examine carefully

encobrir, encubrir to hide, cover up; to keep from

encogido *adj.*, drawn in

encomençar to begin

encomendar to entrust to

encomienda *n.*, trust

enconado *adj.*, infected; bent over

encoruado *adj.*, bent over

encubiertamente *adv.*, secretly

encubierta *n.*, concealment

encubierto *n.*, secretive

ende *adv.*, thence, from now, therefore

ende: ende en *adv.*, therefore

ende: por ende therefore

endereçar, enderezar to go toward; to guide, correct, set straight

enemiga: fazer enemiga to sin

enfamado *n.*, defamed person, slandered person

enfeñir, infiñer to pretend

enfinta *n.*, pretense

enfiuzir to entrust

enforcar to hang, to die by hanging

engaño *n.*, deceit

engendrado *adj.*, born

engenno *n.*, wit

enlixado *adj.*, defiled

enparejar to equal

enpeçer to harm

enpegado *adj.*, covered with melted tar

enpero *conj.*, but

ensalçar to exalt

ensancharse to extend, increase

ensañarse to become angry

ensennamiento *n.*, teaching

enseñoreado *adj.*, domineered

ensillar to saddle a horse

ensuziar to dirty

entender to learn about; to plan

entendido *adj.*, wise, learned, smart

entramos *adj.*, both

entrañas *n.*, entrails, bowels

entrar en acuerdo to come to one's senses, to recover from a faint

entredicho *n.*, interdiction, prohibition

entresteçer to become sad

enviciarse to be corrupt

enviso *adj.*, prudent

enuilescer to debase

enxemplario *n.*, copy of a book

enxenplo, enxiemplo, exiemplo *n.*, moral tale

enzina *n.*, oak

eredat *n.*, heritage

ereje *n.*, heretic

ermano *n.*, brother

escarmentado *adj.*, punished harshly

escarmentar to punish

escarnescer, escarnesçer to ridicule, scoff, make fun of

escatimar to lessen

escodilla, escudilla *n.*, plate

escolar *n.*, student

escudero *n.*, squire

escusación *n.*, excuse, evasion

escusar to free from; to permit

esforçar to strengthen

esfuerço *n.*, strength

eslección *n.*, election

esmedrido *adj.*, weakened

espaciar to wander

espandado *adj.*, frightened

espantable *adj.*, horrible

espantar to frighten

esparzado, esparzudo *adj.*, scattered
esparzir to scatter
espedirse to take leave of
espejo *n.*, mirror
espesa *adj.*, thick
espina *n.*, thorn
espinaço *n.*, spine, back bone
espirado *adj.*, filled with
espirar to inspire
espulgar to remove fleas
esquivable *adj.*, disagreeable
esquivarse to avoid, shun
esquiveza *n.*, coldness
esquivo *adj.*, scornful
essa ora, essora *adv.*, then
estación *n.*, book store
estacionario *n.*, book seller
estanno *n.*, tin
estío *n.*, summer
estonces, estonçe(s) *adv.*, then
estoque *n.*, rapier
estoria *n.*, history
estormento *n.*, instrument
estrado *n.*, dais
estrañar to advise, warn
estraño, estranno *adj. & n.*, foreign
estremança *n.*, great amount
estremecer to tremble
estudio *n.*, a place to study, school
estupro *n.*, fornication
Euvangelio *n.*, gospel
excomulgar to excommunicate

fablante *adj.*, speaking
fablar to talk
fablilla *n.*, story

falagar to fawn upon; to flatter; to beg
falago *n.*, flattery
falcón *n.*, falcon
fallar to find, discover
fallido *adj.*, lacking
fanbre *n.*, hunger
fartarse to fill oneself
farto *adj.*, full
fasta: fasta que *conj.*, until
fava *n.*, fava bean
fazer to do; to make
fazer enfinta to pretend
fazer pesar to grieve, vex
fazerse to pretend
fazerse el camino to go one's way
fazerse el neçio to play the fool
fazienda *n.*, concern, problem;
    business affair
fechizo *n.*, magic, enchantment
fecho done (*past. part. of* fazer); *n.*
    deed
fechura *n.*, deed
fediente *adj.*, foul smelling
fedor *n.*, foul smell
fendir to split
ferida *n.*, wound
ferir, firir to wound
ferir de las alas to beat wings
fermoso *adj.*, beautiful
fermosura *n.*, beauty
ferrada *n.*, wooden pail
fianbre *n.*, food
fiar to trust
fiel *n.*, gall
fieldat *n.*, loyalty
fierro *n.*, iron

fierro de lança *n.*, iron lance
figura *n.*, image; fable
fijo *n.*, son
fijo dalgo, fidalgo *n.*, noble
finar to die
fincar to remain, stay
fincar los inojos to kneel
finchado *adj.*, swollen
finiestra *n.*, window
firmeza *n.*, signing
firmar to affirm, assure
fiuza *n.*, confidence
foir to flee
foja *n.*, leaf, piece of paper; cloth
folgado *adj.*, rested
folgar to rest
fondo, fundo *adj.*, deep
fondón *n.*, bottom
fonta: en fonta *adj.*, ashamed
forado *n.*, lair, hole, nest
forca *n.*, gallows
forçar to force; to rape
forma *n.*, way
formiga *n.*, ant
forniçio *n.*, fornication
forno *n.*, oven, furnace
fortaleza *n.*, bravery
freno *n.*, brake
fontero *n.*, border fighter
fructo *n.*, fruit
fruente *n.*, forehead
fuir to flee
fueras *prep.*, except
fuerça *n.*, force
fuerte *adj.* difficult
fulano *n.*, husband; so-and-so

fundo *n.*, deep
furtar to steal
furto *n.*, theft
fusta *n.*, boat
fuste *n.*, wood
fuza *n.*, hope
fuzia *n.*, confidence
fuyentar to cause to flee

gabla *n.*, cage
gafo *n.*, leper
galápago *n.*, turtle
galardonado *adj.*, rewarded
galea *n.*, ship
ganado *n.*, cattle
garpios *n.*, cries of pain; curses
gemir to moan
glosa *n.*, gloss, explanation
golondrina *n.*, swallow
gosar to enjoy
governador *n.*, person who steers a ship
governar to feed
gradesçer to appreciate, thank
grandez *n.*, size
granja *n.*, tomb
greda *n.*, marl
grey *n.*, flock
gualardón *n.*, reward
gualardonar to reward
guardablemente *adv.*, carefully
guardar to keep, keep safe; *refl.*, to be careful, to watch out
guaresçer to ward off
guarnido *adj.*, arrayed
guay *inter.*, Alas!

guisa n., way, manner

guisa: a guisa de adv., in the manner of

guisado adj., proper

guisar to think

gulpeja n., vixen

hedat n., age

heredero n., heir

hermandad n., fraternity

hermar to desolate

hermita n., hermitage, hut where a hermit lives

hermitaño n., hermit

henchir to fill

hidalgo n., noble

holgança n., pleasure

homil adj., humble

hueco adj., hollow

huérfana n., orphaned girl

huerta n., garden

huésped n., host of an inn; guests

huéspeda n., hostess of an inn

hueste n., army

huerco n., Hades

humanal adj., human

humillar to be humbled

humillarse to bow, curtsy

humor n., liquid

importuno adj., troublesome, annoying; solicitous, persistent

incalar to be of importance

incubo n., incubus, evil spirit

incha n., hatred

inchar to fill

india adj., indigo, blue

induzido adj., persuaded

induzir to persuade

infançón n., nobleman

infanta n., princess

infante n., young boy

ínsola n., island

inojos: fincar los inojos to kneel

irado adj., eliminated

istoria n., design, picture

ivierno n., winter

jabla n., cage

jaldado adj., yellowish

jornada n., a day's journey

judgador n., judge

jugdar to judge

juizio n., judgment

justicado n., criminal

labrador n., peasant

ladrar to bark

ladroniçio n., thievery

laideza n., ugliness

lamar to call

lamer to lick

lançar to throw

largamente adv., for a long time; completely

lasso adj., tired

latir to yelp, howl

lazadro, lazrado, lazdrado adj., suffering

lazería n., hardship

lazrar to suffer

lazo n., rope

lealmente *adv.*, loyally
lechigada *n.*, litter (of animals)
lecho *n.*, bed, litter
leno *adj.*, full
león pardo *n.*, leopard
leña *n.*, firewood
levar to carry, take
libra *n.*, gold coin; pound
lición *n.*, lesson
lidiar to fight
ligar to tie
limosna *n.*, alms
linage, linaje, linnage *n.*, lineage
lino *n.*, hemp
lisión *n.*, hurt, damage; wound, injury
lisonjar to flatter
lisonjero *adj.*, flatterer
lixoso *adj.*, dirty
loçano *adj.*, lusty, sprightly
loar to praise
logar *n.*, place
logar to rent
longar to be far from
loor *n.*, praise
loriga *n.*, coat of mail
luenga *adj.*, far off
lueñe *adj.*, far off
lunbre *n.*, light, fire
luvia *n.*, rain
luxuria *n.*, lust
luzia *adj.*, shiny, brilliant
luziello *n.*, stone urn
luziente *adj.*, shiny, brilliant

llagar to wound
llaner to cry

llanner to grieve
llano *n.*, plain

maça, maço *n.*, club, mallet, mace
maestría *n.*, trick
maestro *n.*, teacher
magrez *n.*, thinness
maguer *conj.*, although
maitines *n.*, Matins
majamiento *n.*, punishment
malandante *adj.*, unlucky
maldezir to curse
malduto *adj.*, cursed
male *adj.*, evil
maleficio *n.*, evil deed
malfechor *n.*, malefactor, evildoer,
    misdoer
malquerencia *n.*, animosity
maltraer to mistreat
mamar to suckle
man a mano *adv.*, immediately
manada *n.*, flock
manar to flow
mançeba *n.*, young girl, maid
mançebo *n.*, young man
mandadería *n.*, mission
mandado, mandato *n.*, errand,
    mission; will, command
manera *n.*, habit
mango *n.*, shaft of an ax, handle
maniar *n.*, food
manso *adj.*, gentle
mannas *n.*, manners
manzilla *n.*, spot, blemish
maravilarse, maravillarse to wonder,
    to be amazed

mareante n., sailor
marfil n., ivory
margarita n., pearl
marisma n., marshland
mármol n., marble
mas, mas pero conj., but
masa n., dough
mata n., bush
maxiella, maxilla n., cheek
mayoral adj., greatest
mayoral n., overseer
mayordomo n., majordomo, steward, overseer
medrosos adj., fearful, cowardly
melezina n., medicine
membrança n., reminder
menbrar to remember
menester n., need; office
mengua n., diminution, lack; affliction
menguar to diminish, lack; to go down
menistro n., minister
menos de prep., without
menospreciar to disdain, to undervalue
mensagero n., messenger, servant
mentar to tell
mercader, mercadero, mercador n., merchant
mercar to sell
mesar, messar to pull out one's hair
mesmo adj., same
mesnada n., troop, followers
mesquindat n., wretchedness
mester n., necessity

mesura n., manner
mesurado adj., prudent
mezquino adj., unlucky, wretched
mientra: de mientra adv., while
mientre adv. & conj., while
miesse n., wheat
miga n., crumb
milano n., kite (bird of prey)
mintroso adj., false, deceitful
miraglo n., miracle
misericordia n., mercy
mistrante n., minister
moça n., girl, maid
moço n., boy
moho n., fungus, mold
montero n., hunter, person in charge of the hunt
morada n., dwelling, abode
morar to dwell
mortandad n., killing, massacre
mostrar to teach
moçáraue n., Mozarab (Christian living in Arab territory)
mudar to change
muela n., mill stone, grinding stone
muerto adj., dead; extinguished
muger, mugier n., woman, wife
mumillad n., humility
mur n., mouse

nabar n., turnip patch
nasçiente adj., rising
natura n., excellence
natural adj., excellent
natural n., native
nao n., ship

navío n., ship; sailing
neçio adj., stupid, foolish
nemiga n., enemy
niglegente adj., negligent
noble n., noteworthy
nobleza n., nobility
non adv., no
notado adj., written
nuve n., cloud

o adv., where
oblidado adj., forgotten
odor n., frangrance
odre n., wine skin
oficio n., office, job
oio n., eye
olvidança n., oblivion
ome, omne, ombre, onbre n., man
omenaje n., pledge of fidelity
onde adv., where
onrra, honrra, onra n., honor
ora n., hour
ora... ora conj., whether ... or
ordenado adj., located
ordenança n., order
ordio n., barley
ordir to plot, scheme
orgullesçer to become proud
ornar to adorn
oropel n., brass
osar to dare
otear to observe
otero n., hill
otorgamiento n., authorization
otorgar to grant, give
otri pro., another, other

otrosí, otrossí adv., also
osso n., bear

pacer to graze
padesçer, padescer to suffer
pagarse de to be pleased with
palaciano adj., courtly
palfrén n., palfrey
palos n., beatings
panno, paño n., cloth
papagayo n., parrot
par n., equal, peer
parar to place, put
parar mientes to pay attention
parral n., vine
parresçer, parescer to appear, seem
parir to give birth
partida n., part; pair
pasadizo adv., leisurely
Pascua n., Easter
passada n., a means of living; pace
passo adv., slowly
pavón n., peacock
pavor n., fear
páxaro n., bird
pecado: de pecado n., of the Devil
pechar to pay taxes; to pay a fine
pedaço n., piece
pedregoso adj., rocky
peindrar to pawn
pénola, péñola n., feather
peresçer to die; disappear, perish
periglo n., danger
peroque conj., although
perpunte n., quilted under waist-coat
perrilla n., bitch, female dog

perseverado *adj.*, endured

pertiga *n.*, long stick

pesar *n.*, grief

pesar to grieve, weigh upon, vex; to bother

pesar de coraçón to bother deeply

pescudir to inquire; to wonder

pescueço *n.*, neck

pesquisa *n.*, inquiry

pessado *adj.*, heavy

pez *n.*, pitch, tar

pico *n.*, beak

pisada *n.*, footstep

plantía *n.*, abundance

plazer to please

plazo *n.*, term of a contract

plegarse to arrive; to call together

pletear to bargain

pleitesía *n.*, agreement

pleito *n.*, agreement; argument, dispute

plugo *pret. of* **plazer**

poçal *n.*, bucket, pail

poço, pozo *n.*, well

podenco *n.*, hound

podrescer to rot

ponçoño *n.*, poison

porende *adv.*, therefore

pora *prep.*, for

porfiar to persist

poridad *n.*, secret

portero *n.*, porter

pos: empos de, en pos, en pos de *prep.*, behind, after

posada *n.*, inn, lodging

posarse to rest; to remain

postigo *n.*, small gate, door

postremero, postrimero *adj.*, last

prea *n.*, booty

preciar, preçiar to value, esteem, prize; to appreciate

predigar to preach

pregonar to announce

pregonero *n.*, herald

premia *n.*, difficulty

prender to take

preñada *adj.*, pregnant

pres, prez *n.*, honor

pressurança *n.*, affliction

pretura *n.*, blackness

priado *adv.*, quickly

primeramiente *adv.*, first

princep *n.*, prince

prise, priso *pret. of* **prender**

priuado, privado *n.*, favorite, counselor

priver to deprive

pro *n.*, good, favor

proeza *n.*, prowess

prouar to test, prove

prouecher to take advantage, listen to

proueza *n.*, poverty

provechosos *adj.*, advantageous

puiar to push

pulga *n.*, flea

punar, puñar to fight, struggle, strive

putero *n.*, one who frequents prostitutes

qual *adj.*, *pro.*, which

qualquier *pro.*, whoever

quando *adv.*, conj., when

quantía *n.*, quantity, amount
quanto *adj.*, how much; whatever
quasi *adv.*, almost
quatroze *n.*, fourteen
quatro *n.*, four
que *pro.*, why
que, qué *conj.*, what
quebrantar to break, shatter
quebrar to burst
quedar to stop; remain
quedito *adv.*, quietly
quedo *adj.*, quiet, still, motionless
quel *conj., pro.*, que le; que el
querella *n.*, complaint; to make a
    petition in court
querellarse to bewail, lament,
    complain
ques *conj.*, que es
questo *conj.*, que esto
quexada, quixada *n.*, jaw
qui *pro.*, who

racha *n.*, din
rafez *adv.*, easily
raigada *adj.*, fixed, rooted, secure
raposa, rraposa *n.*, vixen
rastro *n.*, trail
rauia *n.*, rage
raya *n.*, boundary; beam of light
razón *n.*, matter
razonar to talk
rebidada *n.*, situation
reboltoso *adj.*, seditious
rebolver to return
recabdo, rrecabdo *n.*, trace; sentiment
recudir to help

redrar to retreat
regaço *n.*, lap
regar to water
regidor *n.*, councilman
regnado *n.*, rule
regnar to rule, reign
reia *n.*, ploughshare
remar to row
rematarse to end
remo *n.*, oar
repreensión *n.*, advice
reptador *n.*, accuser, challenger
repto *n.*, challenge
restañar to stop
resollo *n.*, breathing
resoplido *n.*, snorting
retraer to stop
retraído *adj.*, cornered
retener to keep
reteñir to resound
revesado *adj.*, contrary
reys *n.*, kings
rezio *adj.*, strong, sturdy
ribaldo *n.*, knave, rogue
rienda *n.*, rein of a bridle
ronco *adj.*, gruff
ruego *n.*, plea
rraíz *n.*, root
rrascarse to scratch
rrazimo *n.*, cluster
rrecabdar to see to, look after; to find
    out
rreçelo, reçelo *n.*, fear, suspicion
rrecontamiento *n.*, tale
rrecontar to tell
rrecudir to help; to respond, say

rred n., net
rrelatar to tell, relate
rremedio n., cure
rregirse to be guided
rregno n., kingdom
rrelánpago n., lightning
rreparar to fix, remedy, correct; to take care of
rreposar to calm, assure; to rest
rreprehendedor n., rebuker, one who scolds
rreprehender to reprimand, scold, rebuke
rrequerir to examine; to require, need, request; to court
rresçebir, rresçibir to receive
rresplandesçiente adj., resplendent
rresplandor n., brilliance
rrey n., king
rrío abaxo n., downstream
rrogar to beseech, beg
rrogaria n., prayer
rroído n., noise
rronper to break
rrostro n., face
rruiseñor n., nightingale
rrústico n., peasant

saber n., knowledge
sabideramente adv., wisely
sabidero n., wise man
sabidor n., wise man
sabiduría n., knowledge
sabiendas: a sabiendas adv., knowingly
sabueso n., hound

saeta n., arrow; hold of a ship
salidas n., environs
sallir to leave, go out
salto n., leap, jump
salto: dar saltos en los cabellos to fly at
saluamiento n., salvation
salva n., freedom
salvo prep., except
sandío n., crazy person
sanidat n., health
sano adj., well
sannar to heal
santiguar to make the sign of the cross
saña n., anger
sañudo adj., angry
sapo n., toad
saya n., tunic
sayón n., judge, fiscal agent
sazón n., season, time period
seer to be
seglar adj., worldly
segunt prep. according to
seguranza n., security
seguro adj., safe
semblante n., appearance
semeiar, semejar to resemble, appear, eem
semejable adj., similar
semejança n., appearance
semiente n., seed
senbrador n., sower
senbrar to sow, plant
sendero n., path
senna n., banner

sennas *pro.*, its own
sennorio *n.*, dominion
señaladamente *adv.*, especially
señalado *adj.*, noted
señeramente *adv.*, only
sergent *n.*, servant
servidumbre *n.*, servitude, slavery
seso *n.*, brain, mind
seto *n.*, hedge
sieglo *n.*, the secular world
sienpre *adv.*, always
sierpe *n.*, serpent
sierva *n.*, serving girl
sietecientos *n.*, seven hundred
silvo *n.*, hiss, hissing
simonía *n.*, simony
simular to pretend, simulate
siniestra *n.*, left hand
sinificar to mean
sinon *conj.*, if not, otherwise; except; or else
sinrreçón *n.*, injustice; without reason
sirgo *n.*, silk
so *adv.*, under, underneath
soberado *n.*, tower
soberuia, sobervia *n.*, pride
soberuio *adj.*, proud
sobir to rise, climb, go up
sobresalto *n.*, surprise
sobrevenir to come upon
sobrepujar to surpass, exceed
sobrevenir to take place, happen
sofrir to suffer, put up with
solás, solaz *n.*, pleasure; comfort
solazar to cheer up
soldada *n.*, salary, wages

solepne *adj.*, solemn
solícito *adj.*, solicitous, anxious
soliuiar to lift up from below
sollempnias *n.*, solemnities
somo: en somo *adv.*, on top
sonable *adj.*, resounding
sorsir to sew up, mend
sosegado *adj.*, quiet, calm
sosegar to rest
sotar *n.*, dance
sotar to dance
soterrar to bury
soto *n.*, thicket
subitamente *adv.*, suddenly
súpita *adv.*, suddenly
suso *adv.*, up, above
susodicho *n.*, the above stated

tajar to cut, slice
tal: por tal *adv.*, as such
talante *n.*, will
talega *n.*, small bag
talentosamente *adv.*, willfully
talle *n.*, form
tamaño *adj.*, so great, such great
tanmaña *adj.*, very large
tañer to play an instrument
tañimiento *n.*, playing an instrument
tapete *n.*, carpet, rug
temptaçión *n.*, attempt
tener to have; to hold a belief, believe, think
tenerse afuera to stand aside, withdraw
tentar to tempt
teta *n.*, breast, teat

texer to weave
tirar de to take away
tirar por to thrust with
toca n., headdress
todo: de todo en todo adv.,
    completely
toller to take away
tomar to find
tomar enojo to become angry
tornada n., the return trip
tornar to return; refl. to turn into
torticieramientre adv., unjustly
toruado adj., disorganized
toruellinno n., whirlwind
tragado adj., swallowed
traiçión n., treason
trasladar to copy; translate
traslado n., copy, translation
trauar, travar to take a tight hold of,
    seize
trauesado adj., pierced
trebejar to play
trebejo n., sport, game
tregua n., peace
tremer to tremble, be afraid
tronido n., thunder
tronpe, tronpa n., trumpet
trueno n., thunder
trujamanía n., action of buying and
    selling
tuerto n., wrong; one-eyed

ualle n., valley
uenado n., deer
uerter to shed
uil n., vile, worthless, despicable

uiltança n., worthlessness
uinna n., vineyard
Ultramar n., the Holy Land, Palestine
uña n., talon
usurero n., usurer: one who lends
    money at very high interest

vala pres. subj. of valer, to bless; to
    make worthy
valdíos adj., in vain
vanagloria n., pride
vaño n., bath
vasallo n., vassal
vedado adj., forbidden, prohibited
veer to see
vegada n., time
vegadas: a vegadas adv., often,
    sometimes
vela n., sail
velloso adj., hairy
venar to hunt
vengança n., vengeance
verdat n., verdad
vergoñoso adj., shameful
vezino n., neighbor
vía n., way, road
vianda n., food
viéspras n., evening, Vespers
vil adj., vile, worthless
villa n., town, village
villano n., villager, farmer
vistiduras n., clothing
volatilias n., flying animals

y adv., there
yacer to lie; to rest

yelmo *n.*, helmet
yente *n.*, people
yermo *adj.*, barren
yermo *n.*, desert, barren land, barren

place
yogar to lie
yurarse to swear, to take an oath

Printed in the United States
41298LVS00005B/298-396